Realschule Baden-Württemberg

Deutschbuch

Arbeitsheft

4

Arbeitstechniken

Schreiben

Mit Texten umgehen

Grammatik

Rechtschreibung

Lernstand testen

Herausgegeben von
Christa Becker-Binder und
Dorothea Fogt

Erarbeitet von
Dorothea Fogt (Mannheim)
Agnes Fulde (Gütersloh)
Andreas Glas (Stuttgart)
Christian Weißenburger (Ludwigsburg)

Inhaltsverzeichnis

Kennzeichnungen in diesem Arbeitsheft:

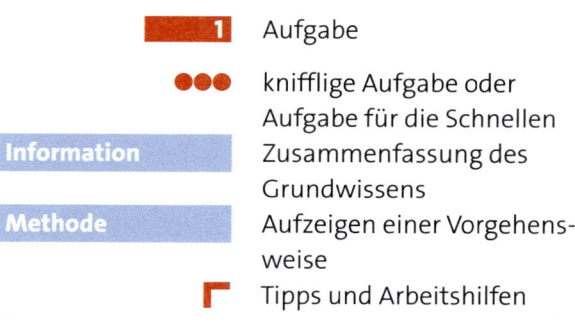

1   Aufgabe

●●●   knifflige Aufgabe oder
Aufgabe für die Schnellen

Information   Zusammenfassung des
Grundwissens

Methode   Aufzeigen einer Vorgehens-
weise

┏   Tipps und Arbeitshilfen

►   Der Pfeil sagt dir, auf welcher
Seite du etwas nachschlagen
kannst.

Mit dem beigefügten Lösungsheft kannst du deine
Ergebnisse zu den Aufgaben und Tests selbst über-
prüfen.

Ein Kurzreferat vorbereiten und halten

Methode	Ideen/Stoff für ein Kurzreferat sammeln und ordnen

Ein Kurzreferat (auch: Kurzvortrag) informiert knapp und genau über einen Sachverhalt oder eine Person.
Es sollte nicht länger als **fünf bis zehn Minuten** dauern. **Sammle und ordne** zuerst deine **Ideen**:
1. Notiere, was du bereits über das Thema weißt (**Vorwissen**).
2. Stelle **eigene Fragen** an das Thema.
Tipp: Beim Ordnen hilft dir ein **Cluster** oder eine **Mind-Map**.

Thema: Jane Goodall – Kämpferin
für eine lebenswertere Welt

1 Sammle Ideen für ein Kurzreferat über die Primatenforscherin Jane Goodall,
die auch als Umweltaktivistin ein Vorbild ist.
Notiere, was du bereits über sie weißt. Nutze auch Überschrift und Foto.

_____

_____

_____

_____

2 Ergänze den folgenden Cluster um zwei bis drei eigene Fragen, zu denen du im Anschluss recherchierst.

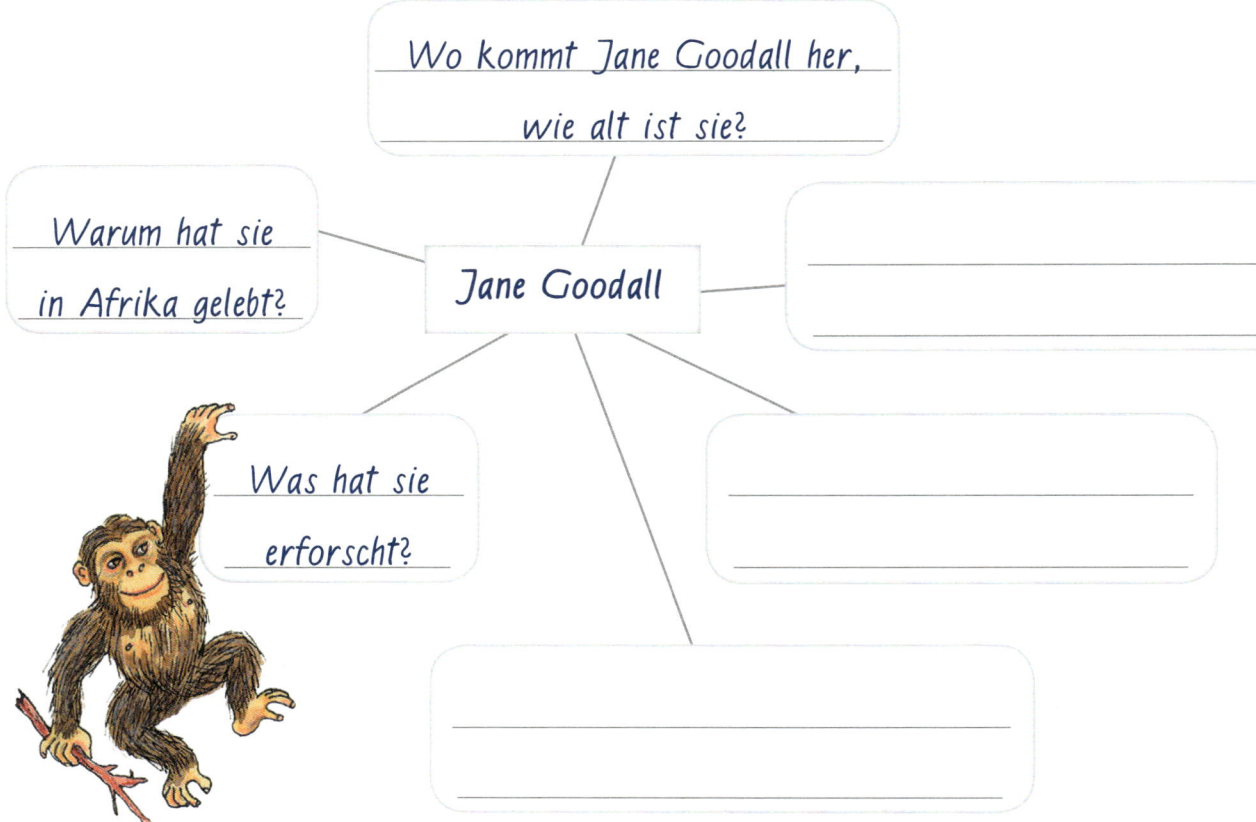

Methode	Recherchieren: Informationsmaterial sammeln, beurteilen und auswerten

1 Informationsmaterial sammeln und beurteilen

Für die Recherche kannst du das Internet, Bücher oder andere Materialien nutzen. Gehe so vor:

1. Überfliege die Texte und entscheide, ob sie geeignete Informationen zum Thema enthalten oder deine Fragen beantworten. **Tipp:** Schaue bei Büchern zuerst ins Inhaltsverzeichnis oder ins Sachregister.
2. Kopiere oder drucke interessante Informationen und lege damit eine Materialsammlung an. Notiere darin auch die Quellenangaben.

2 Informationsmaterial auswerten

Die zusammengetragenen Informationen musst du auswählen und ordnen. Gehe so vor:

1. Markiere in deiner Materialsammlung die wichtigsten Informationen. Notiere am Textrand, zu welchen Fragen, Oberbegriffen oder Teilthemen die markierten Informationen gehören.
2. Überlege, welche Informationen du verwenden willst. Streiche Überflüssiges.
3. Fasse die wichtigsten Informationen – geordnet nach Oberbegriffen – zusammen.

3 a Recherchiere im Internet mit einer Suchmaschine unter dem Schlagwort „Jane Goodall". Notiere: Wie viele Einträge findest du dort? _____

 b Rufe die Website www.janegoodall.de auf.
 Notiere in Stichworten die Themen, zu denen die Website Informationen bereitstellt.

Aktuelles (Home), Jane Goodall Institut Deutschland (Über uns), _____

4 a Lies die folgenden drei Texte (S. 5–6) und markiere darin geeignete Informationen.
 b Notiere neben den markierten Stellen die Oberbegriffe, zu denen die Informationen gehören,
  z. B. Leben/Auszeichnungen, Forschung, Jane Goodall Institut, aktuelle Projekte/Roots & Shoots.

Eine Affenliebe

Interview mit Stefan Klein

Goodall: Ich hatte ein miserables Fernglas, wir lebten in einem alten Armeezelt. Die Schim-   *Leben*
pansen blieben fern, obwohl wir Bananen ausgelegt hatten.

ZEITmagazin: Was änderte die Situation?

Goodall: Die Begegnung mit David Greybeard, so habe ich den Affen genannt. Eines Tages
5 nahm er die Bananen. Bald duldete er meine Nähe und führte mich zu seinen Freunden.
So konnte ich beobachten, wie er mit einem Grashalm nach Termiten stocherte. Niemand
hätte bis dahin für möglich gehalten, dass frei lebende Affen Werkzeuge benutzen.   *Forschung*

ZEITmagazin: „Wir müssen nun entweder neu definieren, was der Mensch ist, oder Schimpansen als Menschen anerkennen", schrieb Louis Leakey damals.

10 **Goodall:** Ja, denn der Werkzeuggebrauch galt als das, was uns von allen anderen Tieren
unterscheidet. Als ich nach Cambridge zurückging, hörte ich, dass ich alles falsch gemacht
hätte. Ich hätte den Schimpansen keine Namen geben dürfen. Damals gehörte es sich, dass
Verhaltensforscher die Tiere durchnummerierten.

ZEITmagazin: Ihre Professoren suchten nach dem typischen Affen. Sie hingegen interes-
15 sierten sich für jedes einzelne Tier. In Ihrem ersten Buch beschrieben Sie die Schimpansen
noch als Wesen voll Fürsorglichkeit, Mutterliebe und Intelligenz. Und nun stellten Sie fest,
dass Sie es mit Kannibalen zu tun hatten.

Goodall: Es war ein Schock. Die erste Ahnung, wie brutal sie sein können, bekamen wir, als
eine Studentin eine Schimpansenmutter beobachtete und zusehen musste, wie ein Weib-
20 chen einer Nachbargruppe die Mutter angriff und ihr Baby umbrachte. Die Angreiferin sah
zu, wie das Opfer an den Wunden starb; anschließend verspeiste sie das Kind. Dann kam
ein vierjähriger Krieg.

Quellenangabe: www.zeit.de/2011/34/Forschung-Jane-Goodall (aufgerufen 2. 9. 2013)

Jane Goodalls Biografie

1934	Geboren am 3. April in London als ältere von zwei Schwestern. Der Vater ist Ingenieur, die Mutter Schriftstellerin. Lieblingsbücher: „Tarzan" und „Dr. Dolittle".
1952	Nach Abschluss der Secondary School Jobs als Sekretärin und Assistentin bei einer Londoner Filmfirma.
1957	Auf Einladung einer Schulfreundin erste Afrika-Reise nach Kenia. Dort Assistentin des Anthropologen[1] Louis Leakey, Direktor des Kenya National Museum.
1960	Im Wildreservat von Gombe am Tanganjika-See in Tansania beginnt sie, das Verhalten von Schimpansen zu erforschen.
1962	Mit einer Ausnahmegenehmigung (da sie nicht studiert hat) schreibt sie sich an der Universität Cambridge zur Promotion ein.
1965	Verleihung des Doktortitels.

1967 Goodall wird wissenschaftliche Leiterin des Gombe-Stream-Research-Centers.

1977 Gründung des Jane Goodall Institute for Wildlife Research, Education and Conservation (JGI), das Büros in 22 Ländern unterhält. Ziel des Jane Goodall Instituts ist der respektvolle Umgang mit Menschen, Tieren und der Natur.

1986 Auf einer Konferenz von Biologen beschließt sie, ihre Forschungen einzustellen und sich fortan als Tierschutz- und Umweltaktivistin zu betätigen.

1990 Kyoto-Preis für herausragende wissenschaftliche Leistungen.

1991 Mit Schülern gründet sie in Tansania die Aktion „Roots & Shoots" (wörtlich: Wurzeln & Sprösslinge). Mehr als 10 000 Gruppen in über 100 Ländern engagieren sich in Umwelt- und Sozialprojekten für eine bessere Welt.

1997 Global 500 Award, bis 2004 vom UNEP (United Nations Environment Program) gestifteter Umweltpreis.

2002 Generalsekretär Kofi Annan ernennt sie zur Friedensbotschafterin der UN.

2003 Prinz-von-Asturien-Preis, spanisches Pendant zum schwedischen Nobelpreis, in der Sparte Wissenschaft und technische Forschung.

Quellenangabe: www.janegoodall.de/ ▶ Jane Goodall (Auszug, aufgerufen 2.9.2013)

---

1 Anthropologe: Wissenschaftler, der sich mit der Frage beschäftigt, was den Menschen ausmacht, z. B. in biologischer oder kultureller Hinsicht

Roots & Shoots

Jane Goodalls *Roots & Shoots* (deutsch: Wurzeln und Sprösslinge) ist ein globales, ökologisches und humanitäres Jugendprogramm des Jane Goodall Instituts. Ziel ist es, Jugendliche zu motivieren, mehr über die brennenden Herausforderungen in ihren Gemeinden, ihrem Lebensalltag und in ihrer konkreten Umwelt zu erfahren und nach ihren Möglichkeiten zu deren Lösung beizutragen. Kinder und Jugendliche lernen, eigene Projekte zu initiieren und durchzuführen.

Das Jane Goodall Institut möchte mit seinem „*Roots & Shoots*"-Programm positive Veränderungen für unsere Gesellschaft, für die Tiere und für die Umwelt herbeiführen. Mit zehntausenden Mitgliedern in fast 120 Ländern verbindet *Roots & Shoots* Kinder und Jugendliche aller Altersgruppen, die den gemeinsamen Wunsch haben, eine bessere Welt zu schaffen.

Quellenangabe: www.janegoodall.de/ ▶ roots-shoots (Auszug, aufgerufen 2.9.2013)

5 a **Recherchiere im Internet: Notiere, auf welchen Websites du informative Texte oder geeignete Fotos oder Grafiken gefunden hast.**
●●●
b **Ergänze deine Materialsammlung.**

Methode	Ein Kurzreferat gliedern („roter Faden")

Plane den **Aufbau**: Jedes Referat braucht einen roten Faden/eine Gliederung.
- Wecke in der **Einleitung** das Interesse deiner Zuhörer/-innen und führe in dein Thema ein, z. B. durch Bilder, treffende Zitate oder persönliche Bemerkungen. Gib einen Überblick über den Inhalt des Referats.
- Gliedere den **Hauptteil** sorgfältig. Lege für die wichtigen sachlichen Gesichtspunkte Oberbegriffe mit dazu passenden Unterpunkten fest und bringe diese in eine sinnvolle Reihenfolge. Ordne die Informationen aus deiner Materialsammlung zu und streiche Überflüssiges.
- Runde das Referat am **Schluss** ab. Du kannst z. B. wichtige Informationen zusammenfassen, eine persönliche Meinung formulieren oder einen Appell verfassen.

6 Lege die Gliederung für den <u>Hauptteil</u> des Kurzreferats über Jane Goodall fest:
a Bringe die folgenden Oberbegriffe in eine sinnvolle Reihenfolge, indem du sie nummerierst.
b Ergänze zu jedem Oberbegriff zwei oder mehr Unterpunkte.
c Begründe, warum die gewählte Reihenfolge sinnvoll ist.

☐ A aktuelle Projekte / Roots & Shoots   ☐ C Leben/Auszeichnungen

☐ B Jane Goodall Institut   ☐ D Forschung

Oberbegriff 1: _____   Oberbegriff 2: _____

Oberbegriff 3: _____   Oberbegriff 4: _____

Die gewählte Reihenfolge ist sinnvoll, weil _____

7 Die folgenden <u>Einleitungen</u> sind gelungen. Notiere in den Kästchen, welche Einleitung ☐1 <u>mit einer persönlichen Bemerkung</u> beginnt, welche ☐2 <u>mit einem Zitat</u> und welche ☐3 <u>mit einem Foto</u> arbeitet.

☐ A Ich habe euch ein Foto von Jane Goodall mitgebracht, das sie bei ihrer Arbeit mit den Schimpansen zeigt. Ihr seht hier, wie nah sie den Tieren gekommen ist, um ihr Verhalten ganz genau zu erforschen.

☐ B Vor kurzem habe ich den Film „Die Lebensreise der Jane Goodall" im Fernsehen gesehen. Goodalls Leistungen haben mich sehr beeindruckt. Besonders faszinierte mich, wie erfolgreich sie sich für Tiere und die Umwelt einsetzt.

☐ C In einem Interview mit dem Zeitmagazin antwortet Jane Goodall auf die Frage „Wie lebt es sich als Idol?": „Ich wollte nie eine Ikone sein. Jetzt bin ich eine und muss das Beste daraus machen."

8 Verfasse eine eigene Einleitung für dein Kurzreferat über Jane Goodall. Schreibe ins Heft.

9 Formuliere für dein Referat einen <u>Schluss</u>, der wichtige Informationen zusammenfasst oder mit einem Appell schließt.

_____

_____

_____

_____

Methode	Frei vortragen und Präsentationstechniken nutzen

Karteikarten helfen dir, dein Kurzreferat frei vorzutragen. Du kannst sie locker in der Hand halten und als Gedächtnisstütze nutzen. Gehe so vor:
- Beschrifte die Karteikarten gut lesbar einseitig und nummeriere sie in der Reihenfolge deiner Gliederung.
- Notiere nur Stichworte. Markiere wichtige Gedanken, Zitate und Fachbegriffe in verschiedenen Farben.
- Verwende Symbole (? ! →) als Gedankenstütze.

Fotos, Bilder, Zitate oder Stichworte machen deinen Vortrag anschaulich. Diese kannst du auf unterschiedliche Weise präsentieren, z. B.: an der **Tafel** oder auf einem **Plakat**, auf einem **Handout** oder auf einer **Folie** (OHP) oder als **Power-Point-Präsentation**.

10 Bereite den mündlichen Vortrag deines Kurzreferats über Jane Goodall vor:

a Arbeite mit den Informationen von Seite 5 bis 7 die folgende Karteikarte aus.

b Lege auch für die anderen Oberbegriffe von Aufgabe 6, Seite 7, Karteikarten an.

- Notiere auf einer Karteikarte nur **Stichworte**.
- Halte fest, wo du **Anschauungsmaterial** zeigen möchtest.
- Arbeite mit **Markierungen**, damit du Wichtiges schneller findest.

Forschung ②

Arbeitsbedingungen:

anfangs

gibt den Schimpansen

Wichtigste Forschungsergebnisse:

Schimpansen verwenden wie Menschen

Zitat Goodall: „Werkzeuggebrauch galt als das, was uns von allen anderen

Tieren unterscheidet."   → Fotos von Affen mit Werkzeug zeigen

Schimpansen

Zitat Goodall: „Das war ein Schock."

---

11 a Entscheide, wie du dein Anschauungsmaterial präsentieren möchtest. Kreuze an.

☐ Tafel ☐ Plakat ☐ Handout ☐ Folie (OHP) ☐ Power-Point-Präsentation

b Begründe deine Entscheidung.

_____ ist besonders geeignet, weil _____

---

12 Bereite ein Kurzreferat zu einer weiteren berühmten Persönlichkeit vor, die du als Heldin oder als Vorbild bezeichnen würdest. Orientiere dich dabei an den Aufgaben 1 bis 11.

Eine Stellungnahme überzeugend formulieren

Beim Argumentieren nimmst du Stellung zu einer **Streitfrage**, z. B.:
Sollen Computerspiele aus pädagogischen Gründen für Jugendliche unter 14 Jahren verboten werden?
Formuliere deinen Standpunkt dazu (z. B. Meinung, Wunsch, Forderung) und unterstütze ihn durch überzeugende Argumente und Beispiele, z. B.:
— **These (Meinung):** *Computerspiele dürfen keinesfalls verboten werden,...*
— **Argument:** *... denn sie fördern die Intelligenz Heranwachsender in besonderem Maße.*
— **Beispiel:** *Das Spiel „Deine Stadt" zum Beispiel vermittelt strategisches Denken und taktisches Geschick.*

Überzeugende Beispiele können sein:
— eine eigene **Erfahrung** oder eine **nachvollziehbare Erläuterung**, warum etwas sinnvoll ist oder nicht,
— ein **Beleg** aus der Zeitung oder ein **Zitat** von einer Expertin/einem Experten.
Eine schriftliche Stellungnahme kann Aufgabe einer Klassenarbeit sein.

1   **a** **Lies die folgenden Kommentare zum Thema Internet-Führerschein.**
   b **Markiere in jedem Kommentar den Standpunkt <u>schwarz</u>, die Argumente <u>grün</u>, die Beispiele <u>blau</u>.**

Im Internet-Blog eines Jugendmagazins wird der Vorschlag einer Landesregierung diskutiert,
für Personen ab 14 Jahren verpflichtend einen Internet-Führerschein einzuführen.

Luna2000 (7. 9. 16:47 Uhr)

Ich fände es klasse, wenn jeder einen solchen Führerschein machen müsste. Soweit ich gelesen habe,
enthält er wie andere Führerscheine auch einen Theorie- und einen Praxisteil. Man erwirbt dafür auch
Kenntnisse im Urheberrecht und in Sicherheitsmaßnahmen gegen Computerviren. Dann wüsste jeder
endlich genau, was im Netz erlaubt ist und was nicht. Niemand könnte sich mehr herausreden,
wenn er Fotos von anderen unerlaubt online stellt. Außerdem würde man etwas über Netiquette lernen,
sodass die Leute höflicher miteinander umgehen würden. Das ist z. B. für Chats wichtig.
Wer sich nicht an die Regeln hält, verliert dann einfach seinen Führerschein. Allerdings...   `weiterlesen`

Fred777 (7. 9. 16:58 Uhr)

Eine Pflicht zum Internet-Führerschein halte ich für völlig übertrieben, weil das Internet ja nicht so gefährlich ist wie ein Auto. Wenn man vernünftig surft, gefährdet man ja niemanden anderen.
Wenn ich etwa einen Virus auf meinem Computer habe, ist das nur mein Problem. ...   `weiterlesen`

Xerx (7. 9. 17:13 Uhr)

Für mich wäre ein Internet-Führerschein sehr sinnvoll. Zum Beispiel würde ich dann nicht mehr so viel Zeit
mit sinnlosem Herumsurfen verschwenden. Denn man müsste für den Führerschein lernen, wie man im
Internet gezielt recherchiert. Außerdem wüsste man dann genau, welchen Websites und
Informationen man vertrauen kann. Ein weiteres wichtiges Argument ist, dass ...   `weiterlesen`

Sol99 (7. 9. 17:20 Uhr)

Der Medienforscher Prof. Perke rät von einem verpflichtenden Internet-Führerschein ab. Er hat herausgefunden, dass Kinder sehr motiviert sind, Medienkompetenz von sich aus zu erwerben. Ein wichtiger
Einwand gegen einen Internet-Führerschein ist also, dass er Jugendlichen den Spaß am selbstständigen
Entdecken im Netz verderben könnte. Meiner Meinung nach ist ein verpflichtender Führerschein deshalb nicht zu empfehlen. Ich kann zwar verstehen, dass ...   `weiterlesen`

| Information | Schreibplan: Ideen/Stoff sammeln und die Einleitung schreiben |

- Kläre zuerst die **Streitfrage**, zu der du Stellung nehmen wirst. Wäge ab: Was spricht für, was gegen einen Standpunkt? Bilde dir eine **eigene Meinung** und **sammle Argumente und Beispiele**, die sie überzeugend unterstützen.
- Führe in der **Einleitung** in das **Thema** ein: Nenne z. B. den Anlass oder die Absicht deiner Stellungnahme oder wecke Interesse für das Thema, z. B.: *Mit Interesse habe ich ...; Im Blog wird eine ...*
  Leite zum Hauptteil über: Du kannst die Diskussionsfrage nennen oder kurz deinen Standpunkt darlegen, aber noch ohne Begründung.

2 **a** Formuliere die Streitfrage, auf die sich die Blog-Kommentare auf Seite 9 beziehen.

_____

b Was ist deine Meinung zum Thema Internet-Führerschein? Notiere deinen Standpunkt.

_____

3 Bereite einen eigenen Blog-Beitrag vor: Sammle Ideen für Argumente, die deine Meinung unterstützen, und ergänze die folgende Mind-Map.

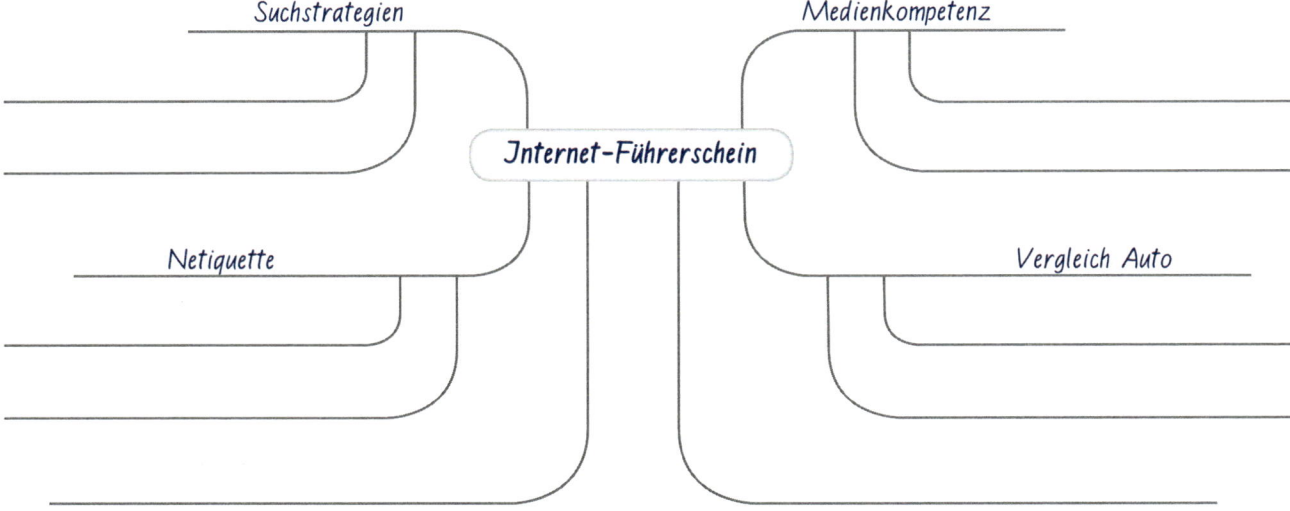

4 Wie könntest du Interesse für das Thema wecken? Notiere eine Idee für die <u>Einleitung</u> des Blog-Beitrags.

_____

5 Schreibe eine Überleitung zum <u>Hauptteil</u>.

_____

_____

_____

Mögliche Überleitungen zum Hauptteil: *Im Folgenden möchte ich zu der Frage Stellung nehmen, ... ; Meiner Meinung nach ... ; Es lohnt sich, einmal darüber nachzudenken, ob ... ; Weil ich selbst ..., möchte ich im Folgenden meine Position ...*

Information   Schreibplan: Den Hauptteil schreiben

Im Hauptteil begründest du **deine Meinung**, indem du (mindestens zwei) **Argumente mit Beispielen** nennst, die sie unterstützen.

– Mache den Zusammenhang deiner Argumentation deutlich, indem du die Argumente und Beispiele **sprachlich geschickt einleitest** und **miteinander verknüpfst**, z. B.: *Ein Argument, das für ... spricht, ist ... ; Das entscheidende Argument für mich ist ...; Außerdem sollte man bedenken, dass ...; Dies zeigt/belegt deutlich, dass ...; zudem; außerdem; deshalb; weil; da; denn.*

6 a Kreuze in der folgenden Übersicht an, welche Position du vertrittst: Bist du <u>für</u> (pro) oder <u>gegen</u> (kontra) einen Internet-Führerschein?

b Trage je zwei Argumente <u>pro</u> und <u>kontra</u> ein: Die Markierungen in den Kommentaren auf Seite 9 helfen dir. Schreibe mit eigenen Worten.

<u>Pro</u>: Ich bin für einen Internet-Führerschein	<u>Kontra</u>: Ich bin gegen einen Internet-Führerschein

7 a Gib für jedes der folgenden Beispiele an, ob es ein Pro- oder ein Kontra-Argument belegen könnte.

_____ **A** Meine Geschwister und ich wissen schon jetzt viel besser über das Internet Bescheid als unsere Eltern.

_____ **B** Neulich habe ich aus Versehen meine private E-Mail-Adresse ins Netz gestellt und serienweise unerwünschte Mails und Werbung bekommen.

_____ **C** Meine Mutter fragt mich alle zwei Minuten, was ich im Netz tue. Sie wäre endlich beruhigt.

_____ **D** Weil er ein Video mit fremder Musik unterlegt und hochgeladen hatte, bekam der Vater meines Freundes im vergangenen Jahr überraschend ein Schreiben von einem Rechtsanwalt.

b Kreuze an, welche Art von Beispielen bei Aufgabe 7 a verwendet wurde.

A ☐ eigene Erfahrung   C ☐ nachvollziehbare Erläuterung, warum etwas sinnvoll ist oder nicht

B ☐ ein Beleg aus der Zeitung   D ☐ ein Zitat von einer Expertin/einem Experten

8 Formuliere zur Unterstützung deiner Position ein weiteres Argument mit einem Beispiel.

_____

_____

_____

> **Information** **Schreibplan: Den Schluss schreiben**
>
> Bekräftige zum Schluss noch einmal deinen Standpunkt oder formuliere einen Vorschlag, eine Forderung oder einen Wunsch für die Zukunft. Du kannst auch eine Bedingung nennen, die eingehalten werden müsste, z. B.: *Wenn ..., fände ich es ...; Falls ..., könnte ich mir vorstellen, ...*

9 Formuliere einen <u>Schluss</u> aus. Greife in zwei bis drei Sätzen deinen Standpunkt und deine Ideen für die Einleitung (S. 10, Aufgabe 4) auf und schließe mit einem Vorschlag für die Zukunft.

_____

_____

_____

_____

10 a Nimm Stellung zum Thema Internet-Führerschein. Schreibe einen vollständigen Kommentar für den Blog in dein Heft. Nenne dabei zwei Argumente mit Beispielen.

> **Ordne die Argumente sinnvoll:**
> Es kann entweder das erste oder das letzte Argument, das du nennst, besonders überzeugend sein, z. B.: *Besonders wichtig ist ...; Es gibt noch ein wichtigeres Argument ...*

   b Überarbeite deine Stellungnahme. Beachte dabei besonders folgende Gesichtspunkte:
– Absätze zwischen Einleitung, Hauptteil und Schluss
– Überleitung zum Hauptteil
– Verknüpfung der Argumente/Beispiele
– sinnvolle Reihenfolge der Argumente

11 a Die folgenden Argumente sind pro Internet-Führerschein.
Leite jedes Mal über zum Gegenargument, indem du eine der nebenstehenden Verknüpfungen anwendest.
Schreibe in dein Heft.

> Deine Argumentation wirkt noch überzeugender, wenn du ein **Gegenargument nennst und** dieses **entkräftest** oder widerlegst, z. B.: *Es ist zwar nachvollziehbar, wenn ... / Ich kann nachvollziehen, dass... → Aber ich möchte dagegen halten, dass ...; Sicherlich kann man einwenden, dass ... → Dennoch denke ich, ...; Auch wenn ... → so ...; Obwohl ... → dennoch ...*

  A Ein Internet-Führerschein verspricht einen verantwortungsvolleren Umgang mit Daten. ➡ Viele würden sich trotz Führerschein nicht an Regeln halten.

  B Ein Internet-Führerschein kann sinnvoll sein. ➡ Jeder, der die Führerscheinprüfung nicht besteht, wäre aus seinem Freundeskreis ausgeschlossen.

  C Viele Eltern sind besorgt, wenn ihre Kinder unbeaufsichtigt im Internet surfen. ➡ Diese Sorge ist unbegründet, denn in den meisten Schulen lernen Kinder und Jugendliche, sich im Internet sicher zu bewegen.

  b Ergänze deinen Kommentar aus Aufgabe 10, indem du Gegenargumente aufgreifst.

Teste dich!

Eine Stellungnahme überzeugend formulieren

1 Die folgenden Sätze treffen Aussagen zu der Frage: „Ist eine Altersbeschränkung in sozialen Netzwerken sinnvoll?".
  a Prüfe jeden Satz dahingehend, ob es sich dabei um eine Behauptung (These), ein Argument (A) oder ein Beispiel/Beleg (B) handelt. (9 P.)
  b Ordne jedem Argument ein Beispiel zu. Verbinde dazu die Kästchen entsprechend. (4 P.)

Ist eine Altersbeschränkung in sozialen Netzwerken sinnvoll?

(1) ☐ Gefahren durch die Teilnahme in sozialen Netzwerken bestehen in jedem Alter.

(2) ☐ Cybermobbing lässt sich auch durch eine Altersgrenze in sozialen Netzwerken nicht vermeiden.

(3) ☐ Jugendliche umgehen die Altersgrenze dadurch, dass sie sich älter machen als sie sind.

(4) ☐ Altersangaben sind nicht überprüfbar.

(5) ☐ Auch Kinder unter 14 sollten die Möglichkeit haben, in sozialen Netzwerken Freunde zu treffen.

(6) ☐ Sinnvoller als eine Altersbegrenzung ist Aufklärung über Risiken und Gefahren in sozialen Netzwerken.

(7) ☐ Bei einem Umzug können Kinder und Jugendliche Kontakte zu Freunden pflegen.

(8) ☐ Eine Altersbeschränkung in sozialen Netzwerken ist nicht sinnvoll.

(9) ☐ Mobbing ist über WhatsApp genauso gut möglich wie über soziale Netzwerke.

2 Verknüpfe im folgenden Lückentext die Argumente sinnvoll. (4 P.)

_____ ist, dass eine Altersgrenze in sozialen Netzwerken bereits

existiert, diese aber in der Praxis nichts bringt, _____

Jugendliche umgehen diese, indem sie sich älter machen als sie sind.

_____ , dass Cybermobbing auch durch eine Altersgrenze nicht vermeidbar ist.

_____ , dass Mobbing auch über WhatsApp möglich ist.

3 Schreibe eine Stellungnahme zum Thema „Altersbegrenzung in sozialen Netzwerken".
Prüfe deinen Text mit Hilfe der folgenden Checkliste. (5 P.)

Checkliste: Fit für eine Stellungnahme? ☺ ☹

Führst du ins Thema ein und nennst Anlass oder Absicht der Stellungnahme?
Formulierst du die **These** (**Behauptung**) klar und leitest zum Hauptteil über?
Nennst du im **Hauptteil Argumente** und bekräftigst diese durch **Beispiele/Belege**?
Verbindest du Argumente durch **Verknüpfungen** miteinander?
Bekräftigst du zum **Schluss** deinen Standpunkt und formulierst eine Forderung?

Vergleiche deine Ergebnisse mit dem Lösungsheft. Für jede richtige Antwort erhältst du einen Punkt.

☺ 22–18 Punkte	☺ 17–10 Punkte	☹ 9–0 Punkte
Gut gemacht!	Gar nicht schlecht, aber lies dir die Merk-kästen auf den Seiten 9 bis 12 noch einmal genau durch.	Arbeite die Seiten 9 bis 12 noch einmal sorgfältig durch.

Beschreiben und Erklären

Einen Ort beschreiben

Information	Schreibplan für eine Ortsbeschreibung

Aufbau:
- Benenne in der **Einleitung** den Ort und mache allgemeine Angaben, z. B. zur Größe oder Lage.
- Im **Hauptteil** beschreibst du den Ort in einer geordneten Reihenfolge, z. B. von vorne nach hinten, von links nach rechts. Benenne hier wichtige Elemente der Raumgestaltung und die Einrichtungsgegenstände. Gehe, wo sinnvoll, auch auf deren Funktion ein.
- Am **Schluss** kannst du beschreiben, wie der Ort insgesamt auf dich wirkt.

Sprachliche Gestaltung:
- Nutze **treffende Begriffe** (möglichst auch Fachbegriffe) zur Bezeichnung einzelner Gegenstände, z. B.: *Notfallrucksack, Patiententrage*.
- Verwende genau **beschreibende Adjektive** und **Partizipien** (z. B.: *gepolstert*) und aussagekräftige **Verben**.
- Beschreibe die genaue **Lage der einzelnen Gegenstände** (z. B.: *unterhalb, daneben*).
- Verfasse die Ortsbeschreibung im **Präsens** und in **sachlicher Sprache**.

1 Das Foto auf dieser Seite zeigt den Innenraum eines Rettungswagens.
a Lies den folgenden Text zum Einsatzzweck und der Ausstattung des Rettungswagens.
b Trage bei jedem Gegenstand den Buchstaben des <u>Fachbegriffs</u> ein.

Allgemeine Bestimmungen zum Rettungswagen

Aufgabe des Rettungsdienstes ist es, das Leben von Notfallpatienten zu erhalten, sie transportfähig zu machen und zu einem geeigneten Krankenhaus zu fahren. Die Ausrüstung des Rettungswagens ist darauf ausgelegt, auf geringstem Raum eine optimale Versorgung zu ermöglichen.

Zur **Standardausrüstung** gehören in Deutschland:

A EKG-Monitor und Defibrillator

B Beatmungsgerät

C Einmalhandschuhe

D Desinfektionsmittelspender

E Patiententrage mit Fahrgestell

F Medikamenten- und Instrumentenschränke

G Klappsitz für Notarzt/Rettungsassistent

H Tragestuhl

I Notfallrucksack

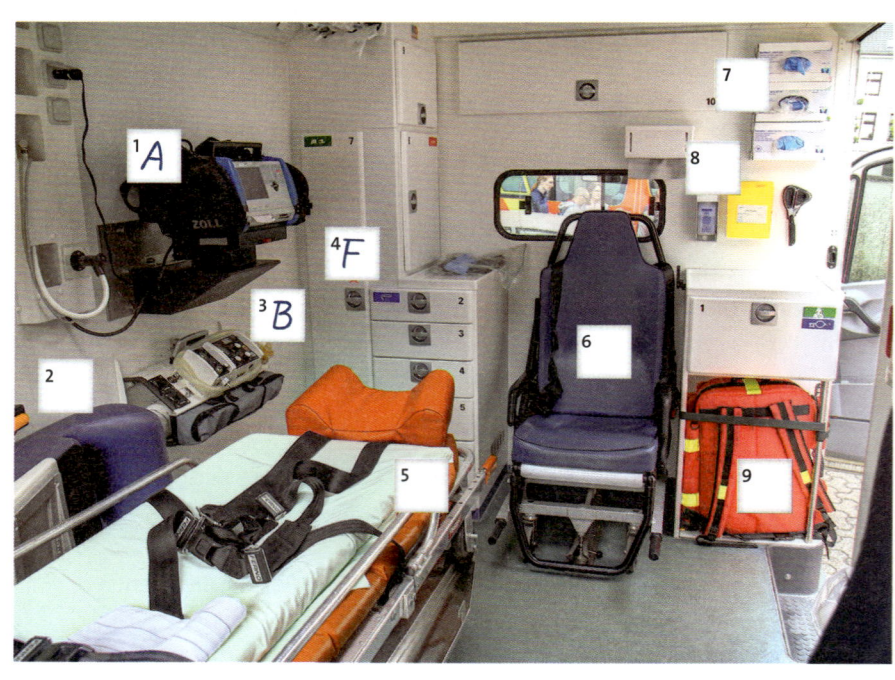

2 Lege eine Reihenfolge fest, in der du die Gegenstände im Rettungswagen beschreiben möchtest. Orientiere dich dabei entweder von links nach rechts oder von vorn nach hinten und nutze die Fachbegriffe aus Aufgabe 1.

Ich beschreibe die Gegenstände in der Reihenfolge:

1. EKG-Monitor und Defibrillator

2. _____

3. _____

4. _____

5. _____

6 _____

7. _____

8. _____

9. _____

3 Bereite die Ausarbeitung des Hauptteils vor:
Beachte die in Aufgabe 2 festgelegte Reihenfolge und gib die genaue Lage der einzelnen Ausstattungsgegenstände an.
Tipp: Die folgenden Wörter helfen dir, die Position oder Lage der Gegenstände anzugeben.

Verwende treffende **Verben** (z. B.: _sich befinden, hängen, stehen, bedecken, gleiten, verlaufen, lagern, herausragen, befestigt sein, aufweisen_).

hinter • unterhalb • über • auf • darunter • in • neben • vor • an • gegenüber • oben • unten
in der Mitte • vorn • unter • hinten • oberhalb • davor • dahinter • links • rechts • daneben

EKG-Monitor und Defibrillator sind über der Trage an der linken Seitenwand befestigt.

      Was   ist   wo   im Wagen zu sehen?

_____

_____

_____

_____

_____

_____

4 Ein wichtiger Gegenstand des Rettungswagens ist die Patiententrage.
Alisas Beschreibung der Trage ist noch nicht gut gelungen.
Überarbeite ihren Text in deinem Heft.
a Ergänze sinnvolle Hinweise zur Funktion einzelner Teile.
Nutze die unten angebotenen Wendungen.
b Verbessere den Text sprachlich, indem du aussagekräftige Verben
verwendest.

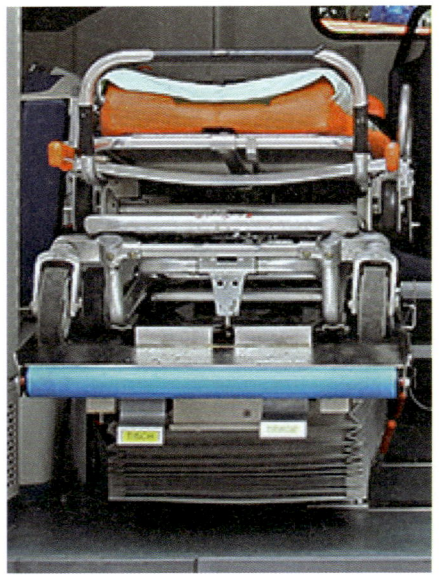

Die Patiententrage hat eine Kopfstütze. Sie ist orangefarben.

Sie hat einen Bezug, der gewechselt werden kann.

Auf der Liegefläche sind Sicherheitsgurte. Die Trage hat eine Rand-

halterung. Es ragen Haltegriffe hervor. Das Gestell ist in Schienen

gelagert.

---

gepolstert • zum Fixieren • wegwerfbarer Bezug • aus hygienischen Gründen • Tragegriffe aus Plastik •
stabile Randhalterungen aus Metall • ausklappbares Fahrgestell

---

5 Ergänze in der folgenden <u>Einleitung</u> der Beschreibung genau gewählte Verben.

Das Foto _____ einen Rettungswagen. Er wird eingesetzt, um Notfallpatienten zu _____

und in eine Klinik zu _____. Man _____ von hinten

durch die geöffneten Türen in den Innenraum des Rettungswagens. Dieser _____ eine

Breite sowie Höhe von ungefähr zwei Metern und ist etwa dreieinhalb Meter lang.

---

6 Entscheide, welcher der beiden <u>Schlussteile</u> für die Beschreibung geeignet ist, und begründe deine Wahl.

A ☐ Dieser ultramoderne Hightech-Transporter ist die Rettung, wenn es um Leben und Tod geht. Hier kann
sich jeder Verletzte in Sicherheit fühlen. Das saubere und geordnete Innere bietet medizinische Ausrüstung für alle Notfälle. Wunderbar versorgt, düst man mit Blaulicht ins Krankenhaus.

B ☐ Man sieht, wie durchdacht ein Rettungswagen eingerichtet ist. So versteht man, dass er im Notfall dazu
beitragen kann, ein Menschenleben zu retten. Man hat den Eindruck, dass der Notarzt trotz des begrenzten Platzangebots im Fahrzeug eine sehr gute Erstversorgung durchführen kann. Das wirkt beruhigend.

Der Schluss ____ ist geeignet, weil _____

_____

_____.

---

7 Arbeite in deinem Heft eine <u>vollständige Beschreibung</u> des Innenraums des Rettungswagens aus.
Deine Vorarbeiten aus Aufgabe 2–6 können dir dabei helfen.

> Verwende Präpositionen zur Posi-
> tionsangabe und genau beschrei-
> bende Adjektive und Partizipien.

Einen Arbeitsablauf beschreiben

Information	Schreibplan für eine Vorgangsbeschreibung

Aufbau:
- In der **Einleitung** benennst du notwendige Materialien und/oder Vorbereitungen.
- Im **Hauptteil** beschreibst du den Arbeitsablauf Schritt für Schritt.
- Am **Schluss** kannst du z. B. einen weiterführenden Hinweis (Tipp) geben.

Sprachliche Gestaltung:
- Verwende **Fachbegriffe** und erkläre diese möglichst.
- Mache die **Reihenfolge** der einzelnen Arbeitsschritte deutlich, z. B.: *zuerst, dann, danach, am Schluss.*
- Wechsle zwischen **Aktiv und Passiv**, um abwechslungsreicher zu formulieren, z. B.:
  Die Mechaniker trainieren den Boxenstopp. → Der Boxenstopp wird (von den Mechanikern) trainiert.
- Schreibe deine Vorgangsbeschreibung im **Präsens**.

1 Bei Autorennen der Formel 1 werden während des Rennens die Reifen gewechselt.
Die folgenden Bilder zeigen die Arbeitsschritte bei einem Boxenstopp. Schau sie genau an:
Das Foto zeigt die Gesamtsituation, die Illustrationen den Wechsel eines einzelnen Reifens.

Zeitrekord beim Boxenstopp:
2,05 Sekunden,
Grand Prix von Malaysia 2013

2 Notiere neben den einzelnen Illustrationen in Stichworten, was beim Wechsel eines Reifens zu tun ist und welche Materialien dafür benötigt werden. Beachte auch die Gesamtsituation, die das Foto zeigt.

(1) zwei Mechaniker (einer vorn, einer hinten), feuerfeste Schutz-

kleidung,

(2) je Reifen ein Team von drei Mechanikern:

_____

_____

(3) zweiter Mechaniker, Reifen abnehmen

(4) _____

(5) _____

_____

(6) _____

> feuerfeste Schutzkleidung • Wagenheber • Radmutter • Druckluft-Schlagschrauber •
> Reifen • Mechaniker • Druckluftschläuche • Bug und Heck (des Rennwagens)

3 **a** Erkläre die <u>Fachbegriffe</u> mit den im Tipp vorgeschlagenen Möglichkeiten. Ziehe die Worterklärungen unten hinzu.

(Beispiel): Als Arbeitskleidung tragen Mechaniker _____

_____

_____

_____

(Definition): Druckluft ist _____

_____

_____

_____

> Einen **Fachbegriff** kannst du klären, indem du:
> – eine **Definition** gibst, z. B.: *Die Boxengasse ist ein Straßenstück neben der Start- und Zielgeraden.*
> – **Beispiele** anführst, z. B.: *In der Boxengasse befinden sich Garagen der verschiedenen Rennställe, z. B: McLaren, Ferrari.*

> **Druckluft** (veraltet auch: Pressluft), in einem besonderen Gerät (Kompressor) verdichtete Luft, Verwendung z. B. als Energieträger (Antrieb von Druckluftwerkzeugen), zur Signalübertragung, als Atemgas oder zur Kühlung.

> **Schutzkleidung**, Arbeitskleidung, ggf. feuerfest, umfasst (je nach Umfeld) z. B.: Stiefel, Overall, Helm, Brille und/oder Handschuhe.

b Formuliere im Heft für den Hauptteil die Beschreibung der beiden ersten Arbeitsschritte.

4 Beim Boxenstopp kommt es auf Bruchteile von Sekunden an, die Abfolge muss präzise stimmen. Notiere sechs passende Wörter in dein Heft, die die Reihenfolge der einzelnen Arbeitsschritte deutlich machen, z. B.: *zu Beginn,* …

5 Die folgenden Sätze beschreiben die Arbeitsschritte 3 und 4. Wandle Aktivsätze ins Passiv um und umgekehrt.

An jedem Reifen wird sofort von einem weiteren Mechaniker eingegriffen.

Sofort greift ein weiterer Mechaniker an jedem Reifen ein.

Er nimmt den losen Reifen ab.

_____

Anschließend wird der neue Reifen von einem dritten Mechaniker blitzschnell in die richtige Position gerollt.

_____

Sobald er die Nabe erreicht, setzt der Mechaniker den Reifen darauf.

_____

6 Verfasse eine <u>Einleitung</u>, die auf die Vorbereitungen für den Boxenstopp eingeht. Das Zitat eines Mechanikers gibt dir die wichtigen Informationen. Schreibe in dein Heft.

> „Na, bevors losgeht müssen alle halt ihr Werkzeug bereithalten. Das wird kurz vorm Rennen nochmal gecheckt. Vor einem Boxenstopp gibt unser Chef ein Zeichen, dass wir alle auf unsere Plätze müssen: Es ist extrem genau geregelt, wo jeder steht. Dann kommt plötzlich das Signal und das Auto fährt ein. Jeder Handgriff ist im Team tausendmal geprobt …"

7 Formuliere im Heft einen <u>Schluss</u>. Berücksichtige dabei vor allem die Aspekte „gute Vorbereitung/Training/Teamarbeit". Du kannst den ersten Satz fortsetzen und auf den Wortspeicher zurückgreifen.

> intensives Training • Handgriffe üben • am rechten Ort • ohne Nachdenken • eingespieltes Team • Werkzeuge • rechtzeitig • reibungslos …

Ein sekundenschneller Reifenwechsel während eines Boxenstopps kann aber nur dann problemlos ablaufen, wenn …

8 Schreibe eine Vorgangsbeschreibung zu den Arbeitsschritten bei einem Boxenstopp. Gehe hierzu die einzelnen Schritte noch einmal durch und nummeriere sie. Formuliere dann im Heft. Nutze deine Vorarbeiten aus den Aufgaben 1–7.

☐ Festschrauben der Reifen	☐ neue Reifen aufsetzen	☐ alte Reifen lösen
☐ Abnehmen der alten Reifen	☐ Anheben des Wagens	☐ Absetzen des Wagens

Teste dich!

Einen Arbeitsablauf beschreiben

1 Die Skizzen unten zeigen, wie ein Fahrradreifen geflickt wird.
Bringe die Arbeitsschritte in die richtige Reihenfolge. (8 P.)

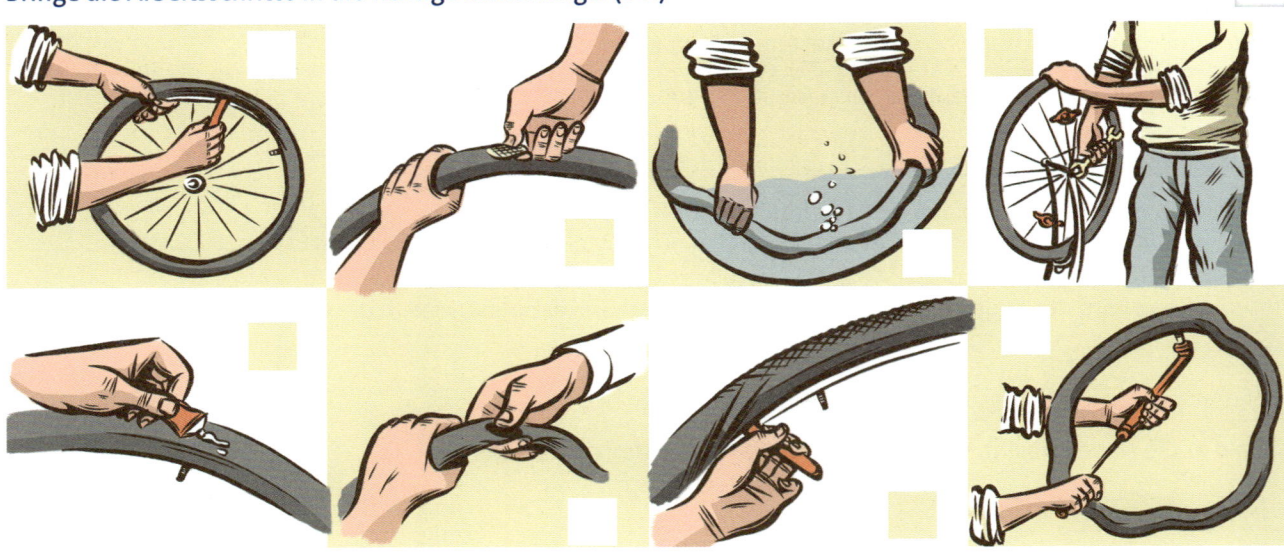

2 Schreibe die Vorgangsbeschreibung in dein Heft.
a Ordne zunächst die Stichwörter der entsprechenden Skizze zu. (4 P.)
b Formuliere ganze Sätze in der richtigen Reihenfolge. (8 P.)
c Prüfe anhand der Checkliste, ob du alles richtig gemacht hast.

Fahrrad auf Sattel stellen, Radmuttern mit Schraubenschlüssel lösen

Mantel mit geflicktem Schlauch auf Felge heben

Schlauch ins Wasser tauchen (Luftblasen)

Schlauch mit Luftpumpe aufpumpen

Rad auf Boden legen, mit Montierhebel Mantelrand abheben

abgetrockneten Schlauch rund ums Loch mit Sandpapier abschmirgeln

Gummikleber ums Loch streichen

Gummiflicken auf Loch drücken

Checkliste: Fit fürs Beschreiben eines Vorgangs?

Benennst du in der **Einleitung** notwendige Materialien und Werkzeuge?
Beschreibst du im **Hauptteil** den Arbeitsablauf **Schritt für Schritt**?
Machst du die Reihenfolge der Arbeitsschritte durch **Konjunktionen** deutlich?
Verwendest du **Fachbegriffe**?
Hältst du die **richtige Reihenfolge** ein?
Schreibst du im **Präsens**?
Gibst du am **Schluss** einen weiterführenden Tipp?

Vergleiche deine Ergebnisse mit dem Lösungsheft. Für jede richtige Antwort erhältst du einen Punkt.

☺ 20–15 Punkte	☺ 14–8 Punkte	☹ 7–0 Punkte
Gut gemacht!	Gar nicht schlecht, aber lies dir die Merkkästen auf den Seiten 17 bis 18 noch einmal genau durch!	Arbeite die Seiten 17 bis 19 noch einmal sorgfältig durch!

Berichten

Einen Tagesbericht verfassen

Schreibplan für einen Tagesbericht

Ein Tagesbericht ist ein Bestandteil einer Praktikumsmappe. Er informiert **sachlich** und **in chronologischer Reihenfolge** über die Tätigkeiten, die ein Praktikant an einem Praktikumstag ausgeführt hat.
Ein Tagesbericht wird im **Präteritum** verfasst und beantwortet die **W-Fragen**.
– Fasse im Einleitungssatz knapp zusammen, welche **Arbeitsschwerpunkte** der beschriebene Tag hatte.
– Verwende **Fachbegriffe** und erkläre diese, wenn nötig.
– Wechsle die **Satzanfänge** ab und verdeutliche die Abfolge der Ereignisse (z. B.: *zuerst, anschließend*).
– Verbinde Sätze durch treffende **Verknüpfungswörter** (z. B.: *weil, obwohl*).

1 Lies den nachfolgenden Tagesbericht, den Jan von seinem Praktikum bei einem Tierarzt gemacht hat, und überlege, was an dem Tag seine Arbeitsschwerpunkte waren. Verfasse eine passende Einleitung in deinem Heft.

Heute lernte ich am Vormittag …

und am Nachmittag …

Tagesbericht für Montag, den 5. Mai 20..

Auf dem ersten Hof habe ich gemeinsam mit dem Tierarzt mit einem Mikroskop *untersuchte*
die Kotprobe eines Pferdes auf Würmer untersucht und ihm bei der Impfung von
drei anderen Pferden zugesehen. Dann machte der Tierarzt einem Pferd einen *legte an*
neuen Verband. Ich hielt das Tier währenddessen am Halfter fest. Das war voll
5 toll, weil ich es während der Behandlung gut beruhigen konnte. Als Nächstes
mussten auf einem anderen Hof drei Kühe mit einem Antibiotikum behandelt
werden, da sie eine Infektion hatten. Ich durfte mit einem Stethoskop Lunge und
Herz abchecken und der Tierarzt erklärte mir, dass die Tiere eine krass hohe Herz-
und Atemfrequenz hatten. Auf dem letzten Hof musste der Tierarzt total süßen
10 Schafen Blut abnehmen. Ich habe für ihn die Blutprobenröhrchen mit den Ohrmarkennummern beschriftet, damit man später weiß, welches Blut zu welchem
Schaf gehört.
Am Nachmittag wurden in der Praxis mehrere Kleintiere behandelt. Ich durfte
bei einer Operation zusehen, in der einer Hündin ein Tumor entfernt wurde. Sie
15 wurde in die Narkose gelegt und weiträumig rasiert und desinfiziert. Ihr wurde
ein Tubus in die Luftröhre geschoben und an das Inhalationsnarkosegerät angeschlossen. Der Tumor wurde herausgeschnitten, die Blutgefäße abgebunden und
die Haut wieder zugenäht. Nach der OP putzte ich den Behandlungsraum. Ich
zog Handschuhe an, reinigte die Instrumente, indem ich sie zunächst in Wasser,
20 dann in ein Desinfektionsbad und schließlich in einen Dampfsterilisator legte.
Ich schnitt für den nächsten Tag Tücher für den Instrumententisch zu.
Danach durfte ich dem Tierarzt noch bei weiteren kleineren Behandlungen zusehen. Dazu gehörte das Impfen von drei Katzenbabys. Sie sollen keine lebensbedrohlichen Krankheiten bekommen. Außerdem versorgte er kleinere Wunden
25 bei einem Meerschweinchen und kastrierte einen Kater. Ich redete vor der
Narkose beruhigend auf ihn ein. Er war trotzdem sehr ängstlich. Als Letztes hat
der Tierarzt noch die Besitzerin eines Hundes beraten. Er war übergewichtig.

2 Lies den ersten Absatz des Tagesberichts auf Seite 21 (Zeilen 1–12) genauer:
Berichtige Fehler in Tempus und Ausdruck.

a Jan hat einige Male das Perfekt verwendet. Unterstreiche diese Verben
und notiere die Personalform im Präteritum in der Randspalte.

b Markiere Textstellen, die umgangssprachlich formuliert sind,
und schreibe passende sachliche Formulierungen an den Rand.

3 Was muss Jan im zweiten Absatz des Tagesberichts (Z. 13–21) verbessern?
Kreuze an.

A ☐ Es wird das falsche Tempus verwendet.

B ☐ In dem Absatz wird zu viel Umgangssprache verwendet.

C ☐ Die Reihenfolge der Ereignisse wird nicht deutlich gemacht.

D ☐ Die Sätze sind nicht durch treffende Verknüpfungswörter verbunden.

4 **a** Verbinde die folgenden Sätze aus dem letzten Absatz (Z. 22–27) durch passende Verknüpfungswörter.

b Umkreise in deinen Sätzen die Verknüpfungswörter.

A Dazu gehörte das Impfen von drei Katzenbabys. Sie sollen keine lebensbedrohlichen Krankheiten bekommen.

_____

_____

B Ich redete vor der Narkose beruhigend auf ihn ein. Er war trotzdem sehr ängstlich.

_____

_____

C Als Letztes beriet der Tierarzt noch die Besitzerin eines Hundes. Das Tier war übergewichtig.

_____

_____

5 Überlege, welche Fachbegriffe man evtl. genauer erklären sollte.
Umkreise zwei solche Fachbegriffe im Text und notiere am Rand,
was sie bedeuten.

6 Überarbeite die ersten beiden Abschnitte des Tagesberichts und schreibe
die Verbesserung in dein Heft. Nutze dafür deine Vorarbeiten aus den Aufgaben 2 bis 5.

7 Ergänze mit Hilfe der folgenden Notizen den Tagesbericht in deinem Heft um einen weiteren Absatz.
●●● Mache die Reihenfolge durch entsprechende Wörter deutlich und verbinde zwei Sätze mit einem Verknüpfungswort.

- *Apotheke mit neuen Medikamenten aufgefüllt*

- *einige Medikamente zusammen mit der Tierarzt-helferin aussortiert
(Verfallsdatum überschritten)*

Eine Reportage schreiben

Komplexer als Klettern

von Fabian Federl

Aus der alten Lagerhalle tönt Hip-Hop. Davor liegen kleine Stoffsäcke mit Kreide, Kletterschuhe. Hier wird seit 2010 „gebouldert". Die Beliebtheit dieser Trendsportart steigt.

5 Aber was ist Bouldern überhaupt?
Bouldern ist mehr als Bergsteigen ohne Berge. Gerade in größeren Städten trifft das Klettern ein Lebensgefühl – ohne Seil, ohne Gurt, dafür mit viel Dynamik. „Bouldern ist Klettern auf Absprunghöhe", sagt
10 Lutz Schneider, 45 Jahre alt, der zusammen mit seinem Kletterpartner Jakob Hoppstock den Ostbloc, Berlins älteste Boulderhalle, gegründet hat. Boulderer klettern Routen, die nicht höher als etwa 4,50 Meter sind, der Hallenboden ist mit Matten ausgelegt.
15 Es gibt kein Seil, keinen Gurt, wegen der niedrigen Höhe aber auch kein großes Risiko. Die Routen sind farblich nach Schwierigkeitsgrad gekennzeichnet. Wer vor einer Wand steht, erkennt sofort, ob die Route etwa seinem Niveau entspricht oder nicht.
20 Die Bewegungen beim Bouldern sind dynamischer, komplexer als beim Klettern. Es gibt seitliche Sprünge, Schwungbewegungen. Bouldern ist die Verdichtung der kniffligen Abschnitte einer Kletterroute. „Wir nennen es auch Bewegungsschach", sagt
25 Schneider. Beim Klettern geht es um Ausdauer, Kraft und Technik, beim Bouldern stehen Bewegungsfantasie und Koordination im Mittelpunkt. Der Routenschrauber – also der, der die Route an der Wand anbringt – stellt dem Boulderer eine Aufgabe, die dieser
30 lösen muss. Besonderer Vorteil gegenüber dem Klettern: Man rätselt gemeinsam mit anderen und tauscht sich aus.

Es ist wohl der einfache Zugang, der für den rasenden Beliebtsheitsanstieg der Sportart verantwortlich ist. 35
Man hat schnell Erfolgserlebnisse. Gelbe Routen werden hochgestolpert, 40
sagt man. Dieses anfängliche Rumklettern kennt jeder vom Spielplatz; es 45
ist etwas Kindliches. Höhere Schwierigkeitsgrade verlangen natürlich Technik. Auch muss man keine Anschaffungen machen. Hip-Hop-Musik aus Lautsprechern, Matten auf dem Boden, kein Klettergeschirr – das hat nicht mehr viel mit Klettern am Stein 50
oder Bergsteigen zu tun.
Der Bouldersport ist mittlerweile eine eigenständige Sportart, ist aber dem Klettern entsprungen. Ende des 19. Jahrhunderts zogen in Frankreich und England Sandsteinfelsen und leer stehende Minen Kletterer an, die in Schächten und Gräben mit geringer 55
Höhe kletterten. Das Wort „Boulder" heißt so viel wie Fels.
Im Ostbloc laufen Kinder lachend durch den Raum, 60
einige Jugendliche unterhalten sich fingerzeigend darüber, wie man denn jetzt bitte von da nach da kommen soll. Daneben gestandene Boulderer, die auf Zetteln die Routen eintragen, die sie geschafft haben. Sie nehmen am Monatswettkampf teil. 65

Stelle dir vor, du machst einen Klassenausflug in die Kletterhalle. Schreibe für ein Jugendmagazin eine möglichst anschauliche Reportage über deine Erfahrung beim Bouldern. Beziehe auch die Informationen ein, die du dem Foto entnehmen kannst.

1 Sammle zunächst Material und ordne es. Gehe so vor:
  a Lies den Text auf Seite 23 und untersuche ihn nach folgenden Leitfragen:
    – Welche Hintergrundinformationen erhältst du?
    – Gibt es Textstellen, die du zu einer anschaulichen Schilderung ausbauen könntest?
  b Ordne Stichwörter aus dem Text in die folgende Aufstellung ein.
  c Überlege dir, welche Meinung du zum Thema der Reportage vertrittst.

Informationen zum Ereignis	Schilderung des Ereignisses
Wo? Kletterhalle	

Hintergrundinformationen	Meine Meinung/Einschätzung
	Ich finde, man kann beim Bouldern …

2 Stelle dir vor, du stehst mitten in der Kletterhalle. Was nimmst du wahr?
Erstelle eine Mind-Map.

- Ich höre

- Ich fühle

- Ich sehe

- Ich rieche

3 Verfasse eine vollständige Reportage zum Thema „Bouldern – Ausflug in die Kletterhalle".
Nutze dazu deine Stichwörter (Aufgaben 1 und 2) und die Check- liste auf der nächsten Seite.

> Schreibe vorwiegend im **Präsens**. Informationen zum Verständnis (Hintergrundinformationen) können im **Präteritum** stehen.

Teste dich!

Eine Reportage schreiben

Jan Schmidt

Die fliegende Intensivstation

Bremen. Plötzlich ein schriller Ton: Alarm! Andreas Neulinger blickt auf seinen Pieper. „Kind nicht ansprechbar, Fieber, Bremen-Huchting". Noch während er liest, begibt sich der Notarzt zum Rettungs-
5 hubschrauber. Er geht zügig, setzt sich nebenbei einen Helm auf. Dicht hinter ihm läuft Jochen Bokemeyer, Rettungsassistent. Vom Krankenhaus sind es nur wenige Meter. Rüdiger Engler, der Pilot, hat schon den Motor angelassen.
10 Unter den rasselnden Rotorblättern klettern die Ärzte in die Kabine. Sie ziehen ihre Sicherheitsgurte fest – dann hebt „Christoph 6" ab. „Christoph 6" ist einer von zwei Rettungshubschraubern für den Großraum Bremen. Seine Besatzung startet täglich vom „Klini-
15 kum Links der Weser" zu etwa fünf Einsätzen.
Es dröhnt, es wackelt. Binnen Sekunden schwebt der Helikopter in 150 Metern Höhe. Rüdiger Engler kontrolliert die Instrumente, Jochen Bokemeyer funkt neben ihm mit der Polizei. Ein Treffpunkt wird ver-
20 einbart – wie so oft bei Einsätzen in Wohngebieten. Wegen der dichten Besiedelung wäre eine Landung vor Ort zu riskant, deshalb steuert Engler Sportplät-

ze, Grünanlagen oder ähnliche Plätze in der Nähe an. Von dort fährt eine Polizeistreife die Ärzte zur Wohnung des Patienten. 25
„Sicher am Boden", meldet Engler. „Ihr könnt raus!" Die beiden Ärzte greifen nach ihren Arztkoffern, drücken gegen die Tür und springen auf den Rasen. In kurzer Entfernung wartet ein Polizeiauto. Sie zwängen sich auf die Rückbank, sofort gibt der Be- 30 amte Gas. Reifen quietschen. Blaulicht, Sirene …
Obwohl der Helikopter einer fliegenden Intensivstation gleicht, transportiert er nur selten Patienten. Bei fast allen Einsätzen von „Christoph 6" fordert die Rettungsleitstelle gleichzeitig einen Krankenwagen 35 an, der die Patienten ins nächste Krankenhaus transportieren kann. Rüdiger Engler nimmt deshalb auf dem Rückflug meist nur den Notarzt und den Assistenten wieder mit an Bord. Quasi per Lufttaxi geht es zum Einsatzort und damit sind die fliegenden Not- 40 ärzte schneller bei den Patienten als die Rettungsärzte am Boden. Richtig spektakuläre Notfälle, wie man sie beispielsweise aus dem Fernsehen kennt, gibt es eher selten.
Quelle: Kreiszeitung

---

1 Weise anhand der Checkliste nach, dass es sich bei dem Text um eine Reportage handelt. Markiere entsprechende Textstellen in unterschiedlichen Farben. (7 P.)

Checkliste: Fit fürs Schreiben einer Reportage?

Gibt es einen **„szenischen" Einstieg** mitten ins Geschehen?
Informiert der Text über die wichtigsten Ereignisse (W-Fragen)?
Finden sich sachliche **Hintergrundinformationen**?
Werden **Atmosphäre** und **Stimmung** geschildert?
Kommen **wörtliche Rede** und eine **anschauliche Sprache** vor?
Wird vorrangig im **Präsens** geschrieben?

Vergleiche deine Ergebnisse mit dem Lösungsheft. Für jede richtige Antwort erhältst du einen Punkt.

☺ 7–6 Punkte	☺ 5–3 Punkte	☹ 2–0 Punkte
Gut gemacht!	Gar nicht schlecht, aber lies dir den Merkkasten auf Seite 23 noch einmal genau durch.	Arbeite die Seiten 23 bis 24 noch einmal sorgfältig durch.

Informationen entnehmen

Einen Sachtext lesen und verstehen

Methode	Einen Sachtext erschließen

1 **Überfliege den Text**: Lies zunächst nur die Überschrift(en) und die ersten Zeilen der Textabsätze. Betrachte dann die Abbildung(en). Überlege, worüber der Text informiert.

2 **Lies** den gesamten Text **zügig** durch und kreise unbekannte Wörter ein. Mache dir klar, was das Thema des Textes ist und was du ggf. schon darüber weißt.

3 **Kläre** unbekannte oder **schwierige Wörter** durch Nachschlagen oder Nachdenken.

4 **Markiere die Schlüsselwörter** und **gliedere** den Text **in Sinnabschnitte**. Notiere ggf. Fragen am Rand.

5 **Fasse** die Informationen des Textes in wenigen Sätzen und mit eigenen Worten **zusammen**.

---

1 Prüfe durch überfliegendes Lesen, worüber die folgende Reportage informiert. Kreuze an.

Die Reportage informiert über …

A ☐ kalifornische Mandelbäume.

C ☐ kalifornische Bewässerungsanlagen.

B ☐ kalifornische Wasserknappheit.

D ☐ Kaliforniens Wassersparmaßnahmen.

Der Fluch des ewigen Sonnenscheins

Von Wolfgang Stuflesser und Nicole Markwald

Die Dürre in Kalifornien hält an: Die Wasserreservoirs sind auf rekordverdächtig niedrigem Stand, es fällt nur wenig Regen. Die Regierung hat erste Wassersparmaßnah-
5 men verordnet, doch die reichen nicht aus. Und Experten warnen, dass sich die Situation noch verschlimmern könnte.

Mark Borba fährt über seine Farm. Sie ist riesig, viereinhalbtausend Hektar be-
10 ackert er. Seit 42 Jahren baut die Borba-Familie hier mitten im San Joaquin Valley zwischen Sacramento im Norden und Los Angeles im Süden unter anderem Tomaten, Knoblauch, Salat und Melonen an. Sein besonderer Stolz sind die Mandelbäume. 80 Prozent aller Mandeln der Welt kommen aus Kalifornien. „Wir haben
15 allein 120 Hektar mit Mandelbäumen", erzählt Borba. Entlang der Bäume ist ein Rohrsystem verlegt, eine Tröpfchenbewässerungsanlage, ohne die würden die teuren Bäume ganz schnell eingehen. Wie fast alle kalifornischen Farmer steht Borba vor einem Dilemma: Sie haben riesige Mengen guten Ackerlandes, aber nicht genug Wasser. 188 Liter Regen pro Quadratmeter fielen in Kalifornien voriges Jahr –
20 so wenig wie nie zuvor. Und das Jahr 2014 ist drauf und dran, diesen Rekord noch zu unterbieten. Zum Vergleich: In Deutschland sind es rund 750 Liter pro Quadratmeter im Jahr – fast das Vierfache. Ungefähr so viel braucht auch Mark Borba für seine Bewässerung. Hat er aber nicht. Wie andere Farmer hat auch er sich in diesem

Behälter, um Wasser zu speichern

Was kann passieren?

Maßeinheit 1 Hektar sind 10 000 m²

Jahr entschlossen, einen Teil seines Besitzes nicht zu bepflanzen – aus Wassermangel.

Selbst Präsident Obama hat die Region schon besucht und finanzielle Hilfe angekündigt, umgerechnet rund 140 Millionen Euro. Die Regierung in Washington beobachtet Kalifornien genau, mehr als die Hälfte der gesamten amerikanischen Obst- und Gemüseproduktion kommt von hier. Liegen Felder brach, werden außerdem weniger Landarbeiter gebraucht. Hat Kalifornien ein Dürreproblem, dann treffen die Auswirkungen über kurz oder lang das ganze Land.

Pleasanton, ein gute Autostunde von San Francisco. Der Gouverneur forderte die Kalifornier auf, ihren Wasserverbrauch um 20 Prozent zu verringern. Pleasanton geht noch einen Schritt weiter: Die Stadt schreibt allen Haushalten und Geschäften verpflichtend vor, 25 Prozent weniger Wasser zu verbrauchen. Gemessen wird im Vergleich zur Vorjahresrechnung, erklärt Rita Di Candia, die von der Stadt eingesetzte Managerin fürs Wassersparen. „Das ist das erste Mal in der Geschichte von Pleasanton, dass so etwas passiert. Wir können absehen, dass wir dieses Jahr nur 75 Prozent des Wassers haben, das normalerweise hier im Tal über den Sommer verbraucht wird. Je nachdem, wie heiß der Sommer wird, könnte sich die Lage sogar noch verschärfen!"

Leider sind die Kalifornier keine Meister im Wassersparen. Das Geräusch der zeitgesteuerten Rasensprenger ist typisch für Kalifornien, und der grüne Rasen vorm Haus bürgerliches Statussymbol, auch und gerade in Gegenden, die fast schon wüstenhaft trocken sind. Während der durchschnittliche Deutsche um die 120 Liter Wasser am Tag verbraucht, sind es in Kalifornien mehr als 450 Liter pro Kopf und Tag. Doch nun, ein halbes Jahr später, sind die tatsächlichen Zahlen ernüchternd: Der Gesamtverbrauch des bevölkerungsreichsten US-Bundesstaats ist nicht zurückgegangen, sondern sogar um ein Prozent gestiegen. Nun greift die Staatsregierung in Sacramento zu härteren Mitteln: Seit dem 1. August dürfen alle kalifornischen Hausbesitzer ihre Grünflächen nicht mehr so stark gießen, dass überschüssiges Wasser ungenutzt abläuft. Verboten ist auch das Abspritzen von Gehwegen und Einfahrten mit dem Gartenschlauch. Als Bußgeld drohen 500 Dollar, umgerechnet rund 370 Euro.

Richard Harasick ist bei den Stadtwerken von LA verantwortlich für die Versorgung von rund vier Millionen Angelinos mit Wasser. Manchmal könne er nachts nicht schlafen sagt er, beim Gedanken, dass die Leute den Hahn aufdrehen und nichts passiert. Zur Beruhigung hilft der Blick aufs noch erstaunlich gut gefüllte Reservoir: Mit seinem Wasser könnten 10.000 Familien ein Jahr lang versorgt werden. Gespeist wird es vom Los Angeles Aquädukt, einem schon vor mehr als hundert Jahren vom damaligen Chefingenieur der Wasserwerke William Mulholland ausgeführten Projekt. Der Aquädukt ist eine technische Meisterleistung: Das insgesamt 670 Kilometer lange Rinnen- und Rohrsystem führt Regen- und Schmelzwasser aus den Bergen der Sierra Nevada bis an die Stadt Los Angeles. Der Aquädukt braucht keine Pumpen, für den Antrieb des Wassers sorgt allein der Höhenunterschied von der gut 1.200 Meter hohen Gebirgsregion bis zur Stadt am Meer. Doch diesen Winter sind die Schneefälle ausgeblieben und nun fehlt das Schmelzwasser.

70 bis 80 Prozent der Wasserrechnung, so schätzen manche Umweltschützer, wanderten in L.A. allerdings immer noch direkt ins Bewässern des Gartens. In Seminaren wie z. B. von der Organisation „TreePeople" lernen Teilnehmer unter anderem, wie man Regenwasser „erntet" und wiederverwendet. Die Stadt zahlt ihren Bürgern bares Geld, wenn sie ein Stück Rasen in etwas umwandeln, das besser in die Landschaft passt. Teilnehmerin Linda hat für ihren Garten eine einfache Regel gefunden: „Wir gießen nichts, was wir nicht essen können. Und wenn ich eine Pflanze einsetze und sie nach dem ersten Bewässern nicht angeht, dann hat sie wohl nicht herge-

hört, und ich suche mir was anderes." Die TreePeople und die üppigen Reservoirs in Los Angeles, die Wassersparer von Pleasanton: Solche Anstrengungen gehen in die richtige Richtung, aber sie werden Kaliforniens Dürreproblem nicht lösen. Experten rechnen damit, dass die Dürre mehrere Jahre anhalten könnte.

80 Auf seiner Farm bei Fresno bewässert Mark Borba weiter seine Mandelbäume und Salatköpfe. Er glaubt, dass die Zeit reif ist für neue Regulierungen, die genug Wasser ins San Joaquin Valley schaffen. Und Experten halten Verbesserungen an der Infrastruktur für überfällig, Kalifornien brauche mehr Auffangmöglichkeiten für Regenwasser. Oder, wie es Mark Borba formuliert: "It's now everyone's problem, it's

85 not just a few farmers' problem."

2 Lies nun den gesamten Text zügig durch.

a Gib das Thema des Textes wieder. Schreibe mit eigenen Worten und in vollständigen Sätzen.

_____

_____

_____

_____

_____

_____

_____

b Markiere Wörter, die du nicht verstehst. Kläre ihre Bedeutung, schreibe diese neben den Text.

c Notiere Fragen zu Einzelheiten oder Textstellen, die dir nach dem Lesen noch unklar sind.

3 Führe die folgenden im Text vorkommenden Zahlenangaben und Begriffe so zusammen, dass richtige Aussagen entstehen.

Niederschlag:	188 Liter • Regen pro Quadratmeter • 750 Liter • in Kalifornien • in Deutschland pro Quadratmeter im Jahr
Wasserverbrauch:	der durchschnittlichen Deutschen • 450 Liter pro Kopf und Tag • in Kalifornien • 120 Liter pro Kopf und Tag

4 **a** Lies die Reportage (S. 26–27) sorgfältig. Markiere die Schlüsselwörter.

b Gliedere die Reportage in Sinnabschnitte. ⌐

c Notiere in der Randspalte für jeden Sinnabschnitt eine Überschrift.

Schlüsselwörter sind Wörter, die für die Aussage des Textes besonders wichtig sind.

Methode	Einen Sachtext zusammenfassen

- In der **Einleitung** informierst du über die Autorin/den Autor, den Titel, die Textsorte, ggf. über die Quelle (bei Zeitungen/Zeitschriften auch das Erscheinungsdatum) sowie das Thema des Textes.
- Im **Hauptteil** fasst du die wichtigsten Textinformationen sachlich und mit eigenen Worten zusammen. Mache dabei die Zusammenhänge (Ursache, Wirkung, zeitliche Abfolge usw.) durch passende Satzverknüpfungen deutlich, z. B.: *anfangs, anschließend, weil, indem*.
- Zum **Schluss** kannst du kurz angeben, wie der Text auf dich gewirkt hat, oder Stellung zu einer Textaussage nehmen.
Verwende als Zeitform das **Präsens** (bei Vorzeitigkeit das Perfekt).

5 **a** **Notiere alle Informationen, die für die** Einleitung **der Textzusammenfassung wichtig sind.**
   Tipp: Das Thema des Textes hast du bereits bei Aufgabe 2 a formuliert.

Autor: _____   Textsorte: _____

Titel: _____

Quelle: _____   Erscheinungsdatum: _____

b **Formuliere die Einleitung.**

In der _____ „_____",

die am _____ im _____

erschienen ist, berichtet der Autor_____ über _____

_____

6 **Fasse jeden Sinnabschnitt mit eigenen Worten in kurzen Sätzen zusammen.**

1 _____

2 _____

  _____

3 _____

4 _____

  _____

5 _____

  _____

6 _____

7 _____

7 **a** Minas Zusammenfassung des ersten Sinnabschnitts der Reportage ist nicht gelungen.
Lies ihren Text unten. Formuliere in einem Tipp für Mina, was sie überarbeiten muss.

> Schreibe **sachlich** und **nüchtern**. Vermeide Ausschmückungen, Umgangssprache oder Vermutungen.

_____

_____

b Überarbeite Minas Text: Streiche Unpassendes durch, notiere über jeder Zeile eine geeignetere Formulierung und schreibe den verbesserten Text in dein Heft.

Dieser Mark ist arm dran. Die Familie von ihm baut seit 42 Jahren

leckeres Gemüse und Obst an und er ist megastolz auf seine Mandel-

bäumchen. Wenn er denen aber kein Wasser gibt, weil es nicht regnet,

dann vertrocknen die teuren Bäume ganz schnell. Jetzt kann der Arme

nicht mehr alles bepflanzen, total traurig. Sogar der Obama war schon

da und will 140 Millionen Euro geben, aber ob das reicht?

8 Prüfe, ob Mina den dritten Sinnabschnitt mit eigenen Worten zusammengefasst hat.
a Unterstreiche Textteile, die zu nahe am Ursprungstext sind.
b Verbessere diese und schreibe den überarbeiteten Text in dein Heft.

In Pleasanton müssen alle Haushalte und Geschäfte 20 Prozent weniger Wasser verbrauchen.

Das ist das erste Mal in der Geschichte von Pleasanton, dass so etwas passiert. Festzustellen ist, dass sie dieses

Jahr nur 75 Prozent des Wassers haben, das normalerweise hier im Tal über den Sommer verbraucht wird.

9 Fasse die Sinnabschnitte 4–7 im Heft zusammen. Achte auf passende Satzverknüpfungen.

10 Kläre, wie der Text auf dich gewirkt hat: Umkreise in den folgenden Gegensatzpaaren Wertungen, die du für zutreffend hältst.

interessantes Thema ⟷ belangloses Thema

schwer verständliche Sprache ⟷ kurzweiliger und gut lesbarer Text

abstrakte Darstellung ⟷ anschauliche und lebendige Beschreibung

> **Bewerten** kannst du einen Text am Schluss, indem du etwas über den dargestellten Inhalt aussagst oder deine persönliche Leseerfahrung zusammenfasst.

11
●●● Schreibe in deinem Heft einen <u>Schluss</u>, der Stellung zu folgender Aussage nimmt: „It's now everyone's problem, it's not just a few farmers' problem." (Zeile 84–85)

Diagramme verstehen und auswerten

Ein Diagramm ist eine **bildliche Darstellung von Daten und Informationen**. Gehe für die Auswertung so vor:
1 Schau dir das Diagramm genau an. Lies die Überschrift und die übrigen Angaben und Erklärungen.
2 Stelle fest, worüber das Diagramm wie informiert, z. B. in Prozentzahlen (%), Euro (€) oder Jahreszahlen.
3 Setze Angaben in Beziehung zueinander, indem du sie z. B. vergleichst.
4 Fasse zusammen, was im Diagramm gezeigt wird: Was lässt sich ablesen?

1 Antworte in einem vollständigen Satz:
a Worüber informiert das Schaubild?

_____

_____

b Für den Niederschlag und die Temperatur in Los Angeles sind monatliche Durchschnittswerte angegeben. Wie groß ist die Differenz zwischen der höchsten und der niedrigsten Niederschlagsmenge? Nenne die zugehörigen Monate.

Los Angeles: Klimadiagramm

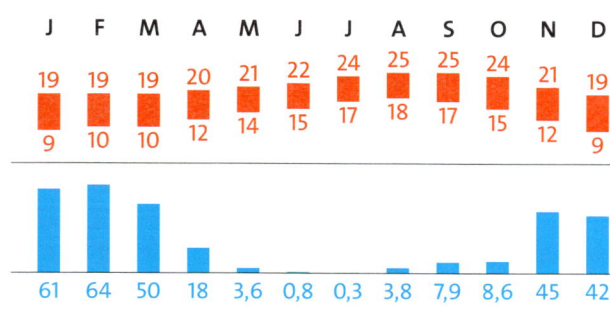

Temperatur in °C, Niederschlag in mm

2 Welche der folgenden Angaben kannst du dem Diagramm entnehmen?

A ☐ Jahrestemperatur in Los Angeles
B ☐ Jährliche Niederschlagsmenge in Kalifornien
C ☐ Die höchste Tagestemperatur im Monat Juni
D ☐ Den durchschnittlichen monatlichen Niederschlag

Grafiken entschlüsseln

Eine Grafik kann z. B. Zahlen, Bauwerke oder Ortsangaben (z. B. Landkarten) anschaulich darstellen.
1 Stelle fest, worum es in der Grafik geht.
2 Untersuche, was die Grafik darstellt, z. B. einen Vorgang, eine Konstruktion oder die Lage von etwas.
3 Prüfe, ob die Grafik Farben, Beschriftungen oder Symbole enthält, die erklärt werden.
4 Schreibe auf, worüber die Grafik informiert.

3 Welche der in der Grafik genannten Orte werden in der Reportage erwähnt? Notiere.

_____

_____

_____

_____

Teste dich!

Einen Sachtext und ein Diagramm auswerten

Zunächst war niemand überrascht. Regenarme Zeiten hat es in Melbourne immer mal gegeben. Doch dass die Niederschläge so lange ausbleiben, ist neu. Seit zehn Jahren hält die Trockenzeit schon an. und 5 die Situation verschlechtert sich weiter. Im letzten Sommer fielen nur 40 Prozent der üblichen Wassermenge. Zunächst versuchte es die Stadt mit Einschränkungen in der Wassernutzung der Haushalte. Als der Wasserspiegel trotzdem sank, wurden schärfere 10 Restriktionen eingeführt. 140 Polizisten patrouillieren durch die Stadt, kontrollieren verdächtig grüne Gärten inmitten der trockenen Rasenflächen und gehen Hinweisen aus der Bevölkerung nach. Die Regierung fordert dazu auf, Verstöße von Nachbarn 15 oder Bekannten über die Hotline 13WATER zu melden. „Mehr als 50000 Verwarnungen wurden ausgesprochen", sagt Luke Enright vom Wasserversorger South East Water – die „Höchststrafe" müsse aber nur selten verhängt werden. Bei dreimaligem Vergehen bringen die Wasserpolizisten eine Art 20 Klammer am Hausanschluss an. Die Vorrichtung reduziert die Menge des durchfließenden Wassers auf zwei Liter pro Minute. Ausgiebiges Duschen ist so unmöglich. Sollte der städtische Wasservorrat trotzdem weiter sinken, wird am 1. August Level 4 einge-25 führt. Dann ist jeglicher Wasserverbrauch außerhalb des Hauses verboten. Luke Enright ist optimistisch: „Es wird wieder Regen fallen, die Vorhersagen sind gut." Aber auch er weiß: Viele Alternativen hat die Stadt nicht mehr. Level 4 ist die letzte Stufe im Akti-30 onsplan.

1 Lies den Text. Fasse in einem Satz zusammen, worum es geht. (3 P.)

2 Kreuze an, ob die folgenden Aussagen richtig oder falsch sind. (4 P.)

	r	f
A Melbourne hatte immer schon regenarme Zeiten.	☐	☐
B Der Wasserspiegel stieg dank der Einschränkungen. Im letzten Sommer fielen nur 30 % der üblichen Wassermenge.	☐	☐
C Wasserklammern drosseln die Mengen des durchfließenden Wassers.	☐	☐
D Bei Einführung von Level 4 ist in der Stadt jeder Wasserverbrauch verboten.	☐	☐

3 Betrachte das Kreisdiagramm zum täglichen Wasserverbrauch.
a Inwiefern unterstützen die dort angegebenen Zahlen im Text getroffene Aussagen? Antworte mit Zeilenangaben. (1 P.)
b Formuliere zwei Empfehlungen für die Stadt Melbourne zur Einschränkung der Wassernutzung im Haushalt. Verwende dafür die Angaben aus dem Diagramm. (2 P.)

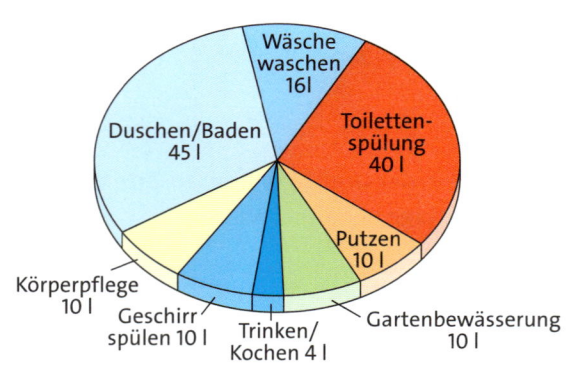

Vergleiche deine Ergebnisse mit dem Lösungsheft. Für jede richtige Antwort erhältst du einen Punkt.

☺ 10–8 Punkte	☺ 7–4 Punkte	☹ 3–0 Punkte
Gut gemacht!	Gar nicht schlecht, aber lies dir die Merkkästen auf den Seiten 26 bis 31 noch einmal genau durch.	Arbeite die Seiten 26 bis 31 noch einmal sorgfältig durch.

Eine Kurzgeschichte zusammenfassen und deuten

1 Lies die folgende Kurzgeschichte.

Ernest Hemingway

Ein Tag Warten

Er kam ins Zimmer, um die Fenster zu schließen, während wir noch im Bett lagen, und ich fand, dass er krank aussah. Er fröstelte; sein Gesicht war weiß und er ging langsam, als ob jede Bewegung weh täte.

5 „Was ist los, Schatz?"
„Ich hab Kopfschmerzen."
„Dann geh lieber wieder ins Bett."
„Nein, ich bin ganz in Ordnung."
„Du gehst ins Bett. Ich komme zu dir, sobald ich an-
10 gezogen bin."
Aber als ich herunterkam, war er angezogen und saß am Feuer und sah wie ein kranker, jämmerlicher, neunjähriger Junge aus. Als ich ihm die Hand auf die Stirn legte, wusste ich, dass er Fieber hatte.
15 „Du gehst rauf ins Bett", sagte ich. „Du bist krank."
„Ich bin ganz in Ordnung", sagte er.
Als der Doktor kam, nahm er die Temperatur des Jungen.
„Wie viel hat er?", fragte ich ihn.
20 „Hundertundzwei."
Unten ließ der Doktor drei verschiedene Medikamente in verschiedenfarbigen Kapseln zurück mit Anweisungen, wie sie zu nehmen waren. Das eine sollte das Fieber herunterbringen, das zweite war ein
25 Abführmittel und das dritte war gegen Übersäure im Magen. Die Grippebazillen können nur bei Übersäure existieren, hatte er erklärt. Er schien alles über Grippe zu wissen und sagte, es wäre nicht weiter Besorgnis erregend, falls die Temperatur nicht auf hun-
30 dertvier stiege. Es herrsche eine leichte Grippeepidemie und es bestände keinerlei Gefahr, wenn keine Lungenentzündung hinzukäme.

Als ich wieder ins Zimmer kam, schrieb ich die Temperatur des Jungen auf und notierte, wann man ihm die verschiedenen Medikamente geben sollte. 35
„Möchtest du, dass ich dir vorlese?"
„Schön. Wenn du willst", sagte der Junge. Sein Gesicht war sehr weiß und er hatte dunkle Schatten unter den Augen. Er lag reglos im Bett und schien gleichgültig gegen alles, was vorging. Ich las ihm aus 40 Howard Pyles Piratenbuch vor, aber ich sah, dass er nicht bei der Sache war.
„Wie fühlst du dich, Schatz?", fragte ich ihn.
„Genau wie vorhin, bis jetzt", sagte er.
Ich saß am Fußende des Bettes und las für mich, 45 während ich darauf wartete, dass es Zeit war, ihm wieder ein Pulver zu geben. Normalerweise hätte er einschlafen müssen, aber als ich aufblickte, blickte er das Fußende des Bettes an und hatte einen seltsamen Ausdruck im Gesicht. 50
„Warum versuchst du nicht einzuschlafen? Ich werde dich wecken, wenn es Zeit für die Medizin ist."
„Ich möchte lieber wach bleiben."

Nach einer Weile sagte er zu mir: „Papa, du brauchst
55 nicht hier bei mir zu bleiben, wenn es dir unangenehm ist."
„Es ist mir nicht unangenehm."
„Nein, ich meine, du brauchst nicht zu bleiben,
wenn es dir unangenehm wird."
60 Ich dachte, dass er vielleicht ein bisschen wirr wäre,
und nachdem ich ihm um elf das verschriebene Pulver gegeben hatte, ging ich eine Weile aus.
Es war ein klarer, kalter Tag. Den Boden bedeckte
eine Graupelschicht, die gefroren war, sodass es aus-
65 sah, als ob all die kahlen Bäume, die Büsche, das
Reisig und all das Gras und der kahle Boden mit Eis
glasiert wären. Ich nahm den jungen irischen Hüh-
nerhund zu einem kleinen Spaziergang mit, die
Landstraße hinauf und dann einen zugefrorenen
70 Bach entlang, aber es war schwierig, auf der glasigen
Oberfläche zu stehen oder zu gehen, und der rot-
braune Hund rutschte aus und schlitterte und ich
fiel zweimal heftig hin und das eine Mal ließ ich meine Flinte dabei fallen, die ein ganzes Stück über das
75 Eis wegglitt. Wir jagten ein Volk Wachteln unter einem hohen Lehmdamm mit überhängendem Ge-
strüpp auf und ich tötete zwei, als sie über den
Damm hinweg außer Sicht gingen. Einige stießen in
die Bäume nieder, aber die meisten schwärmten in
80 die Reisighaufen und man musste mehrmals auf
den eisüberzogenen Reisighügeln hin- und her-
springen, bis sie hochgingen. Es war schwierig, sie
zu treffen, als sie aufflogen, während man unsicher
auf dem eisglatten, federnden Reisig stand, und ich
85 tötete zwei und verfehlte fünf und machte mich auf
den Heimweg, vergnügt, weil ich so dicht von zu
Haus ein Wachtelvolk aufgetrieben hatte, und war
froh, dass für einen anderen Tag noch so viele übrig
waren.
90 Zu Haus sagte man mir, dass der Junge keinem erlaubt habe, in sein Zimmer zu kommen.
„Du kannst nicht reinkommen", hatte er gesagt. „Du
darfst das nicht bekommen, was ich habe."
Ich ging zu ihm hinauf und fand ihn in genau der-
95 selben Lage, wie ich ihn verlassen hatte, weißgesich-
tig, aber mit roten Fieberflecken auf den Backen. Er
starrte immer noch, wie er vorher gestarrt hatte, auf
das Fußende des Bettes. Ich nahm seine Temperatur.
„Wie viel habe ich?"
100 „Ungefähr hundert", sagte ich. Es waren hundertundzwei und vier Zehntel.
„Es waren hundertundzwei", sagte er.
„Wer hat das gesagt?"
„Der Doktor."

„Deine Temperatur ist ganz in Ordnung", sagte ich. 105
„Kein Grund, sich aufzuregen."
„Ich rege mich nicht auf", sagte er, „aber ich muss
immer denken."
„Nicht denken", sagte ich. „Nimm's doch nicht so
tragisch." 110
„Ich nehme es nicht tragisch", sagte er und sah starr
vor sich hin. Er nahm sich offensichtlich wegen ir-
gendetwas schrecklich zusammen.
„Schluck dies mit etwas Wasser."
„Glaubst du, dass es helfen wird?" 115
„Natürlich wird es."
Ich setzte mich hin und schlug das Piratenbuch auf
und begann zu lesen, aber ich konnte sehen, dass er
nicht folgte, darum hörte ich auf.
„Um wie viel Uhr glaubst du, dass ich sterben wer- 120
de?", fragte er.
„Was?"
„Wie lange dauert es noch ungefähr, bis ich sterbe?"
„Aber du stirbst doch nicht. Was ist denn los mit
dir?" 125
„Doch, ich werde. Ich habe gehört, wie er hundert-
undzwei gesagt hat."
„Aber man stirbt doch nicht bei einer Temperatur
von hundertundzwei. Es ist albern, so zu reden."
„Ich weiß aber, dass es so ist. In der Schule in Frank- 130
reich haben mir die Jungen erzählt, dass man mit
vierundvierzig Grad nicht leben kann. Ich habe hundertundzwei."
Er hatte den ganzen Tag auf seinen Tod gewartet, die
ganze Zeit über, seit neun Uhr morgens. 135
„Mein armer Schatz", sagte ich. „Mein armer, alter
Schatz. Es ist wie mit Meilen und Kilometern. Du
wirst nicht sterben. Es ist ein anderes Thermometer[1].
Auf dem Thermometer ist siebenunddreißig nor-
mal. Auf dieser Sorte achtundneunzig." 140
„Bist du sicher?"
„Völlig", sagte ich. „Es ist wie mit Meilen und Kilo-
metern. Weißt du, so wie: Wie viel Kilometer ma-
chen wir, wenn wir siebzig Meilen im Auto fahren?"
„Ach", sagte er. 145
Aber die Starre schwand langsam aus seinem auf das
Fußende seines Bettes gerichteten Blick; auch seine
Verkrampftheit ließ schließlich nach und war am
nächsten Tag fast ganz weg und er weinte wegen
Kleinigkeiten los, die ganz unwichtig waren. 150

---

1 Die Temperaturmessung in der Einheit „Fahrenheit" ist in den USA
und England üblich, während in Europa die Temperaturmessung
nach Celsius verbreitet ist.

Information	Schreibplan für eine Inhaltsangabe

Eine Inhaltsangabe fasst einen Text **mit eigenen Worten** knapp und sachlich zusammen, sodass andere, die den Text nicht gelesen haben, über das Wesentliche informiert werden.

Aufbau:
– In der **Einleitung** nennst du die Art des Textes (z. B. Kurzgeschichte), den Titel, den Namen des Autors/ der Autorin und das Thema des Textes.
– Im **Hauptteil** fasst du die wichtigsten Ereignisse der Handlung (Handlungsschritte) in der zeitlich richtigen Reihenfolge zusammen. Beschränke dich auf das Wesentliche.

2 Beschreibe deine ersten Eindrücke nach dem Lesen der Kurzgeschichte „Ein Tag Warten".

_____

_____

3 Notiere: Welche Erwartungen an den Text weckt die Überschrift der Geschichte?

_____

_____

4 Lies den Text noch einmal genau. Kläre die Bedeutung folgender Wörter, wenn möglich aus dem Zusammenhang.

Fieber (Z. 24) _____

Grippebazillen (Z. 26) _____

Grippeepidemie (Z. 30) _____

Thermometer (Z. 138) _____

5 Der Geschichte liegt ein Missverständnis zu Grunde. Erkläre es.

_____

_____

_____

6 Im Mittelpunkt der Kurzgeschichte stehen zwei Figuren. Markiere im Text, was du über sie erfährst, und beantworte die folgenden Fragen.
– Wer sind die wichtigen handelnden Figuren?
– Wo befinden sich die Figuren?

_____

_____

_____

7 Welche der folgenden Aussagen gibt das Thema der Kurzgeschichte treffend wieder? Kreuze an.

☐ Inhalt der Geschichte ist die Frage, wie eine Grippe richtig behandelt wird.

☐ Zentrales Thema ist der Konflikt zwischen Vater und Sohn.

☐ Die Geschichte handelt von einem großen Missverständnis.

☐ Wichtigstes Motiv der Geschichte ist das Sterben.

8 Halte nun alle Informationen fest, die für die <u>Einleitung</u> der Inhaltsangabe wichtig sind.

Titel und Textsorte: _____

Autor: _____

Ort und Zeit des Geschehens: _____

Thema/Kernaussage (Worum geht es?): _____

9 Formuliere nun in deinem Heft einen Einleitungssatz für die Inhaltsangabe. Greife dabei auf die Textbausteine unten zurück.

In der Kurzgeschichte ... von ... beschreibt der Autor, wie ein Junge

Erst am Ende der Geschichte stellt sich heraus, dass ...

10 **a** Gliedere den Text in <u>Handlungsschritte</u>, indem du das Absatzzeichen ⌡ einträgst.
b Arbeite im Heft eine Übersicht aus:
  – Gib für jeden Handlungsschritt die Zeilenangaben und eine passende Überschrift an.
  – Fasse mit eigenen Worten (in Stichworten, in kurzen Sätzen) zusammen, was geschieht.

> Ein **neuer Handlungsschritt** beginnt z. B., wenn
> – die Handlung eine Wendung erfährt,
> – der Ort wechselt,
> – ein Zeitsprung stattfindet,
> – eine neue Figur auftaucht.

„Ein Tag Warten" – Handlungsschritte und wichtige Informationen	
Handlungsschritt 1 (Z.1-10):	*Kein guter Tagesanfang* *Ein Junge kommt an einem Morgen weiß im Gesicht und fröstelnd ins Elternschlafzimmer. Der Vater schickt ihn zurück ins Bett.*
Handlungsschritt 2 (Z.11-...)	*...*

11 Bestimme den <u>Wendepunkt</u> der Geschichte. Belege deine Einschätzung mit Textauszügen.

_____

_____

_____

Information	Den Hauptteil der Inhaltsangabe sprachlich gestalten

– Schreibe **sachlich** und **nüchtern**, ohne Ausschmückungen, aber mit **eigenen Worten**.
– Gib Zusammenhänge durch passende **Satzverknüpfungen** und **Satzanfänge** wieder,
  z. B.: *als, denn, weil, nachdem, zuerst ...*
– Schreibe im **Präsens**, bei Vorzeitigkeit im Perfekt.
– Verwende **keine wörtliche Rede**. Besonders wichtige Gedanken oder Äußerungen von Figuren werden
  in der indirekten Rede wiedergegeben oder umschrieben.

12 Verbessere die Sätze aus dem Hauptteil einer Inhaltsangabe zu „Ein Tag Warten", indem du die angebotenen
Verknüpfungen und Satzanfänge verwendest.

A Der Junge sieht krank aus. Der Vater schickt den Jungen zurück ins Bett. [deshalb]

_____

_____

B Es herrscht eine kleine Grippeepidemie. Der Arzt sieht keinerlei Gefahr. [obwohl]

_____

_____

C Der Junge erlaubt dem Vater vorzulesen. [schließlich, anschließend]

_____

D Der Vater geht nachmittags mit dem Hund aus. Der Junge liegt fiebernd im Bett. [während]

_____

_____

_____

E Der Junge beruhigt sich. Sein Vater erklärt ihm das Thermometer. [als, denn]

_____

_____

13 a Gib das folgende wörtliche Zitat sinngemäß mit eigenen Worten wieder. Schreibe im Präsens und formuliere
in der indirekten Rede.

„Es ist wie mit Meilen und Kilometern. Du wirst nicht sterben." (Z. 137 f.)

Der Vater erklärt ihm, dass ... _____

b Suche im Text drei weitere Beispiele für wörtliche Rede. Gib auch diese in deinem Heft in indirekter Rede
wieder.

Stellung nehmen am Schluss einer Inhaltsangabe

Information	Der Schlussteil einer Inhaltsangabe: Stellung nehmen

Am Schluss deiner Inhaltsangabe gibst du eine persönliche Einschätzung und nimmst in eigenen Worten Stellung zur Handlung und den Figuren.

Erkläre, wie der Text auf dich wirkt und was deiner Meinung nach mit dem Text zum Ausdruck gebracht werden soll.

Verwende Formulierungen wie z. B.: *Ich finde ..., meiner Meinung nach ..., auf mich wirkt der Text ...*

1 Lies den Schlussteil einer Inhaltsangabe.

In der Kurzgeschichte „Ein Tag Warten" von Ernest Hemingway gerät ein 9-jäh-

riger Junge in arge Bedrängnis, weil er nicht weiß, dass die Temperatur in Frank-

reich anders gemessen wird als bei ihm in den USA. Im Laufe der Geschichte zog

er sich immer mehr zurück und verrannte sich in dem Gedanken, bald sterben zu

5 müssen. Das Missverständnis klärt sich erst, als er diese Furcht endlich aus-

spricht.

Der Text wirkt dadurch unheimlich spannend und als Leser fiebert man mit dem

Jungen richtig mit. Ich finde aber, der Junge hätte sich seinen Eltern schon viel

früher anvertrauen müssen, dann wäre ihm eine große Sorge erspart geblieben.

10 Die Geschichte zeigt, dass es gut ist, über seine Sorgen zu sprechen, weil sie

nämlich auch unbegründet sein könnten. Beim Lesen konnte ich die Sorge des

Jungen gut nachvollziehen: Er hat sich nicht wohlgefühlt und er ist durch die

Diagnose des Arztes total beunruhigt. So fragt er schließlich seinen Vater:

„Um wie viel Uhr glaubst du, dass ich sterben werde?" (Z. 120–121) Jetzt erst kann

15 der Vater reagieren und ihn über sein Missverständnis aufklären.

gut: Autor und Titel und werden noch mal aufgegriffen

wichtig fürs Verständnis!

falsche Zeitform!

2 **a** Unterstreiche im Text, was du für gut gelungen hältst. Begründe am Rand.

b Was ist weniger gut gelungen? Unterstreiche in einer anderen Farbe und mache ebenfalls am Rand Verbesserungsvorschläge.

3 Schreibe nun in eigenen Worten eine vollständige Inhaltsangabe in dein Heft.
Nutze dazu deine Vorarbeiten auf den vorausgehenden Seiten.

Teste dich!

Eine Kurzgeschichte zusammenfassen

Christine Lambrecht (*1949)

Luise (1982)

Als sie den Kopf hob, stand sie plötzlich vor drei Frauen, die lange, fremdartige Kleider trugen. Die drei sahen neugierig zu ihr. Luise blickte an sich herunter. Da war doch nichts Besonderes. Sie trug ei-

5 nen grünen Rock und flache Sportschuhe. Also ging sie weiter, bis an die Waschbecken heran.
Eine der Frauen sagte unvermittelt, dass sie aus Mali kämen, dabei sah sie abwartend in Luises Gesicht.
Luise wollte sich nur die Haare kämmen. Sollte sie

10 jetzt sagen, dass sie aus Zerbst sei und keine Vorstellung von Mali hätte? Sie lächelte höflich und kramte verlegen in ihrer Tasche nach dem Kamm. Sie hatte ja nicht damit rechnen können, auf der Bahnhofstoilette von drei Afrikanerinnen angesprochen zu

15 werden. Dann wäre sie vielleicht auch gar nicht hingegangen, bestimmt nicht. Schließlich hatten sich

auch die Kollegen an ihre dunklere Hautfarbe gewöhnt und versuchten nicht mehr, nach ihrem Vater zu fragen.
Luise mühte sich mit dem Kamm im krausen Haar. 20
Die Frauen sahen interessiert und freundlich zu.
Während Luise noch überlegte, ob sie jetzt eindeutig und heftig fluchen sollte oder besser ein deutsches Volkslied singen, trat eine der Frauen plötzlich näher und hielt ihr die Hand fest. Dann fuhr sie mit einem 25 kleinen Kämmchen, das nur drei lange Zinken hatte, in Luises Haar. Sie setzte immer wieder auf der Kopfhaut an und zog es nach oben, tat dann das Gleiche bei sich und schob das Kämmchen in Luises Tasche. Dabei strich sie, wie zufällig, über Luises Hand, auch 30 die beiden anderen taten das, bevor sie lächelnd aus dem Raum gingen.

1 **Hast du das Thema des Textes gut verstanden? Kreuze die richtige Aussage an. (2 P.)**
In der Kurzgeschichte „Luise" geht es in erster Linie um ...

☐ drei fremdartige Frauen.

☐ die Frisur eines Mädchens.

☐ Vorurteile und den Umgang miteinander.

☐ den Unterschied zwischen den Kulturen.

2 **Schreibe eine Inhaltsangabe zu der Kurzgeschichte „Luise". Gib am Schluss eine persönliche Einschätzung zu der Geschichte. Prüfe anschließend anhand der Checkliste, ob du alle Vorgaben berücksichtigt hast. (7 P.)**

Checkliste: Fit fürs Zusammenfassen einer Kurzgeschichte? ☺ ☹

Nennst du in der **Einleitung** Autorin, Titel, Textart und Thema der Geschichte?
Gibst du im Hauptteil den Inhalt **knapp und sachlich** wieder?
Nennst du die wesentlichen **Handlungsschritte**?
Schreibst du im **Präsens**?
Verwendest du **Satzverknüpfungen** (Konjunktionen) und abwechselnde **Satzanfänge**?
Schreibst du am **Schluss** eine persönliche Einschätzung?

Vergleiche deine Ergebnisse mit dem Lösungsheft. Für jede richtige Antwort erhältst du einen Punkt.

☺ 9–7 Punkte	☺ 6–4 Punkte	☹ 3–0 Punkte
Gut gemacht!	Gar nicht schlecht, aber lies dir die Merkkästen auf den Seiten 33 bis 38 noch einmal genau durch.	Arbeite die Seiten 33 bis 38 noch einmal sorgfältig durch.

Ein Gedicht untersuchen

1   **Lies das folgende Gedicht.**

Christian Morgenstern

Berlin (1906)

	Reimform
Ich liebe dich bei Nebel und bei Nacht,	*a*
wenn deine Linien ineinanderschwimmen, –	*b*
zumal bei Nacht, wenn deine Fenster glimmen	*b*
und Menschheit dein Gestein lebendig macht.	*a*

5   Was wüst am Tag, wird rätselvoll im Dunkel;

wie Seelenburgen stehn sie mystisch[1] da,

die Häuserreihn, mit ihrem Lichtgefunkel;

und Einheit ahnt, wer sonst nur Vielheit sah.

Der letzte Glanz erlischt in blinden Scheiben;

10   in seine Schachteln liegt ein Spiel geräumt;

gebändigt ruht ein ungestümes Treiben,

und heilig wird, was so voll Schicksal träumt.

---

1   mystisch: geheimnisvoll

2   **a Kreuze für jede der folgenden Aussagen an, ob sie auf das Gedicht zutrifft oder nicht zutrifft.**
    b Begründe deine Wahl im Heft.

	trifft zu	trifft nicht zu
A Es wird eine Handlung dargestellt, ein Ereignis oder Erlebnis steht im Vordergrund.	☐	☐
B Es wird eine Situation, eine Szene beschrieben.	☐	☐
C Es werden Gefühle, Eindrücke, Gedanken, eine Stimmung dargestellt.	☐	☐

Information	Den Aufbau eines Gedichts untersuchen

– **Strophen und Verse:** Wie viele Strophen hat das Gedicht? Sind sie alle gleich aufgebaut? Werden einzelne Strophen oder Verse wiederholt (Refrain)?

– **Reim:** Ist das Gedicht gereimt? Welche Reimform liegt vor?

Paarreim: a a b b   umarmender Reim: a b b a

Kreuzreim: a b a b

– **Metrum:** Lässt sich ein Metrum erkennen? Gibt es Abweichungen?

Jambus   x x́ x x́   Daktylus   x́ x x x́ x x

Trochäus   x́ x x́ x   Anapäst   x x x́ x x x́

3   Fasse knapp zusammen, worum es in dem Gedicht geht. Beachte auch den Titel.

_____

_____

4   Untersuche, welchen Sprecher oder Adressaten es im Gedicht „Berlin" gibt. Notiere deine Ergebnisse. Hinweis: Achte auf die Anrede und die Pronomen.

In der ersten Strophe _____

_____

In der zweiten und dritten Strophe _____

_____

5   Untersuche den Aufbau des Gedichts. Gehe so vor:

a   Gib an, wie viele Strophen und Verse vorkommen.

Das Gedicht „Berlin" von Christian Morgenstern besteht aus _____

b   Untersuche und notiere in der Tabelle unten ...

– den Inhalt jeder Strophe kurz mit eigenen Worten.

– die Reimform (nutze die Randspalte auf S. 40 für die Analyse).

– das Metrum. Lies zuvor das Gedicht laut und setze dabei die Betonungszeichen über die betonten Silben, z. B. *„Ich líebe dích bei Nébel..."*

	1. Strophe	2. Strophe	3. Strophe
Inhalt			
Reimform			
Metrum			

Information   Wortwahl und sprachliche Bilder in einem Gedicht deuten

Sprachliche Bilder: Welche sprachlichen Bilder gibt es? Was bedeuten sie? Wie wirken sie?
– Vergleich: Zwei Vorstellungen werden mit einem Vergleichswort verknüpft,
  z. B.: *Sie ist schön wie eine Rose.*
– Metapher: Ein Wort wird in übertragener, bildlicher Bedeutung und ohne Vergleichswort gebraucht,
  z. B.: *Sie ist eine Rose.*
– Personifikation: leblose Gegenstände, Begriffe oder die Natur werden vermenschlicht,
  z. B.: *Die Rose tanzt im Wind.*
Wortwahl: Welche Wörter fallen auf? Gibt es Wörter, die wiederholt werden?
Herrscht eine bestimmte Wortart vor (z. B.: Nomen, Adjektive). Welche Wirkung wird durch die Verwendung
bestimmter Wörter erzeugt? (z. B.: *betonen, hervorheben, veranschaulichen …*)

6 **a** Nacht und Tag bilden im Gedicht einen Kontrast: Sammle Textaussagen, die diese These belegen.

Merkmale der Stadt bei Nacht		Merkmale der Stadt am Tag

b Wie beeinflusst die Nacht im Unterschied zum Tag die Art, in der das lyrische Ich die Stadt wahrnimmt? Notiere knapp.

7 Untersuche die sprachlichen Bilder des Gedichts:
a Markiere zunächst im Gedicht den Vergleich. Beschreibe die Wirkung des Vergleichs, indem du den folgenden Text in deinem Heft vervollständigst.

Die Häuserreihen werden verglichen mit … Das Besondere des Vergleichsworts ist, dass es sich um eine … handelt. Mit diesem Vergleich könnte gemeint sein, dass …

b Welche der folgenden Aussagen erklärt die Bedeutung der Metapher „in seine Schachteln liegt ein Spiel geräumt" (Vers 10) treffend, welche nicht?

A Das eingeräumte Spiel steht beispielhaft dafür, dass am Abend in den Wohnungen der Stadt alles aufgeräumt worden ist.

B Die dunkel und still gewordenen Häuser erinnern das lyrische Ich an Spielschachteln. Dass die Spiele eingeräumt sind, bedeutet: Die Menschen ruhen nun (wie Spielfiguren) in den Häusern.

c Die Personifikation spielt in diesem Gedicht eine besonders wichtige Rolle. Belege diese Aussage auch durch Angabe der entsprechenden Verse. Schreibe in dein Heft.

Teste dich!

Ein Gedicht untersuchen

Mascha Kaléko

Sehnsucht nach dem Anderswo (um 1940)

Drinnen duften die Äpfel nach Spind,
prasselt der Kessel im Feuer.
Doch draußen pfeift Vagabundenwind
Und singt das Abenteuer!

5 Der Sehnsucht nach dem Anderswo
Kannst du wohl nie entrinnen:
Nach drinnen, wenn du draußen bist,
nach draußen, bist du drinnen.

1 Welche der folgenden Formulierungen gibt den Inhalt gut wieder? Kreuze an. (1 P.)

☐ Man ist nie wirklich zufrieden.

☐ Man sehnt sich immer nach dem Ort, an dem man sich gerade nicht befindet.

☐ Man kann Abenteuer nur draußen erleben.

2 Erstelle eine kurze <u>Einleitung</u>. Nenne Titel, Autorin, Entstehungsjahr und das Thema. (4 P.)

_____

_____

_____

3 Untersuche den <u>Aufbau</u> des Gedichts. Ergänze anschließend den Lückentext. (4 P.)

Das Gedicht „Sehnsucht nach dem Anderswo" besteht aus _____ , mit je _____ .

Das Reimschema in der 1. Strophe ist ein _____ , die 2. Strophe weicht davon ab.

Das Metrum ist unregelmäßig, nur die 2. Strophe folgt einem _____ .

4 Benenne zwei <u>sprachliche Bilder</u> im Gedicht oben und erkläre sie in deinem Heft. (2 P.)

Vergleiche deine Ergebnisse mit dem Lösungsheft. Für jede richtige Antwort erhältst du einen Punkt.

☺ 11–8 Punkte	☺ 7–3 Punkte	☹ 2–0 Punkte
Gut gemacht!	Gar nicht schlecht, aber lies dir die Merkkästen auf den Seiten 40–42 noch einmal genau durch!	Arbeite die Seiten 40 bis 42 noch einmal sorgfältig durch!

Eine Dramenszene erschließen

In Friedrich Schillers letztem vollendeten Werk geht es um Tyrannei und Freiheit, um Recht und Unrecht. Das Stück handelt vom Freiheitskampf der Schweizer, die zu Beginn des 14. Jahrhunderts noch zum Deutschen Reich gehörten. Der Titelheld zögert zunächst und wird erst aktiv, nachdem der Landvogt Geßler ihn gezwungen hat, mit der Armbrust einen Apfel vom Kopf seines Sohnes zu schießen.

Friedrich Schiller

Wilhelm Tell (1804) – Erster Aufzug, 2. Szene

Stauffacher setzt sich kummervoll auf eine Bank unter der Linde. So findet ihn Gertrud, seine Frau, die sich neben ihn stellt und ihn eine Zeit lang schweigend betrachtet.

GERTRUD: So ernst, mein Freund? Ich kenne dich
    nicht mehr.
Schon viele Tage seh ich's schweigend an,
Wie finstrer Trübsinn deine Stirne furcht.
5 Auf deinem Herzen drückt ein still Gebresten[1],
Vertrau es mir, ich bin dein treues Weib,
Und meine Hälfte fordr ich deines Grams.
Stauffacher reicht ihr die Hand und schweigt.
Was kann dein Herz beklemmen, sag es mir.
10 Gesegnet ist dein Fleiß, dein Glücksstand blüht,
Voll sind die Scheunen, und der Rinder Scharen,
Der glatten Pferde wohlgenährte Zucht
Ist von den Bergen glücklich heimgebracht
Zur Winterung in den bequemen Ställen.
15 – Da steht dein Haus, reich, wie ein Edelsitz
von schönem Stammholz ist es neu gezimmert
Und nach dem Richtmaß[2] ordentlich gefügt,
Von vielen Fenstern glänzt es wohnlich, hell,
Mit bunten Wappenschildern ist's bemalt,
20 Und weisen Sprüchen, die der Wandersmann
Verweilend liest und ihren Sinn bewundert.
STAUFFACHER: Wohl steht das Haus gezimmert und
    gefügt,
Doch ach – es wankt der Grund, auf den wir bauten.
25 GERTRUD: Mein Werner sage, wie verstehst du das?
STAUFFACHER: Vor dieser Linde saß ich jüngst wie
    heut,
Das schön Vollbrachte freudig überdenkend,
Da kam daher von Küssnacht, seiner Burg,
30 Der Vogt mit seinen Reisigen geritten.
Vor diesem Hause hielt er wundernd an,
Doch ich erhub mich schnell, und unterwürfig
Wie sich's gebührt, trat ich dem Herrn entgegen,
Der uns des Kaisers richterliche Macht

Vorstellt im Lande. „Wessen ist dies Haus?", 35
Fragt' er bösmeinend, denn er wusst es wohl.
Doch schnell besonnen ich entgegn ihm so:
„Dies Haus, Herr Vogt[3], ist meines Herrn des Kaisers,
Und Eures und mein Lehen"[4] – da versetzt er: 40
„Ich bin Regent im Land an Kaisers statt,
Und will nicht, dass der Bauer Häuser baue
Auf seine eigne Hand und also frei
Hinleb, als ob er Herr wär in dem Lande,
Ich werd mich unterstehn, Euch das zu wehren." 45
Dies sagend ritt er trutziglich[5] von dannen,
Ich aber blieb mit kummervoller Seele,
Das Wort bedenkend, das der Böse sprach.
GERTRUD: Mein lieber Herr und Ehewirt[6]! Magst du
    Ein redlich[7] Wort von deinem Weib vernehmen? 50
Des edlen Ibergs Tochter rühm ich mich,
Des vielerfahrnen Manns. Wir Schwestern saßen,
Die Wolle spinnend, in den langen Nächten,
Wenn bei dem Vater sich des Volkes Häupter
Versammelten, die Pergamente[8] lasen 55
Der alten Kaiser und des Landes Wohl
Bedachten in vernünftigem Gespräch.
Aufmerkend hört ich da manch kluges Wort,
Was der Verständ'ge denkt, der Gute wünscht,
Und still im Herzen hab ich mir's bewahrt. 60
So höre denn und acht auf meine Rede,
Denn was dich presste, sieh, das wusst ich längst.
– Dir grollt der Landvogt, möcht gern dir schaden,
Denn du bist ihm ein Hindernis, dass sich 65
Der Schwyzer nicht dem neuen Fürstenhaus
Will unterwerfen, sondern treu und fest
Beim Reich beharren, wie die würdigen
Altvordern es gehalten und getan. –
Ist's nicht so Werner? Sag es, wenn ich lüge! 70

1 **Gebresten:** Leiden
2 **Richtmaß:** Norm
3 **Vogt (Landvogt):** vom Kaiser eingesetzter Verwaltungsbeamter und Richter
4 **Lehen:** vom Kaiser zur Bewirtschaftung verliehenes Land
5 **trutziglich:** trotzig, stur
6 **Ehewirt:** Ehemann
7 **redlich:** ehrlich
8 **Pergamente:** Unterlagen (auf Lederhäute geschrieben)

75 STAUFFACHER: So ist's, das ist des Geßlers Groll auf
  mich.
GERTRUD: Er ist dir neidisch, weil du glücklich
  wohnst,
Ein freier Mann auf deinem eignen Erb
80 – Denn er hat keins. Vom Kaiser selbst und Reich
Trägst du dies Haus zu Lehn, du darfst es zeigen,
So gut der Reichsfürst seine Länder zeigt,
Denn über dir erkennst du keinen Herrn
Als nur den Höchsten in der Christenheit –
85 Er ist ein jüngrer Sohn nur seines Hauses,
Nichts nennt er sein als seinen Rittermantel,
Drum sieht er jedes Biedermannes Glück
Mit scheelen⁹ Augen gift'ger Missgunst an,
Dir hat er längst den Untergang geschworen –
90 Noch stehst du unversehrt – Willst du erwarten,
Bis er die böse Lust an dir gebüßt?
Der kluge Mann baut vor.
STAUFFACHER: Was ist zu tun?
GERTRUD *tritt näher*: So höre meinen Rat! Du weißt,
  wie hier
95 Zu Schwyz sich alle Redlichen beklagen
Ob dieses Landvogts Geiz und Wüterei.
So zweifle nicht, dass sie dort drüben auch
In Unterwalden und im Urner Land
100 Des Dranges müd sind und des harten Jochs –
Denn wie der Geßler hier, so schafft es frech
Der Landenberger drüben überm See –
Es kommt kein Fischerkahn zu uns herüber,
Der nicht ein neues Unheil und Gewalt-
105 Beginnen von den Vögten uns verkündet.
Drum tät es gut, dass eurer etliche,
Die's redlich meinen, still zu Rate gingen,
Wie man des Drucks sich möcht erledigen.
So acht ich wohl, Gott würd euch nicht verlassen
110 Und der gerechten Sache gnädig sein –
Hast du in Uri keinen Gastfreund, sprich,
Dem du dein Herz magst redlich offenbaren?
STAUFFACHER: Der wackern Männer kenn ich viele
  dort,
115 Und angesehen große Herrenleute,
Die mir geheim sind und gar wohl vertraut.
Er steht auf.
Frau, welchen Sturm gefährlicher Gedanken
Weckst du mir in der stillen Brust! Mein Inners-
120 tes
Kehrst du ans Licht des Tages mir entgegen,
Und was ich mir zu denken still verbot,
Du sprichst's mit leichter Zunge kecklich aus.
– Hast du auch wohl bedacht, was du mir rätst?
125 Die wilde Zwietracht und den Klang der Waffen
Rufst du in dieses friedgewohnte Tal –
Wir wagten es, ein schwaches Volk der Hirten,

In Kampf zu gehen mit dem Herrn der Welt?
Der gute Schein nur ist's, worauf sie warten,
Um loszulassen auf dies arme Land 130
Die wilden Horden ihrer Kriegesmacht,
Darin zu schalten mit des Siegers Rechten
Und unterm Schein gerechter Züchtigung¹⁰
Die alten Freiheitsbriefe zu vertilgen.
GERTRUD: Ihr seid auch Männer, wisset eure Axt zu 135
  führen, und dem Mutigen hilft Gott!
STAUFFACHER: O Weib! Ein furchtbar wütend
  Schrecknis ist
Der Krieg, die Herde schlägt er und den Hirten.
GERTRUD: Ertragen muss man, was der Himmel sen- 140
  det,
Unbilliges erträgt kein edles Herz.
STAUFFACHER: Dies Haus erfreut dich, das wir neu
  erbauten.
Der Krieg, der ungeheure, brennt es nieder. 145
GERTRUD: Wüsst ich mein Herz an zeitlich Gut
  gefesselt,
Den Brand würf ich hinein mit eigner Hand.
STAUFFACHER: Du glaubst an Menschlichkeit! Es
  schont der Krieg 150
Auch nicht das zarte Kindlein in der Wiege.
GERTRUD: Die Unschuld hat im Himmel einen
  Freund!
– Sieh vorwärts, Werner, und nicht hinter dich.
STAUFFACHER: Wir Männer können tapfer fechtend 155
  sterben,
Welch Schicksal aber wird das eure sein?
GERTRUD: Die letzte Wahl steht auch dem Schwächs-
  ten offen,
Ein Sprung von dieser Brücke macht mich frei. 160
STAUFFACHER *stürzt in ihre Arme*: Wer solch ein Herz
  an seinen Busen drückt,
Der kann für Herd und Hof mit Freuden fechten.
Und keines Königs Heermacht fürchtet er –
Nach Uri fahr ich stehnden Fußes gleich, 165
Dort lebt ein Gastfreund mir, Herr Walther Fürst,
Der über diese Zeiten denkt wie ich.
Auch find ich dort den edlen Bannerherrn
Von Attinghaus – obgleich von hohem Stamm
Liebt er das Volk und ehrt die alten Sitten. 170
Mit ihnen beiden pfleg ich Rats, wie man
Der Landesfeinde mutig sich erwehrt –
Leb wohl – und weil ich fern bin, führe du
Mit klugem Sinn das Regiment des Hauses –
Dem Pilger, der zum Gotteshause wallt, 175
Dem frommen Mönch, der für sein Kloster sammelt,
Gib reichlich und entlass ihn wohlgepflegt.
Stauffachers Haus verbirgt sich nicht. Zuäußerst
Am offnen Heerweg steht's, ein wirtlich Dach
Für alle Wandrer, die des Weges fahren. 180

---

9 **scheel:** neidisch

10 **Züchtigung:** Strafe

45

Information	Die Exposition

Die Eingangsszene eines Dramas bezeichnet man auch als **Exposition** (Einführung).
Die Exposition stellt die **Hauptfiguren** vor und führt in **Ort und Zeit** ein. Falls nötig, wird die Vorgeschichte der Handlung vorgestellt. Gleichzeitig zeichnet sich der zentrale **Konflikt** ab, der die Handlung des Dramas vorantreibt.

1 Lies die Auszüge aus der zweiten Szene des ersten Aufzugs aus „Wilhelm Tell" (S. 44–45) und markiere mit gelbem Stift die Textstellen, die zeigen, dass sich hier ein Konflikt anbahnt.

2 Wer steht Stauffacher in diesem Konflikt gegenüber? Sammle stichwortartig alle Informationen, die du über diese Figur aus dem Text erhältst.

_____

_____

_____

3 Der Konflikt spielt sich nicht nur zwischen diesen zwei Männern ab. Belege dies durch Textaussagen (mit Zeilenangaben), die du mit eigenen Worten zusammenfasst.

_____

_____

_____

4 a Kreuze die richtige Antwort an: „Denn über dir erkennst du keinen Herrn / Als nur den Höchsten in der Christenheit" (Z. 83–84) – damit ist gemeint:

☐ Gott   ☐ der Vogt   ☐ der Kaiser

b Begründe deine Entscheidung. _____

_____

5 a Lies den Text auf Begriffe hin, die eine Stimmung wiedergeben.
b Beschreibe die Stimmung zu Beginn und am Ende der Szene, indem du passende Adjektive und Umschreibungen sammelst.

Stimmung am Anfang der Szene   Stimmung am Ende der Szene

_____   _____

_____   _____

c Wenn du die Stimmungen vergleichst, wirst du einen Stimmungswandel feststellen. Beschreibe diesen knapp. Berücksichtige auch, was dazu geführt hat. Schreibe ins Heft.

Teste dich!

Eine Dramenszene erschließen

1 Welche der folgenden Aussagen ist zutreffend? Kreuze an. (3 P.)

	r	f
A Werner Stauffacher ist ein adeliger Burgherr.	☐	☐
B Werner Stauffacher ist ein freier, wohlhabender Bauer.	☐	☐
C Gertrud spricht aus, was Stauffacher selbst auch schon gedacht hat.	☐	☐
D Gertrud überzeugt ihren Ehemann von der Notwendigkeit zu handeln.	☐	☐
E Stauffacher ist zu feige, sich gegen den Landvogt zu wehren.	☐	☐
F Gertrud hat in ihrer Kindheit erlebt, wie ihr Vater einen Aufstand organisiert hat.	☐	☐
G Gertrud ist in einer angesehenen Familie groß geworden, in der sie auch bei politischen Besprechungen einiges gelernt hat.	☐	☐

2 Wähle die drei Adjektive aus, die das Verhältnis der Eheleute Stauffacher zueinander passend benennen. (3 P.)

☐ nörglerisch ☐ vertrauensvoll ☐ misstrauisch ☐ unaufrichtig

☐ verständnisvoll ☐ unzufrieden ☐ offen ☐ hinterhältig

3 In der Szene I, 2 zeichnet sich ab, dass sich im dramatischen Konflikt zwei Parteien bilden werden: Kennzeichne die Figuren, die zu Stauffachers Seite zu rechnen sind, mit *A* und die Figuren, die auf der gegnerischen Seite anzusiedeln sind, mit *B*. (4 P.)

☐ Geßler ☐ Der Landenberger ☐ Gertrud ☐ Walther Fürst

4 Formuliere drei Bedenken, die Stauffacher gegen einen bewaffneten Kampf äußert. Lies dazu noch einmal aufmerksam die Zeilen 125–157. (3 P.)

1 _____

2 _____

3 _____

5 Was leistet diese Szene für das Verständnis des Zuschauers bzw. des Lesers? Nenne zwei Funktionen, die diese Szene hat. (2 P.)

1 _____

2 _____

Vergleiche deine Ergebnisse mit dem Lösungsheft. Für jede richtige Antwort erhältst du einen Punkt.

☺ 15–13 Punkte	☺ 12–8 Punkte	☹ 7–0 Punkte
Gut gemacht!	Gar nicht schlecht. Schau dir den Merkkasten auf der Seite 46 noch einmal genau an.	Arbeite die Seiten 44 bis 47 noch einmal sorgfältig durch.

Das kann ich schon! – Grammatik

1 **a** Markiere in diesen Sätzen 3 Verben grün, 3 Adverbien blau und 4 Pronomen gelb. (10 P.)

Neulich vergaß Tim sein Handy im Bus. Es war neu und er bedauerte diesen Verlust deshalb sehr.

b Trage die Pronomen aus den Sätzen oben richtig in die folgende Übersicht ein. (4 P.)

Personalpronomen	Possessivpronomen	Demonstrativpronomen

2 Untersuche in den folgenden Sätzen die markierten Verben:
a Gib jeweils an, um welches Tempus es sich handelt. (je 1 P. = 6 P.)
b Kreuze an: In welchem Satz steht ein Verb im Konjunktiv? (1 P.)
c Forme Satz D ins Passiv um und schreibe ihn auf. (1 P.)

A ☐ Tim ⌐1⌐ hofft nun, dass er sein Handy bald ⌐2⌐ zurückbekommen wird.

⌐1⌐ = _____ ⌐2⌐ = _____

B ☐ Nachdem er in der Schule ⌐3⌐ angekommen war, ⌐4⌐ begrüßte ihn Julia als Erste.

⌐3⌐ = _____ ⌐4⌐ = _____

C ☐ Ob Tim sie zu einem Eis ⌐5⌐ einlade, fragte sie ihn fröhlich.

⌐5⌐ = _____

D ☐ Sie fügte hinzu: „Ich ⌐6⌐ habe dein Handy im Bus gefunden!"

⌐6⌐ = _____

Passiv = _____

3 Wende die Umstellprobe an, um den Satzanfang interessanter zu gestalten:
Stelle das Akkusativobjekt an den Anfang und schreibe den umgeformten Satz auf. (1 P.)

Ein goldener Ring machte jahrelang eine besonders kuriose Reise.

_____

4 Bestimme in den folgenden Sätzen alle Satzglieder. (17 P.)
Trage über jedem Satzglied die richtige Ziffer ein:
1 Prädikat – 2 Subjekt – 3 Akkusativobjekt – 4 Dativobjekt – 5 adverbiale Bestimmung

A Eine 72-jährige Frau | vermisste | seit drei Jahren | ihren Ring.

B Aus Versehen | hatte | sie | ihn | vermutlich | zusammen mit Küchenabfällen | im Kompost | entsorgt.

C Dieser Kompost | wurde | im Jahr darauf | im heimischen Garten | verwendet.

5 **a** Unterteile die folgenden Sätze in Satzglieder und unterstreiche, wo vorhanden, das Attribut darin. (je 1 P. = 5)
  b Umkreise zu jedem Attribut das zugehörige Bezugswort. (je 1 P. = 5 P.)
  c Es gibt eine Apposition. Markiere sie. (1 P.)

Nach drei Jahren fand ihr überraschter Ehemann das verlorene Schmuckstück in einer Kartoffel wieder.

Die Freude über den Ring, eine Goldschmiedearbeit der Tochter, war riesengroß.

Keiner hatte jetzt noch mit dem Fund des Ringes gerechnet.

6 **Kreuze für jeden Satz an:**
Satzreihe oder Satzgefüge? (5 P.)

	Satzreihe	Satzgefüge
A In manchen Ländern gehen ganze Straßenzüge auf Reisen, sie verschwinden über Nacht.	☐	☐
B In einer nächtlichen Aktion hat in Russland ein 40-jähriger Mann eine Straße gestohlen, ohne dass es zunächst bemerkt wurde.	☐	☐
C Der Dieb hatte mit einem Kranwagen 82 Betonplatten einer Landstraße abgebaut, er wollte sie Rohstoffhändlern verkaufen.	☐	☐
D Erst beim Verladen der Einzelteile auf Laster wurden Anwohner auf den Mann aufmerksam, sie alarmierten die Polizei.	☐	☐
E Nachdem der Anruf eingegangen war, konnte die Polizei den Straßendieb bei einer Verkehrskontrolle wenig später festnehmen.	☐	☐

7 **a** Unterstreiche in jedem Satzgefüge den Nebensatz und markiere das einleitende Wort. (je 1 P. = 4 P.)
  b Setze die fehlenden Kommas an die richtigen Stellen. (je 1 P. = 4 P.)
  c Kreuze jeweils an, um welche Art von Nebensatz es sich handelt. (je 1 P. = 4 P.)

VORSICHT
FEHLER!

A Mitte Mai 2013 wurde in der Darmstädter Liebigstraße ein Brief abgegeben der 1951 in Karlsruhe losgeschickt worden war und zwischendurch irgendwie in die USA gelangt sein musste.

☐ Subjektsatz ☐ Temporalsatz ☐ Relativsatz

B Da der Brief in einer Plastikhülle mit einer freundlichen Entschuldigung in englischer Sprache steckte war die deutsche Adresse gut lesbar.

☐ Modalsatz ☐ Kausalsatz ☐ Konditionalsatz

C Allerdings musste der Postbote den Brief wieder mitnehmen weil niemand von den heutigen Mietern schon im Jahre 1951 dort gewohnt hatte.

☐ Finalsatz ☐ Kausalsatz ☐ Objektsatz

D Wenn sich Sender und Empfänger zunächst nicht ermitteln lassen landet die Sendung für ein Jahr in einem Servicecenter Briefermittlung und wird dann vernichtet.

☐ Konditionalsatz ☐ Temporalsatz ☐ Kausalsatz

8 **a** Überprüfe deine Lösungen mit Hilfe des Lösungsheftes. Für jede richtige Antwort bekommst du einen Punkt.
  b Trage ein, wie du die Aufgaben bewältigt hast: ✔ = das Meiste richtig ? = noch etwas unsicher

Aufgabe	1	2	3	4	5	6	7
Weitere Übungen	Seite 50	Seite 50	Seite 60–61	Seite 60–61	Seite 62	Seite 64	Seite 66–70

Wiederholung: Mit Verben Zeitformen bilden

Information	Die Tempora (Zeitformen) der Verben

Die Abfolge von Ereignissen wird vor allem durch die Zeitform deutlich gemacht.

Plusquamperfekt	Perfekt	Präteritum	Präsens	Futur
Das Plusquamperfekt gibt etwas wieder, was **vor der Vergangenheit geschehen** ist, über die im Perfekt oder Präterium berichtet wird.	Das Perfekt verwendet man vorwiegend **mündlich**, um von etwas **Vergangenem** zu berichten.	Das Präterium ist die **einfache Zeitform der Vergangenheit**.	Das Präsens wird verwendet, wenn etwas in der **Gegenwart** geschieht.	Das Futur drückt ein **zukünftiges Geschehen** aus.
Nachdem es stark <u>geregnet</u> <u>hatte</u>, kam es zu Überflutungen.	*Im Sommer 2014 <u>hat</u> es stark <u>geregnet</u>.*	*Im Sommer 2014 <u>regnete</u> es stark.*	*Es <u>regnet</u> gerade.*	*Hoffentlich <u>wird</u> es im Sommer nicht so viel <u>regnen</u>.*

1 a Unterstreiche im folgenden Text die Zeitformen der Verben.
 b Notiere im Heft für jeden Satz die Zeitform(en) und bestimme sie so: *A bestand = Präteritum, …*

Bauernregeln und Wettervorhersagen

A Bis über das Mittelalter hinaus <u>bestand</u> die Wetterkunde aus Beschreibungen und Bauernregeln. B Diese meist gereimten Sprüche erwuchsen aus langjährigen Wetterbeobachtungen. C Sie geben regionale Erfahrungen wieder. D Im 20. Jahrhundert hatte man die Bauernregeln zunächst für Aberglauben gehalten. E Bei ihrer statistischen Überprüfung erwiesen sie sich jedoch als recht zuverlässig.

F „Wir haben jetzt bei der Prüfung auf das Entstehungsgebiet der Bauernregeln geachtet", erklärt ein wissenschaftlicher Mitarbeiter des Deutschen Wetterdienstes. G „Was der Volksmund an der Nordküste überliefert, wird für die Küstenbewohner auch zukünftig hilfreich sein, aber natürlich nicht für die Bauern am Alpenrand."

2 Berichte mit Hilfe der folgenden Informationen über einige Meilensteine der Wetterforschung.
● ● ● Schreibe einen zusammenhängenden Text und verwende dabei möglichst viele unterschiedliche Zeitformen.
Beginne so: *Nachdem Galileo Galilei…*

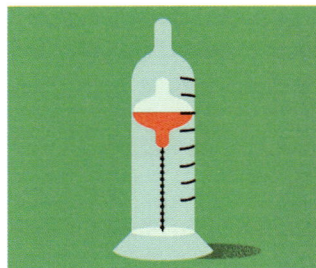   

1592 Galileo Galilei erfindet das Thermometer.

1634 Sein Schüler Evangelista Torricelli entwickelt das erste Barometer.

1901 Zwei Meteorologen steigen mit ihrem Wetterballon in fast elf Kilometer Höhe auf.

Heutzutage helfen Satelliten bei der Wetterforschung.

Das Verb – Der Konjunktiv

Der Konjunktiv II und die würde-Ersatzform

Information	Den Konjunktiv II (Irrealis) bilden

Verben haben einen **Modus** (Aussageweise): Er zeigt an, wie wirklich und sicher eine Aussage ist. Wenn man eine Aussage als **unwirklich**, nur vorgestellt, unwahrscheinlich oder gewünscht kennzeichnen möchte, verwendet man den Konjunktiv II. Man bezeichnet den Konjunktiv II daher auch als **Irrealis**.

Bildung des Konjunktivs II
Der Konjunktiv II wird in der Regel **vom Präteritum Indikativ abgeleitet**. Bei unregelmäßigen Verben werden **a, o, u** im Wortstamm zu **ä, ö, ü**, z. B. (Infinitiv: *sehen*) *er sah → er sähe*.
Anstelle des Konjunktivs II wird die **würde-Ersatzform** verwendet, wenn
– der Konjunktiv II (im Textzusammenhang) **nicht vom Indikativ Präteritum zu unterscheiden ist**, z. B.:
  Wir gingen wieder auf allen Vieren. → Wir würden wieder auf allen Vieren gehen.

1 **a** Markiere im folgenden Text die fünf Konjunktivformen und die zwei würde-Ersatzformen.

Leben im Rückwärtsgang – Gedankenexperiment

Wieso muss die Zeit eigentlich voranschreiten? Unser Leben könnte doch auch umgekehrt ablaufen. Wir kämen aus einem dunklen Grab als alte Menschen in die bunte, lebendige Welt. Im Altersheim ginge es uns von Monat zu Monat besser, wir verlören langsam unsere Falten aus dem Gesicht und würden uns körperlich erholen. Sobald das letzte weiße Haar verschwände, würden wir als rüstige Rentner das Altersheim verlassen.

b Erkläre, warum im Text oben die beiden würde-Ersatzformen verwendet wurden.

_____

2 Ergänze im folgenden Text jeweils die Personalform des angegebenen Verbs im Konjunktiv II.

Nach der Zeit im Altersheim _____ [stehen] jetzt ausgedehnte Reisen und die Erfüllung von

Lebensträumen in unserem Kalender. Erst wenn diese Zeit voll weiser Gelassenheit vorbei _____ [sein] ,

_____ [beginnen] auf einem interessanten, gehobenen Posten unser Berufsleben.

Das anschließende Studium und der Schulbesuch _____ [nehmen] die Last der Verantwortung

von unseren Schultern und _____ [geben] uns einen Vorgeschmack auf die Freiheit der Kindertage:

spielen, toben und vieles ausprobieren. Oder _____ [gefallen] es dir gar nicht, mit der

Erfahrung eines 80-Jährigen zur Welt zu kommen und im Kinderwagen dein Leben zu beenden? Immerhin

_____ [erhalten] du am letzten Schultag eine Tüte voller Süßigkeiten statt nur ein bedrucktes

Stück Papier mit der Überschrift „Abgangszeugnis". Wie _____ [finden] du diesen Lebenslauf?

Die Verwendung des Konjunktivs II in Konditionalgefügen

Information	Irreale Konditionalgefüge (Bedingungsgefüge)

In einem Satzgefüge stellt der Konditionalsatz (Nebensatz, der mit „wenn" oder „falls" eingeleitet wird) eine Bedingung dar; die Folge wird im Hauptsatz formuliert.
– Ist die **Bedingung möglich oder real**, werden Hauptsatz und Nebensatz im Indikativ formuliert, z. B.:
Wenn ich spannende Geschichten lese, entspanne ich mich sofort.
– Ist die **Bedingung unwahrscheinlich bzw. irreal**, wird im Hauptsatz und im Nebensatz (Konditionalsatz) der Konjunktiv II (Irrealis) bzw. die würde-Ersatzform verwendet, z. B.:
Wenn ich Zeitreisen unternehmen könnte, würde ich Friedrich Schiller gern einmal besuchen.
Wäre ich eine berühmte Schriftstellerin, schriebe ich Theaterstücke.

1 Stelle dir vor, du sprängest in die Geschichten der folgenden Bücher hinein: Formuliere irreale Konditionalgefüge.

als Hobbit in Mittelerde unterwegs sein

den Drachen Smaug mühelos bezwingen

Wenn ich als Hobbit in Mittelerde unterwegs wäre, _____

_____

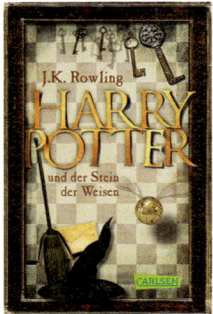

einen Tag in Hogwarts verbringen   auf Anhieb ein Quidditchspiel gewinnen

_____

_____

zu den Hungerspielen von Panem geschickt werden

aus der Arena fliehen

_____

 2 **a** Unterstreiche im folgenden Text die realen Bedingungsgefüge grün, die irrealen Bedingungsgefüge blau.
●●● **b** Kreise die Verbformen im Konjunktiv II ein.
  c Markiere die würde-Ersatzformen.

Wer von euch kennt das nicht? Wenn ein Buch eine spannende Geschichte erzählt, vergisst man alles um sich herum und versinkt in der Welt zwischen den Buchdeckeln. Zöge ein Karnevalsumzug vorüber, man würde es nicht merken. Vielen jungen Lesern ergeht es so, wenn der Name der Autorin Cornelia Funke auf dem Buchrücken steht. Aber Vorsicht! In Cornelia Funkes Roman „Tintenherz" können auch die Bücher Menschen verschlingen. Falls dir Zauberzunge Mortimer aus einem Krimi vorläse, ständest du plötzlich neben der Leiche. Du müsstest dein Leben in der Krimiwelt verbringen, wenn niemand mit der besonderen Gabe dich wieder befreien würde.

Der Konjunktiv I in der indirekten Rede

Den Konjunktiv I bilden

Um Äußerungen Dritter wiederzugeben, verwendet man die **indirekte Rede**.
Das Verb steht im **Konjunktiv I**, z. B.:
– **Indikativ:** *Die Wetterstation meldet: „Es schneit seit Tagen."*
– **Indirekte Rede mit Konjunktiv I:** *Die Wetterstation meldet, es schneie seit Tagen.*

Der Konjunktiv I wird durch den Stamm des Verbs (Infinitiv ohne -en) und die entsprechende Personal-
endung gebildet, z. B.:

Singular		**Plural**	
Indikativ Präsens	**Konjunktiv I**	**Indikativ Präsens**	**Konjunktiv I**
ich komm-e	*ich komm-e*	*wir komm-en*	*wir komm-en*
du komm-st	*du komm-est**	*ihr komm-t*	*ihr komm-et**
er/sie/es komm-t	*er/sie/es komm-e**	*sie komm-en*	*sie komm-en*

* In einigen Fällen wird ein *e* eingefügt.

1 Wähle für jeden der folgenden Sätze das passende Verb
und setze die Verbform im Konjunktiv I ein.

behindern • erhalten • verlassen • sein • räumen • schließen

Wenn das Wetter alles auf den Kopf stellt

Nach tagelangem Schneegestöber ist die Kleinstadt eingeschneit:

A Die Brüder Paul und Julius berichten jubelnd, die Schule _____ eine ganze Woche.

B Die ältere Nachbarin sorgt sich, wie sie bei diesem Wetter frische Lebensmittel _____.

C Der Mann vom Winterdienst stöhnt, er _____ jetzt Tag und Nacht Schnee fort.

Die Pegelstände an Rhein und Ruhr sind auf einem neuen Höchststand:

D Ein Bewohner kündigt an, er _____ das Haus nicht, bis das Wasser im ersten Stock stehe.

E Die Polizei wirft der Menge der Schaulustigen vor, sie _____ die Rettungsarbeiten.

F Die Bürgermeisterin beruhigt die Bevölkerung, die Lage in der Stadt _____ unter Kontrolle.

2 a Unterstreiche im folgenden Text die Verbformen im Indikativ.
●●● b Kreise die Verbformen im Konjunktiv I ein.

Die Initiative „für mich. für uns. für alle" vergibt jährlich Auszeichnungen für herausragendes ehrenamtliches

Engagement. Im Jahr 2013 informiert sie, dass sie einen Sonderpreis „Hochwasser-Helfer" auslobe. Der Preis

würdige die zahlreichen Helferinnen und Helfer in den Hochwassergebieten. Aus den 140 Vorschlägen wählt eine

Jury schließlich drei Preisträger. Einen Preis erhält auch die Initiative „Passau räumt auf". Diese Hilfsaktion mittels

Facebook zeige, dass eine Handvoll Studenten eine Welle der Hilfsbereitschaft auslösen könne.

| Information | Wörtliche Rede in indirekter Rede wiedergeben |

Wer in der wörtlichen Rede **etwas gesagt hat**, wird in der indirekten Rede mit einem einleitenden Hauptsatz angegeben, z. B.:
Die Biologin Katrin Glowa erklärt: „Dieses Insekt hat sich stark vermehrt."
Die Biologin Katrin Glowa erklärt, dieses Insekt habe sich stark vermehrt.

3 **Übertrage die wörtliche Rede aus dem Interview in die indirekte Rede.**

Immer häufiger müssen in Deutschland Hubschraubereinsätze geflogen werden, um den Eichenprozessionsspinner zu bekämpfen. Hier ein Ausschnitt aus einem Interview mit der Biologin Katrin Glowa:

Katrin Glowa: „Der Eichenprozessionsspinner ist ein unauffälliger Nachtfalter, der dem Wald nicht gefährlich schadet. Das Problem sind die Gifthaare seiner Raupen."

Die Biologin erklärt, der Eichenprozessionsspinner _____

_____

_____

Frage: „Kann das Nesselgift in den Haaren der Raupe dem Menschen Schaden zufügen?"

Der Interviewer möchte wissen, ob _____

_____

Katrin Glowa: „Kommt man mit den Haaren in Berührung, kann eine allergische Reaktion auftreten. Neben Hautreaktionen mit starkem Juckreiz oder Atemproblemen besteht sogar die Gefahr eines Kreislaufversagens."

Die Expertin warnt, _____

_____

_____

Katrin Glowa: „In den letzten Jahren hat sich die Anzahl der Eichenprozessionsspinner in Deutschland stark vermehrt. Vielen Menschen ist die Gefahr durch deren Raupen aber gar nicht bewusst."

Frau Glowa führt aus, _____

_____

_____

_____

- Verwende für die **Redeeinleitungen abwechslungsreiche Verben**, z. B.: *erklären, berichten, empfehlen, informieren, versichern, behaupten, vermuten, feststellen, raten, befürchten.*
- Beim Wechsel von der wörtlichen zur indirekten Rede kann das **Pronomen wechseln**: „ich" → „er", „sie".

Information   Ersatzformen für den Konjunktiv I

Wenn der **Konjunktiv I** in der indirekten Rede nicht vom Indikativ Präsens zu unterscheiden ist, wird der **Konjunktiv II** oder die **würde-Ersatzform** verwendet, z. B.:

Konjunktiv I = Indikativ Präsens   *Er sagt, viele sehen in ihrem ganzen Leben kein Polarlicht.*
Konjunktiv II als Ersatzform   *Er sagt, viele sähen in ihrem ganzen Leben kein Polarlicht.*
Umschreibung mit „würde" als Ersatzform   *Er sagt, viele würden in ihrem ganzen Leben kein Polarlicht sehen.*

Achtung: Ist der Konjunktiv II (im Textzusammenhang) **nicht vom Indikativ Präteritum zu unterscheiden**, muss die Ersatzform mit „würde" verwendet werden, z. B.:
Wir entdeckten Nordlichter. → Wir würden Nordlichter entdecken.

---

4 a Trage in die folgende Übersicht die fehlenden Verbformen ein.
     b Kreuze jede Konjunktivform an, die im Satz durch „würde" ersetzt werden müsste.

Indikativ Präsens	Konjunktiv I	Indikativ Präteritum	Konjunktiv II
A *er fragt*	☐ _____	_____	☐ _____
B _____	☐ _____	*sie beobachteten*	☐ _____
C _____	☐ _____	_____	☐ *sie schiene*
D _____	☐ _____	*sie fielen*	☐ _____
E _____	☒ *sie leuchten*	_____	☐ _____

---

5 Wähle für jeden der folgenden Sätze die richtige Verbform: Streiche jeweils die falsche Form durch.

●●●

A Ein Hotelbesitzer in Nordschweden erklärt, jeder Urlauber, der ein Polarlicht

sehe, < **frage** / **würde** > sich < **,** / **fragen,** > wie diese Farben entstehen könnten.

B Urlauber bestätigen, die Farben am Himmel < **würden** / **leuchteten** > ganz unwirklich und wunderbar < **leuchten.** / **.** >

C Ein Tourist simst begeistert, man < **beobachtete** / **würde** > seit Stunden

ein grün leuchtendes Polarlicht < **.** / **beobachten.** >

D Ein Reisebegleiter erklärt, Sonnenwinde < **fallen** / **würden** > bei diesem

Phänomen mit ihren geladenen Teilchen auf die Erdatmosphäre < **.** / **fallen.** >

E Dabei entstehe das Phänomen aber nur dort, wo die Sonne

sehr schräg auf die Erdoberfläche < **scheinen würde.** / **scheine.** >

Die Modalverben

Information	Aussagen verändern mit Modalverben

Mit Modalverben verändert man den Aussagewert des Vollverbs. Man zeigt an, ob man z. B. etwas *darf* oder *muss*.
Das Modalverb steht in der Personalform, das Vollverb im Infinitiv, z. B.: *Ilka kann sehr gut surfen.*
Durch ein Modalverb wird der Bedeutung des Vollverbs ein bestimmter Aspekt hinzugefügt:

können	**sollen**	**müssen**	**dürfen**	**wollen**	**mögen**
Möglichkeit	Vorschrift	Gebot	Erlaubnis	Absicht	Wunsch
Fähigkeit	Empfehlung	Zwang	Möglichkeit	Bereitschaft	Möglichkeit

1 Umkreise im folgenden Text jedes Modalverb und unterstreiche jeweils das dazugehörige Vollverb.

Auf dem Campingplatz

Neue Gäste (müssen) sich bei Ankunft an der Rezeption melden. Die Fahrzeuge und Campinganhänger sollen zunächst auf dem Parkplatz bleiben. Nach der Anmeldung darf man sich einen Stellplatz frei wählen. Wer Strom nutzen möchte, kann an der Rezeption einen Stromkastenschlüssel sowie Verlängerungskabel ausleihen. Die Duschen dürfen kostenlos benutzt werden. Camper, die in der Nacht abreisen wollen, müssen bis 18 Uhr an der Rezeption bezahlen.

2 Auf einem Campingplatz findet man den folgenden, etwas umständlich ausgedrückten Aushang.
●●● Verwende passende Modalverben und schreibe den Aushang sprachlich flüssiger auf.

Bei Gewitter zu beachten:

A Sie haben keine Erlaubnis, im Meer oder im Pool zu baden.
B Es besteht die Vorschrift, sich von hohen Bäumen fernzuhalten.
C Für Kinder gilt das Gebot, die Spielgeräte auf dem Campinggelände sofort zu verlassen.
D Wer den Wunsch hat, sich über die aktuelle Wetterlage zu informieren, hat die Möglichkeit, folgende Hotline zu wählen: 12 37 89 10.
E Es besteht der Zwang, alle elektrischen Geräte auszuschalten.
F Bei extremem Unwetter haben Sie die Möglichkeit, in den Räumen der Campingplatzverwaltung Schutz zu suchen.

A Sie dürfen nicht

Texte überarbeiten

Den Konjunktiv in der indirekten Rede prüfen

1 Im folgenden Text wurde die indirekte Rede im Indikativ wiedergegeben. Markiere die Verbformen im Indikativ und notiere am Rand die passende Verbform im Konjunktiv oder die Ersatzform mit „würde".

Projektwoche: Lichtspiele am Nachthimmel des August

Sebastian und Nils erzählen, sie treffen sich immer im August zur Sternschnuppennacht. Bei klarem Himmel bewundern sie in einer solchen Nacht über hundert Sternschnuppen. Der Himmel sieht dann zeitweilig aus wie bei einem Feuerwerk, behaupten die beiden. Sie schwärmen, sie wissen dann gar nicht mehr, was sie sich noch wünschen sollen. Auch wenn die beiden Jungen etwas übertreiben, bestätigen auch Astronomen, dass man im August auffällig häufig Sternschnuppen beobachten kann. Mitte August – sagen sie – erreicht die Anzahl der Leuchterscheinungen an unserem Sternenhimmel ihren Höhepunkt.

2 Der folgende Text ist wenig abwechslungsreich, weil ausschließlich die würde-Ersatzform verwendet wurde. Verbessere ihn: Streiche die würde-Ersatzformen und schreibe die passende Konjunktivform über die Zeile.

Projektwoche: Astronomen informieren

Beim Projekttag erklären einige Astronomen, die Erde würde sich immer im August durch einen Meteorschauer hindurchbewegen. Dieser würde aus Staub und Gestein bestehen. Ein Komet würde diese Reste hinterlassen haben. In dem Moment, in dem diese Kometenreste in die Erdatmosphäre eindringen würden, würden sie die Atmosphäre zum Glühen bringen. Da die Erde auf ihrer Umlaufbahn um die Sonne immer den gleichen

Kometenspuren zur selben Zeit im Jahr begegnen würde, würde in bestimmten Monaten eine Häufung von Sternschnuppen auftreten. Sebastian und Nils würden also nicht besonders viel Glück gehabt haben, so die Astronomen, sondern sie würden nur im richtigen Monat am Lagerfeuer gesessen haben.

Teste dich!

Das Verb – Konjunktiv und Modalverben

1 Unterstreiche im folgenden Text die Verbformen im Indikativ <u>grün</u> und die Verbformen im Konjunktiv I <u>blau</u>. (12 P.)

Der Grünspecht – Zorro der Lüfte

„Fliegender Zorro" lautet der Spitzname eines heimischen Vogels: Der Grünspecht mit rötlicher Kappe und schwarzem Bereich um die Augen ist der Vogel des Jahres 2014. Die Jury gibt an, mit der Prämierung wolle man auf das Verschwinden der Streuobstwiesen hinweisen, wo sich der Grünspecht besonders gern aufhalte. Die Tierschützer heben hervor, der Vogel des Jahres sei nicht wie viele seiner Vorgänger vom Aussterben bedroht. Der Grünspecht zähle zu den wenigen heimischen Brutvögeln, deren Bestand deutlich zugenommen habe. „Es gibt in Deutschland derzeit etwa 42 000 Brutpaare und damit mehr als doppelt so viele wie vor 20 Jahren. Die letzten drei kalten Winter haben jedoch gezeigt, dass es auch für den Grünspecht schnell wieder abwärtsgehen kann", erklärt der Naturschützer Helmut Opitz (NABU) die Entscheidung für den Vogel des Jahres 2014.

2 Kreuze für jede der folgenden Verbformen an: Konjunktiv I oder Konjunktiv II? (5 P.)

	Konjunktiv I	Konjunktiv II
A sie arbeite	☐	☐
B ich wolle	☐	☐
C er sänge	☐	☐
D sie lögen	☐	☐
E er komme	☐	☐

3 a Kreuze für jede der folgenden Aussagen an, ob sie richtig oder falsch ist. (4 P.)

	richtig	falsch
A Der Konjunktiv I wird in der indirekten Rede verwendet.	☐	☐
B Der Indikativ wird auch Irrealis genannt, weil das Gesagte als möglich gilt.	☐	☐
C Anstelle ungebräuchlicher Formen des Konjunktivs II tritt die Ersatzform mit „würde".	☐	☐
D Der Konjunktiv II wird in der indirekten Rede verwendet, wenn der Konjunktiv I nicht vom Indikativ Präsens zu unterscheiden ist.	☐	☐

b Zu jedem der folgenden Sätze passt eine der Aussagen von Aufgabe 3 a. Trage den richtigen Buchstaben ein. (3 P.)

☐ Biologen betonen, der Flug der Zugvögel sei auch nach neuesten Forschungen kaum eindeutig zu erklären.

☐ Kinder glauben manchmal, sie sähen die Zugvögel infolge des Winterschlafs nicht.

☐ Würden die Zugvögel nicht vor dem kalten Winter fliehen, würden sie erfrieren.

4 **Führe die Sätze zu Ende. (3 P.)**

A Wenn alle Mitteleuropäer wie die Zugvögel
   den Winter im Süden zubrächten, *(brauchen keine Heizungen)*

_____

und *(auf dem Stundenplan stehen afrikanische Sprachen)*

_____

B Würden alle Vögel Nahrungslager anlegen, wie Eichelhäher oder Haubenmeisen,
   (können im Norden überwintern)

_____

5 **Gib die folgenden Aussagen in indirekter Rede wieder. (4 P.)**

A Viele Wissenschaftler vertreten die Meinung: „Zugvögel haben einen Kompass im Schnabel."

_____

B Forscher der Universität Wien widersprechen: „Wir können im Schnabel keinen Orientierungssinn finden."

_____

_____

C Ein Biophysiker aus Illinois behauptet: „Ich weiß, dass die Zugvögel das Magnetfeld der Erde sehen können."

_____

_____

D Vogelforscher aus dem Mittelmeerraum teilen mit: „Wir beobachten fortlaufend, wie klug die Vögel
   ihre Höhe für die Überquerung des Meeres wählen."

_____

_____

6 **Welches Modalverb kann welche Formulierung ersetzen? Verbinde. (4 P.)**

Es ist verboten …	müssen
Man ist verpflichtet …	nicht dürfen
Es steht Ihnen frei …	sollen
Es ist wünschenswert …	dürfen

Vergleiche deine Ergebnisse mit dem Lösungsheft. Für jede richtige Antwort bekommst du einen Punkt.

☺ 35–27 Punkte	☺ 26–18 Punkte	☹ 17–0 Punkte
Gut gemacht!	Gar nicht schlecht, aber lies dir die Informationskästen auf den Seiten 51 bis 56 noch einmal genau durch.	Arbeite die Seiten 51 bis 57 noch einmal genau durch.

Wiederholung: Satzglieder unterscheiden

Information	Satzglieder und ihre Erweiterung kennen

- Jeder Satz hat mehrere Satzglieder. Du erkennst diese mit Hilfe der Umstellprobe (▶ S. 61).
  Ein Satz besteht mindestens aus **Subjekt** und **Prädikat**, z. B.:

  Reisen *bildet*.

  In vielen Sätzen wird ein **Objekt** hinzugefügt, z. B.:

  Reisen *bildet* *jeden Menschen*.

- **Adverbiale Bestimmungen** sind Satzglieder, die im Satz zusätzliche Informationen geben, z. B.:

  Reisen *bildet* *auf ganz unterschiedliche Weise* *jeden Menschen*.

- **Attribute** bestimmen ein Bezugswort (meist ein Nomen) näher und sind immer Teil eines Satzglieds, z. B.:

  Weites Reisen *bildet* *auf ganz unterschiedliche Weise* *jeden wissbegierigen Menschen*.

1 Trage die angebotenen Fachbegriffe richtig in die folgende Übersicht ein.

lokal	Objekt(e)	modal	Subjekt	kausal	adverbiale Bestimmungen	Prädikat	temporal

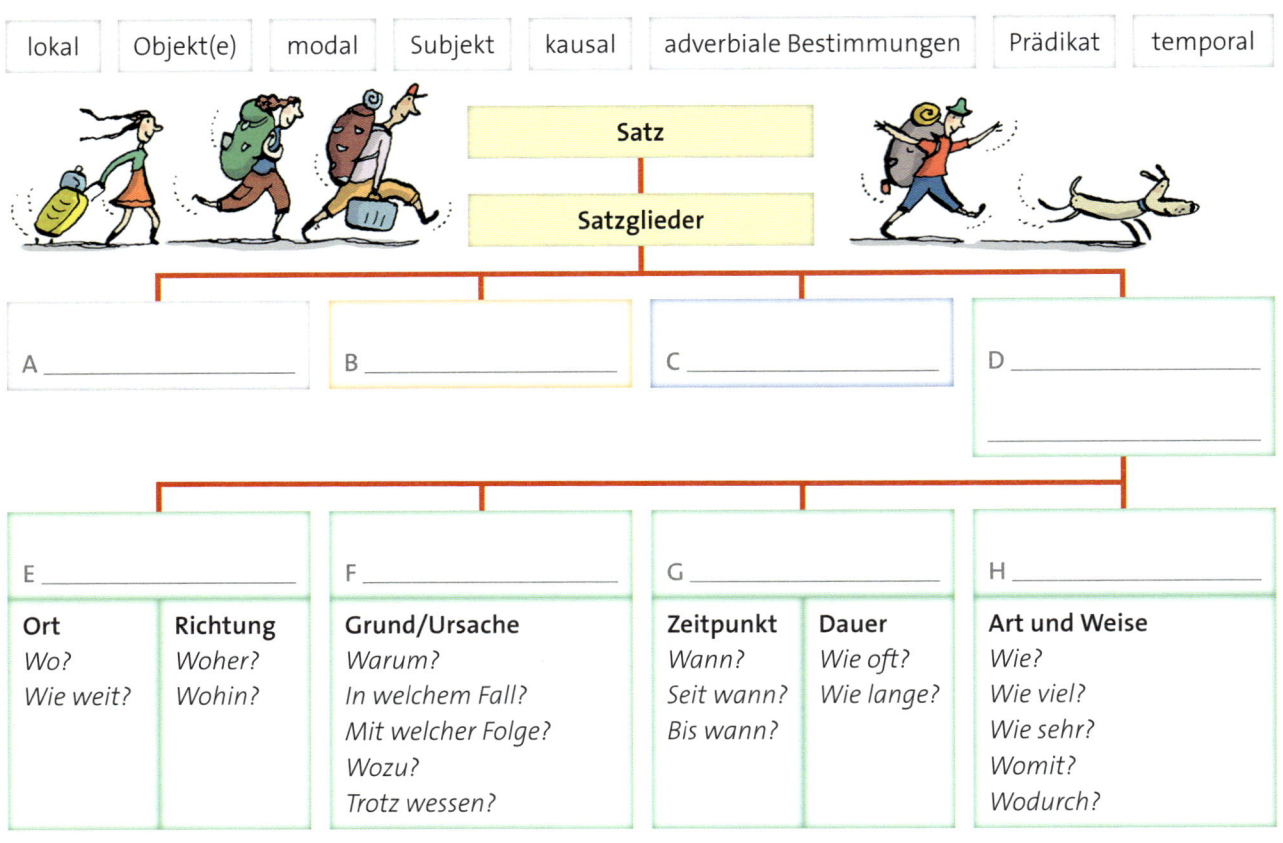

Satz

Satzglieder

A _____ B _____ C _____ D _____

_____

E _____ F _____ G _____ H _____

Ort	**Richtung**	**Grund/Ursache**	**Zeitpunkt**	**Dauer**	**Art und Weise**
Wo?	*Woher?*	*Warum?*	*Wann?*	*Wie oft?*	*Wie?*
Wie weit?	*Wohin?*	*In welchem Fall?*	*Seit wann?*	*Wie lange?*	*Wie viel?*
		Mit welcher Folge?	*Bis wann?*		*Wie sehr?*
		Wozu?			*Womit?*
		Trotz wessen?			*Wodurch?*

Attribut: Erweiterung eines Satzglieds, z. B. des Subjekts, des Objekts, der adverbialen Bestimmung

2 Gestalte die folgenden Sätze mit jeweils zwei weiteren Satzgliedern aus und schreibe sie auf.
●●●

Familie Lustig reist. Die Reiseroute liegt fest. Sie segeln.

_____

_____

_____

Information	Satzglieder mit der Umstellprobe erkennen

Mit der **Umstellprobe** stellst du fest, wie viele Satzglieder ein Satz hat. Die Wörter oder Wendungen, die dabei zusammenbleiben, bilden ein Satzglied.
– Satzglieder lassen sich umstellen, ohne dass sich der Sinn des Satzes verändert, z. B.:
  Urlaubsreisen in alle Welt haben heute einen zentralen Platz in der Jahresplanung der Bevölkerung.
  Heute haben Urlaubsreisen in alle Welt einen zentralen Platz in der Jahresplanung der Bevölkerung.
– Attribute werden mit dem jeweiligen Satzglied zusammen umgestellt, z. B.:
  *Urlaubsreisen **in alle Welt** (präpositionales Attribut), einen **zentralen** Platz (Adjektivattribut),*
  *in der Jahresplanung **der Bevölkerung** (Genitivattribut).*

3 Stelle den Beispielsatz aus dem Merkkasten mindesten noch zweimal um. Notiere beide Sätze.

_____

_____

Information	Satzglieder mit der Frageprobe bestimmen

Das **Prädikat** ist der Kern des Satzes, es besteht aus Verben. In einem Aussagesatz steht die Personalform des Verbs immer an zweiter Satzgliedstelle. Mit der Frageprobe bestimmst du weitere Satzglieder, z. B.:

Satzglied	Subjekt	Akkusativobjekt	Dativobjekt	Genitivobjekt	adverbiale Bestimmung
Frageprobe	Wer/Was…?	Wen/Was…?	Wem…?	Wessen…?	Wann?, Wo?, Warum?, Wie? (weitere Fragewörter ▶ S. 60)

4 **a** Unterteile die folgenden Sätze in Satzglieder.
   b Bestimme alle Satzglieder.

Couchsurfing – Ein neuer Trend für Sparfüchse

Familie Kross	reist	in den Sommerferien	nach Neuseeland.
Wer?	*Verb*	*Wann?*	*Wohin?*
Subjekt	*Prädikat*	*adv. Best. temporal*	*adv. Best. lokal*

A Aus Kostengründen vermeiden die Reisenden Hotels oder Gasthöfe.

_____

_____

B Viel lieber übernachtet die Familie in gemütlichen Privatunterkünften.

_____

_____

C Die Gastgeber überlassen Gästen ganz zwanglos ihre Couch.

_____

_____

Texte überarbeiten mit Hilfe von Proben

Methode	Die Textlupe anwenden: Texte überarbeiten

Die folgenden Proben helfen dir, **genauer zu schreiben** und Texte **stilistisch zu verbessern**.
- Die **Umstellprobe** (▶ S. 61) kannst du anwenden, um Satzanfänge abwechslungsreicher zu gestalten.
- Die **Ersatzprobe** hilft dir, Wortwiederholungen zu vermeiden. Ersetze z. B. ein Subjekt durch ein anderes: *die Reise → der Urlaub, die Unternehmung* oder durch ein Pronomen: *sie.*
- Mit der **Erweiterungsprobe** kannst du aussagekräftiger und genauer schreiben, indem du einem Satz Objekte, adverbiale Bestimmungen oder Attribute hinzufügst, z. B.:

    um die Welt   Wochen
    Eine Reise ↓ *kann* ↓ *dauern.*

- Die **Weglassprobe** erleichtert es, Wiederholungen oder Überflüssiges zu streichen:
    Ein Student verbindet ~~während seines Studiums~~ seine Weltreise ~~um die Welt~~ mit einem Projekt.

1 **a** Lies den folgenden Text und unterstreiche Wiederholungen, Überflüssiges oder ungenaue Stellen.
b Überarbeite den Text mit Hilfe der Proben und schreibe den verbesserten Text in dein Heft.

Der Student Florian Luxenburger studierte Kommunikationsdesign an der Fachhochschule in Trier, Bereich Kommunikationsdesign. Für seine Diplomarbeit reiste der Diplom-Student Florian Luxenburger um die Welt. Von der Fachhochschule in Trier aus fuhr Luxenburger zunächst mit dem Auto nach Istanbul. Von Istanbul aus ging es mit dem Flugzeug weiter.

c Kreuze an, welche der Proben du für die Überarbeitung des Textes oben nicht anwenden musstest.

☐ A Umstellprobe ☐ B Ersatzprobe ☐ C Erweiterungsprobe ☐ D Weglassprobe

2 **a** Der folgende Text ist wenig abwechslungsreich. Kennzeichne im Text, was verbessert werden muss.
b Notiere vor jedem der Sätze, welche Probe du zur Verbesserung angewendet hast. Trage ein:

A Formulierung doppelt ➡ weglassen
B Subjekt steht immer am Satzanfang ➡ umstellen
C Wörter wiederholen sich ➡ ersetzen
D genauere Angaben fehlen ➡ erweitern

A Luxenburger ging es um ein ungewöhnliches ~~Tausch~~*Projekt*projekt.

☐ *Sein* ~~Luxenburgers~~ Ziel war es, Gegenstände zu tauschen, die für ihre Besitzer etwas Besonderes bedeuten.

☐ Luxenburger besuchte zum Beispiel Menschen wie Maler, Fotografen, Bildhauer.

☐ Jedes Mal, bevor er abreiste, bat er diese Menschen jedes Mal darum, etwas mit ihm zu tauschen.

☐ Er bekam zum Beispiel eine Bronzepyramide oder ein Spielzeugboot.

☐ Er selbst hatte das Kaleidoskop seiner Oma weggegeben.

☐ Er fotografierte seine Tauschpartner und schrieb dann ihre Geschichten auf.

3 Schreibe den Text von Aufgabe 2 verbessert in dein Heft.

●●●

Teste dich!

Satzglieder und Attribute

1 Welche der folgenden Begriffe bezeichnen <u>keine</u> Satzglieder? Umkreise diese. (5 P.)

A Nominativ   B Akkusativobjekt   C Subjekt   D Präposition   E Genitivobjekt

F temporale adverbiale Bestimmung   G Konjunktion   H Relativpronomen   I Apposition   J Prädikat

2 Wie viele Satzglieder hat der folgende Satz? Kreuze die richtige Anzahl an. (1 P.)

☐ A 5   ☐ B 6   ☐ C 7   ☐ D 8

Auf Island machten Vulkanausbrüche den Flugverkehr in der Vergangenheit mehrfach zu einer Lotterie.

3 **a** Stelle im Satz von Aufgabe 2 das Subjekt an den Satzanfang und schreibe den Satz auf. (1 P.)

_____

b Welche Probe hat dir geholfen, den Satz zu verändern? Kreuze an. (1 P.)

☐ A Ersatzprobe   ☐ B Erweiterungsprobe   ☐ C Umstellprobe   ☐ D Weglassprobe

4 Welche der Aufzählungen bestimmt die Satzglieder des folgenden Satzes richtig, welche nicht? Kreuze an. (2 P.)

Weltweit strandeten hunderttausende Passagiere wegen einer als gefährlich erachteten Aschekonzentration in der Luft auf den Flughäfen.

	richtig	falsch
A lokale adverbiale Bestimmung, Prädikat, Subjekt, Akkusativobjekt, temporale adverbiale Bestimmung	☐	☐
B lokale adverbiale Bestimmung, Prädikat, Subjekt, kausale adverbiale Bestimmung, lokale adverbiale Bestimmung	☐	☐

5 **a** Bestimme die im folgenden Text unterstrichenen Attribute: Markiere Adjektivattribute <u>gelb</u>, Präpositionalattribute <u>grün</u> und Genitivattribute <u>blau</u>. (4 P.)
b Umkreise zu jedem Attribut das Bezugswort, das näher bestimmt wird. (4 P.)

A Oft entdecken Bahnreisende viele Gelegenheiten <u>für Reiseerleichterungen</u>.

B Allerdings blieben nicht nur Bahnreisende <u>aus dem Norden</u> im Sommer 2013 in Mainz einfach stecken.

C Die <u>digitalen</u> Hinweistafeln <u>des Hauptbahnhofs</u> zeigten dort ausschließlich einen Hinweis: Zug fällt aus.

Vergleiche deine Ergebnisse mit dem Lösungsheft. Für jede richtige Antwort bekommst du einen Punkt.

🙂 18–14 Punkte	😐 13–9 Punkte	🙁 8–0 Punkte
Gut gemacht!	Gar nicht schlecht, aber lies dir die Informationskästen auf den Seiten 60 bis 62 noch einmal genau durch.	Arbeite die Seiten 60 bis 62 noch einmal genau durch.

Wiederholung: Satzreihe und Satzgefüge

Satzreihe (Hauptsatz + Hauptsatz) **und Satzgefüge** (Hauptsatz und Nebensatz)

– Eine **Satzreihe** besteht aus **zwei oder mehr Hauptsätzen**. Die einzelnen Hauptsätze werden manchmal nur durch ein Komma getrennt. Meist werden die Hauptsätze durch eine nebenordnende Konjunktion (z. B.: *und, denn, oder, aber, doch*) miteinander verbunden. Vor dieser Konjunktion steht ein **Komma**, z. B.: *Reisende würden kleinere Haustiere oft gern mitnehmen,* aber *Flugreisen sind für diese zu anstrengend.* Nur vor den Konjunktionen *und* bzw. *oder* kann das Komma entfallen.

– Ein **Satzgefüge** besteht aus mindestens einem **Hauptsatz** (Hs) und einem **Nebensatz** (Ns). Ein Nebensatz kann hinter, vor oder innerhalb eines Hauptsatzes stehen. Er wird mit einer unterordnenden Konjunktion (z. B.: *weil, dass, nachdem, wenn*) oder mit einem Relativpronomen (▶ S. 70) eingeleitet. Hauptsatz und Nebensatz werden immer durch **Komma** voneinander getrennt, z. B.: *Manche Menschen verzichten auf weite Reisen,* weil *sie sich nicht von ihrem Haustier trennen* möchten. Im Nebensatz steht die Personalform des Verbs an letzter Stelle.

1 Verbinde jeweils zwei Hauptsätze zu einer Satzreihe. Verwende die angegebenen nebenordnenden Konjunktionen und setze die Kommas.

A Ein junger Chinese möchte eine Urlaubsreise antreten. Auf die Begleitung seiner geliebten Schildkröte will er nicht verzichten. aber

_____

_____

B Er befürchtet Probleme am Flughafen. Tiere benötigen für die Ausreise oft besondere Genehmigungen. denn

_____

C Da kommt er auf eine ausgefallene Idee. Er setzt sie auch in die Tat um. und

_____

2 Formuliere die Satzreihen von Aufgabe 1 in Satzgefüge um. Verwende die angegebenen
●●● unterordnenden Konjunktionen bzw. das Relativpronomen.

A ohne dass _____

B weil _____

C die _____

3 **a** Unterstreiche in jedem der folgenden Satzgefüge den Nebensatz und umkreise die nebenordnende Konjunktion.
b Prüfe: Wo steht das Komma im Satzgefüge? Ergänze den Satz unten.

Der Mann steckte das Tier, nachdem er es zwischen Brotstücke gelegt hatte, in die Verpackung einer Fastfood-Kette. Als das Handgepäck des Reisenden durchleuchtet wurde, wunderte sich das Sicherheitspersonal am Flughafen von Guangzhou sehr. „Verdächtige Ecken" hätten aus dem angeblichen Fleischklops herausgeschaut, sodass die Tarnung als Burger aufflog.

Das Komma im Satzgefüge steht immer _____

Nebensätze unterscheiden

Adverbialsätze: Adverbiale Bestimmungen als Nebensätze

Information	Zusammenhänge herstellen mit Adverbialsätzen

Adverbialsätze sind **Gliedsätze**, weil sie im Satz die Stelle einer adverbialen Bestimmung einnehmen. Sie werden mit einer **unterordnenden Konjunktion** (z. B.: *weil, als, nachdem, damit, obwohl, indem, wenn, falls, sodass*) eingeleitet und durch **Komma** vom Hauptsatz getrennt, z. B.:

Nach Auffinden eines Gegenstandes soll man diesen in einem Fundbüro abgeben.
temporale adverbiale Bestimmung (wann?)
↓
Nachdem ein Gegenstand aufgefunden worden ist, soll man diesen in einem Fundbüro abgeben.
   Adverbialsatz (temporal)

1 a Unterstreiche in den folgenden Sätzen die adverbialen Bestimmungen.

b Wandle jeden Satz in ein Satzgefüge mit einem Adverbialsatz um. Wähle dafür eine der angebotenen unterordnenden Konjunktionen aus und setze die Kommas.

obwohl	~~falls~~	damit

A <u>Bei Auffinden oder Verlust eines Gegenstandes</u> kann man auch über das Internet ein Fundbüro kontaktieren.

Falls man _____

_____

B Als zusätzlicher Anreiz für die Abgabe von Fundstücken wird manchmal ein Finderlohn in Aussicht gestellt.

_____

_____

C Viele Reisende lassen trotz nachdrücklicher Erinnerungen durch das Zugpersonal etwas im Zug liegen.

_____

_____

2 a Unterstreiche in den folgenden Sätzen die adverbialen Bestimmungen.
●●● b Wandle jeden Satz in ein Satzgefüge mit einem Adverbialsatz um.

A Herr K. aus W. konnte wegen des Vergessens seines Gebisses im Hotel einige Zeit keine feste Nahrung zu sich nehmen.

B Erst nach Zuschicken seines Kauwerkzeugs durch das aufmerksame Hotelmanagement konnte Herr K. wieder herzhaft zubeißen.

_____

_____

_____

Information	Arten von Adverbialsätzen

Mit der **Frageprobe** kannst du ermitteln, welche Art von Adverbialsatz vorliegt:

Adverbialsatz	Frageprobe	Konjunktionen/Adverbien	Beispiel
Lokalsatz (Ort, Richtung)	Wo … ? Wohin … ? Woher … ?	wo, wohin	*Um schöne Fotos zu machen, kannst du fahren, <u>wohin du willst</u>.*
Kausalsatz (Grund, Ursache)	Warum … ? Aus welchem Grund … ?	da, weil	*Ich besuche einen Fotokurs, <u>weil ich schöne Fotos machen will</u>.*
Konditionalsatz (Bedingung)	Unter welcher Bedingung … ?	wenn, falls, sofern	*Wir werden die gesamte Reise dokumentieren, <u>sofern der Akku hält</u>.*
Finalsatz (Ziel, Absicht)	Wozu … ? In welcher Absicht … ?	damit, dass	*Ich mache viele Fotos, <u>damit ich eine schöne Erinnerung habe</u>.*
Konsekutivsatz (Folge, Wirkung)	Mit welcher Folge/Wirkung … ?	sodass, dass	*Die Reise dauerte lange, <u>sodass ich viele Fotos machen konnte</u>.*
Temporalsatz (Zeitpunkt/-dauer)	Wann … ? Seit/Bis wann … ? Wie lange … ?	als, nachdem, während, bevor, seit, ehe, bis	*<u>Nachdem die Reise beendet war</u>, erstellte ich ein Fotobuch.*
Konzessivsatz (Einräumung)	Trotz welcher Umstände … ?	obwohl, auch wenn	*<u>Obwohl ich gut fotografieren kann</u>, waren manche Bilder unscharf.*
Modalsatz (Art und Weise)	Wie … ? Wodurch … ?	indem, wobei, dadurch … dass	*Ich kam selbst nur ins Bild, <u>indem ich Passanten meine Kamera in die Hand drückte</u>.*

3 **a** Unterstreiche in den folgenden Sätzen die Adverbialsätze.
b Notiere in der Randspalte die richtige Frageprobe und umkreise die Konjunktion im Adverbialsatz.

Die kuriose Reise eines Fotoapparates

(Als) der aus Aalen stammende Lars Etzinger das deutsche Generalkonsulat in   *wann?*

Shanghai aufsuchte, lernte er die in Shanghai lebende Philippinerin Jennifer kennen.

Gemeinsam reisten sie nach Deutschland, damit Jennifer seine Heimat und seine

Eltern kennen lernen konnte. Auf einer Rundreise machten sie am Tegernsee halt und

bestiegen den Wallberg, sodass sie einen herrlichen Blick über Bayerns schönste

Berge hatten. Dort oben machten sie einen überraschenden Fund: einen Fotoapparat.

Da sich die Sonne in der Linse der Kamera spiegelte, sprang ihnen das Fundstück ins

Auge. Sie nahmen die Kamera mit nach Aalen, obwohl sie diese besser in einem

bayerischen Fundbüro hätten abgeben sollen.

4 Trage passende unterordnende Konjunktionen in die Lücken ein.

Lars und Jennifer erzählten die ganze Geschichte, _____ sie bei Lars' Eltern eingetroffen waren.

_____ es ein großer Zufall gewesen wäre, einen Hinweis auf den Besitzer zu finden, durchforsteten sie

die 500 Fotos auf dem Speicherchip. Sie schauten jedes Detail an, _____ sie einen Anhaltspunkt dafür

fanden, wem diese Kamera gehörte. _____ auf einem Foto ein Auto mit einem Nummernschild zu

sehen war, stellte sich Überraschendes heraus: Der Besitzer musste aus der Nachbarschaft der Eltern stammen.

_____ die Kamera doch zurück zu ihm gelangte, brachten die Eltern Etzinger sie zur Polizei.

_____ kaum jemand daran glaubte, ermittelten diese den Glücklichen: einen Mann aus Schwäbisch

Gmünd.

5 **a** Unterstreiche in den folgenden Satzgefügen den Adverbialsatz.
b Überprüfe mit der Frageprobe, ob für den Adverbialsatz die richtige Konjunktion gewählt wurde.
Bestimme die Art des Adverbialsatzes und notiere gegebenenfalls die verbesserte Konjunktion.
Tipp: Beachte die Fragen und Konjunktionen in der Übersicht im Informationskasten auf Seite 66.

Die kuriose Geschichte des Fotoapparates ging ihnen immer noch im Kopf herum, weil die Eltern Etzinger an einem Sonntag zu einem Musikfestival in Stuttgart gingen.

VORSICHT FEHLER!

Wann...? Temporalsatz: als, während

A Weil sich das Musikfestival immer mehr füllte, fiel ihnen ein bestimmter Mann auf.

_____

B Sie erkannten ihn wieder, weil der Mann einen prachtvollen Lockenkopf hatte.

_____

C Weil sie ihn angesprochen hatten, bestätigte sich ihre Vermutung.

_____

D Jenem Mann war im Winterurlaub auf dem Wallberg die Kamera entglitten, weil sie im Tiefschnee unauffindbar verschwand.

_____

E Weil Lars Etzinger und seine Freundin zwei Monate später den Wallberg bestiegen, war der Schnee lange weggeschmolzen.

_____

6 Kläre, um welche Art von Adverbialsatz es sich handelt. Kreuze an.

A Obwohl die Etzingers dem Mann ihre Kontaktdaten gaben, meldete er sich bisher noch nicht.

☐ Temporalsatz   ☐ Konzessivsatz

B Wenn der Besitzer der Kamera sich wider Erwarten bei ihnen melden sollte, würden sie sich sicher freuen.

☐ Konditionalsatz   ☐ Temporalsatz

Subjekt- und Objektsätze: Nebensätze als Satzglieder

Information	Nebensätze unterscheiden: Subjektsätze und Objektsätze

Subjektsätze und Objektsätze sind Gliedsätze, weil sie **für den Hauptsatz die Rolle des Subjekts bzw. des Objekts** übernehmen. Sie lassen sich wie das Subjekt oder das Objekt durch die Frageprobe ermitteln:
– **Subjektsatz:** Das Subjekt eines Satzes kann von einem Nebensatz gebildet werden, z. B.:
Wer einen Segelflugschein machen möchte, muss mindestens 16 Jahre alt sein.
Satzgliedfrage: **Wer oder was** muss mindestens 16 Jahre alt sein? (→ Subjektsatz)
– **Objektsatz:** Das Objekt eines Satzes kann von einem Nebensatz gebildet werden, z. B.:
Man erlebt beim Fliegen, *was man nicht für möglich hielt*.
Satzgliedfrage: **Wen oder was** erlebt man beim Fliegen? (→ Objektsatz)
Subjekt- und Objektsätze werden **immer** durch ein **Komma** vom Hauptsatz abgetrennt.

1 a Unterstreiche in jedem der folgenden Sätze den Gliedsatz.
b Setze für jeden Satz das fehlende Komma.
c Führe die Frageprobe durch und bestimme: Subjekt- oder Objektsatz?

„Mars One" – Reise zum Roten Planeten	Subjektsatz	Objektsatz

Wie viele Interessenten es für eine geplante Mars-Reise im Jahre 2023 gibt, zeigen tausende E-Mails von Reisewilligen an eine niederländische Stiftung. ☐ ✗

Frageprobe: *Wen oder was zeigen tausende E-Mails von Reisewilligen?*

A Noch ist keineswegs sicher wer die anspruchsvollen Reisebedingungen erfüllen wird. ☐ ☐

Frageprobe: _____

B Wer diese Reise tatsächlich antritt kann lebenslang nur noch über Telefon, E-Mail oder Skype mit den Menschen auf der Erde in Kontakt treten. ☐ ☐

Frageprobe: _____

C Der Fluglehrer Stephan G. aus Magdeburg will das erleben was noch kein Mensch erlebt hat: die Reise zum Mars. ☐ ☐

Frageprobe: _____

2 Die folgenden Sätze wirken umständlich formuliert. Wandle sie deshalb in Satzgefüge
●●● mit Subjekt- oder Objektsatz um. Die Unterstreichungen helfen dir dabei.

(Subjekt)
Der eine Reise zum Mars Buchende bekommt nur ein „One-Way-Ticket".

_____

_____

(Objekt)
Stephans hartes Trainingsprogramm zeigt den Ernst seines Weltraumvorhabens.

_____

_____

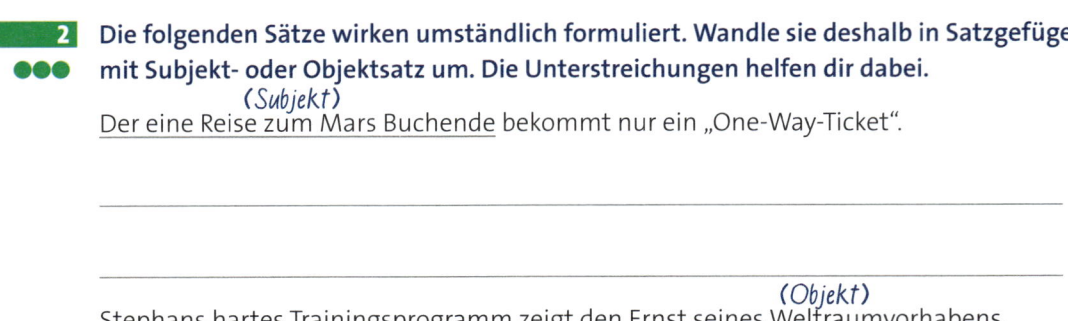

Information   Formen von Subjekt- oder Objektsätzen

Subjekt- und Objektsätze können auf unterschiedliche Weise gebildet werden:

Satzform	Subjektsatz (Wer oder was …?)	Objektsatz (Wen oder was …?)
dass-Satz	*Es ist bekannt, dass Ballonfahren ein faszinierendes Erlebnis ist.*	*Viele glauben, dass Ballonfahren für „Freiheit" steht.*
indirekter Fragesatz (z. B. mit ob, warum, wie, wo)	*Es hängt vom Wind ab, wo ein Ballon landen kann.*	*Ich frage mich, warum es heißt, „ein Ballon fährt" und nicht „ein Ballon fliegt".*

---

3 Verbinde die folgenden Satzteile und Sätze
zu sinnvollen „dass"-Sätzen.
Schreibe sie ins Heft.

Die **Konjunktion *dass*** schreibt man immer
mit dem Doppelkonsonanten ss.

Ich bin erstaunt, …
Der Ballonfahrer ist sich sicher, …
Jans Freundin findet, …
Er meint, …
Ich weiß, …
Wir denken, …
Du siehst, …
Jan freut sich sehr, …

Ballonfahren gleicht einem Traum.
Die Sicht ist heute besonders gut.
Der Sturm von gestern hat sich gelegt.
Der Himmel ist blau und die Sonne scheint.
Der leichte Wind gibt Auftrieb.
Jan bekommt eine Ballonfahrt geschenkt.
Jan wollte schon immer einmal mit einem Ballon fahren.
Es ist das schönste Geburtstagsgeschenk für ihn.

---

4 **a** Unterstreiche in den folgenden Sätzen die Subjekt- und Objektsätze und setze die fehlenden Kommas.
 b Trage für jede Satzform die Buchstaben der Sätze ein, in denen sie vorkommen.

A Dass man mit Ballonfahren Geld verdienen kann, haben schon einige Reiseunter-

nehmen entdeckt. **B** Der Ballonfahrer will wissen wie das Wetter in den nächsten

Tagen wird. **C** Verrückt ist dass kuriose Ballonformen wie die Nachbildung der Stiftskirche aus St. Gallen

weiteren Anreiz bieten sollen. **D** Mich interessiert eher wie schnell ein Ballon fährt. **E** Ich bin ausgespro-

chen neugierig ob man die Welt von oben bei etwa 20 km/h anders wahrnimmt.

dass-Satz in den Sätzen: _____   indirekter Fragesatz in den Sätzen: _____

---

5 Gib die folgenden Äußerungen zusammengefasst
●●● wieder. Verwende dazu Subjekt- oder Objektsätze.
Schreibe in dein Heft.

Subjekt- und Objektsätze werden oft bei der
Wiedergabe von Äußerungen Dritter verwendet.

Der Ballonführer sagt bedauernd zu Familie Flug:
„Leider muss ich die Ballonfahrt für morgen absagen."
Er fügt hinzu: „Das Wetter ist morgen zu schlecht." Familie Flug fragt: „Woher wollen Sie das jetzt schon
wissen?" Der Ballonführer antwortet: „Ich beobachte die Wolken und prüfe den Wetterbericht." Am nächsten
Morgen staunt Frau Flug: „Das Wetter ist wunderbar!" Ihr Mann weist sie auf etwas hin: „Jetzt schau dort.
Da sind acht Ballons am Himmel!" Die Kinder fragen: „Warum bloß dürfen wir nicht mitfahren?"

Relativsätze: Attribute in Form von Nebensätzen

Information	Der Relativsatz

Nebensätze, die ein Nomen im Hauptsatz näher bestimmen, heißen **Relativsätze**.
- Sie folgen ihrem Bezugswort meist direkt und beginnen mit einem **Relativpronomen** (*der, die, das/welcher, welche, welches*).
- Relativsätze nehmen im Satz die **Rolle eines Attributs** ein und werden deshalb auch Attributsätze genannt, z. B.: *Das schwarz-weiß gestreifte Tier frisst Gras. – Das Tier, welches schwarz-weiße Streifen hat, frisst Gras.*
- Ein Relativsatz wird immer durch ein Komma vom Hauptsatz abgetrennt. Wird er in einen Hauptsatz eingeschoben, dann setzt man vor und hinter den Relativsatz ein Komma.

> *Das Tier,* | *das* | *auf der Weide steht, sieht aus wie ein Zebra.*
>
> Bezugswort   Relativpronomen   Relativsatz

---

1 Bilde aus je zwei Sätzen ein Satzgefüge mit Relativsatz und beachte dabei die Kommasetzung.
Tipp: Der Relativsatz steht im Satzgefüge dicht hinter dem Bezugswort.

A Herr Fron ist ein Reitsportfan. Seinen letzten Sommerurlaub verbrachte er auf einem Reiterhof.

_____

_____

B Der Besitzer des Hofes führte ein Reittier am Zügel. Es trug einen Streifen-Look und sah aus wie ein Zebra.

_____

_____

C Tierfreund Fron lachte lauthals auf. Er glaubte zunächst an einen Scherz.

_____

2 Unterstreiche in jedem der folgenden Sätze das Attribut und forme es in einen Relativsatz um. Schreibe die umgeformten Sätze ins Heft und achte auf die Kommasetzung.

A Der <u>keine Miene verziehende</u> Besitzer blieb wortkarg.

B Dann händigte ihm dieser für das Pferd eine Kopfmaske und

eine Fliegendecke mit Zebrastreifen aus.

C Die perfekte Verwandlung zum Pseudo-Zebra hinterließ nur Kopfschütteln beim Urlauber.

D Erst am Abend las er in der in seinem Zimmer ausliegenden Pferdesportzeitung einen Artikel:

„Bremsenfrei dank Zebrastreifen?"

3 Erkläre die Schreibweise der farbig hervorgehobenen Wörter. Schreibe ins Heft.

●●●

A Ein Pferd, das häufig von Bremsen attackiert wird, fühlt sich unwohl. B Wissenschaftler haben herausgefunden, dass Zebras weitgehend von stechenden Quälgeistern verschont werden. C Das Streifenmuster, das anscheinend Insekten bereits beim Anflug verwirrt, soll nun auch Pferden helfen. D Das Farbrezept, das ganz einfach und preiswert ist, lautet: Mischen Sie Mehl, Wasser und Essig oder verwenden Sie weiße Fingerfarbe!

Infinitivsätze

Der Infinitivsatz (auch: satzwertiger Infinitiv)

Ein Infinitivsatz besteht aus einem Infinitiv mit „zu" und mindestens einem weiteren Wort, z. B.:
In den letzten Jahren war das Ehepaar Schauinsland bestrebt, <u>Städtereisen zu unternehmen</u>.
- Infinitivsätze **darf** man immer durch **Komma** vom Hauptsatz trennen. **Tipp:** Es empfiehlt sich, hier immer ein Komma zu setzen, weil es die Gliederung eines Satzes verdeutlicht und niemals falsch ist.
- Ein **Komma muss** stehen,
  - wenn der Infinitivsatz durch *um, statt, anstatt, außer, als* eingeleitet wird, z. B.:
    ***Statt** <u>am Pool **zu** liegen</u>, wollten sie Museen besuchen. Sie reisten teils weit, **<u>um** Ausstellungen **zu** sehen</u>.*
  - wenn der Infinitivsatz von einem **Nomen** oder von einem **hinweisenden Wort** abhängt, wie z. B. *daran, darauf* oder *es*, z. B.: *Neulich dachten sie erstmals **daran**, <u>ihr Reiseziel zu ändern</u>.*

1 a **Markiere in jedem der folgenden Sätze den Infinitivsatz.**
   b **Lies die folgende Erklärung und trage den Buchstaben des Satzes ein, auf den sie zutrifft.**

A Um etwas Neues auszuprobieren, buchten Schauinslands Urlaub in einem Landhotel auf Mallorca.

B Sie freuten sich darauf, die Ruhe auf dem Land zu genießen.

C Anstatt aber geruhsam die Natur zu erleben, fühlten sie sich belästigt und schrieben ans Reisebüro.

Erklärung: In Satz ____ hängt der Infinitivsatz von einem hinweisenden Wort ab, darum muss ein Komma stehen.

2 a **Unterstreiche in dem folgenden Beschwerdebrief von Herrn Schauinsland die Infinitivsätze.**
   b **Setze darin die fehlenden Kommas.**

Sehr geehrte Damen und Herren,

das von Ihnen so gepriesene Landhotel war ein Reinfall um nicht zu sagen: eine Katastrophe. Um uns am Frühstück zu erfreuen mussten wir auf einer Terrasse im Freien sitzen. Gleich am ersten Morgen waren wir gezwungen schlimmstes Getöse zu ertragen. Zuerst gingen wir davon aus den Lärm nur dieses eine Mal zu hören. Er entpuppte sich jedoch als morgendliches Dauerübel: Sechs Esel weigerten sich still auf ihre Fütterung zu warten. Es kam noch ärger! Statt zur Freude der Ruhe suchenden Gäste ihren Schnabel zu halten schnatterten auch noch zahllose Gänse. Ob dieses tierischen Dauerkonzerts lief man ständig Gefahr sein eigenes Wort nicht mehr zu verstehen. Ein Schild am Zaun forderte die Gäste dazu auf die Tiere zu füttern und zu streicheln. Eine Unverschämtheit! Ich verlange von Ihnen uns für die entgangene Erholung zu entschädigen. Ich fordere umgehend eine positive Antwort zu erhalten.

Mit verärgerten Grüßen

Prof. Dr. Dr. h. c. Peter Schauinsland

3 **Der folgende Satz kann zwei Bedeutungen haben: Verdeutliche diese, indem du die fehlenden Kommas an den entsprechenden Stellen setzt.**

A Mancher Gast wünschte auf der Veranda seine Ruhe zu haben um ein Schläfchen zu machen.

B Mancher Gast wünschte auf der Veranda seine Ruhe zu haben um ein Schläfchen zu machen.

Teste dich!

Satzreihe und Satzgefüge

1 **a** Kreuze für jeden Satz an:
Satzreihe oder Satzgefüge?
(4 P.)

b Setze die fünf fehlenden Kommas.
(5 P.)

VORSICHT FEHLER!

	Satzreihe	Satzgefüge
A Familie Heim hatte genug von stressigen Urlaubsreisen bei denen sie auf Autobahnen im Stau oder auf Flughäfen in langen Schlangen stand.	☐	☐
B Sie hatte auch hinreichend viele schlechte Erfahrungen damit gemacht in lauten Unterkünften zu wohnen.	☐	☐
C Doch nicht nur die Lautstärke machte den Familienmitgliedern zu schaffen auch das Schlafen in fremden Betten fanden sie wenig erholsam.	☐	☐
D Da sie wussten dass sie unbekannte Gerichte mit fremden Gewürzen nicht wirklich gern aßen schreckten sie auch davor zurück.	☐	☐

2 **a** Markiere in den folgenden Sätzen den Nebensatz. (4 P.)

A Weil es Erholung für unbegrenzte Zeit bietet, ist das Traumland für Familie Heim nun „Balkonien".

B Die Verkehrsverhältnisse erlauben es, Balkonien in weniger als 30 Sekunden zu erreichen.

C Die über der Straße schwebende Freizeitoase liegt so nah, dass selbst der kürzeste Kurzurlaub möglich ist.

D Der neueste Trend, dem sich jeder problemlos anschließen kann, heißt Ein-Tages-Urlaub.

b Notiere für jede Nebensatzart, welchen der Sätze A bis D sie bestimmt. (4 P.)

Subjektsatz: ☐ Objektsatz: ☐ Relativsatz: ☐ Adverbialsatz: ☐

3 **a** Ergänze jeweils einen Infinitivsatz.
Verwende, wo nötig, einleitende Wörter. (3 P.)
b Setze die Kommas. (3 P.)

Familie Heim sitzt auf dem Balkon _____ | dort frühstücken |

Der Familienhund wartet darauf _____ | eine Wurst abbekommen |

Die angenehmen Temperaturen sichern das nötige Wohlbefinden _____ | entspannen |

4 Entscheide mit Blick auf den Inhalt der Aufgaben 1 bis 3:
Welche Kommasetzung ist hier zutreffend? (2 P.)

A Die Familie Heim bedauert es, nicht zu Hause zu bleiben.

B Die Familie Heim bedauert es nicht, zu Hause zu bleiben.

Richtig gesetzt ist das Komma in Satz ☐ ,

weil die Familie Heim _____

5 Erkläre für jeden der folgenden Adverbialsätze, um welche Art von Satz es sich handelt:
Verbinde. (4 P.)

A Familie Heim benötigt zwei Sonnen-
schirme, damit ihr die sommerliche
Hitze nicht zu Kopf steigt.

B Die Tochter hingegen liegt in der prallen
Sonne, weil sie braun werden möchte.

C Bevor sie sich in den Liegestuhl legt,
hat sie sich aber sorgfältig eingecremt.

D Einen Sichtschutz zum Nachbarn hat
Herr Heim geschaffen, indem er riesige
Sonnenblumen gezüchtet hat.

a modal

b temporal

c kausal

d final

6 Formuliere die Sätze in Satzgefüge mit Relativsätzen um.
Setze auch die Kommas. (3 P.)

A Am Abend werden die „Balkonier" hellwach. Sie haben eine Party geplant.

_____

B Kerzen sind am Abend die stilvollste Beleuchtung für Balkonien. Ihr sanftes Licht wirkt romantisch.

_____

C Lampions besitzen eine besondere Ausstrahlung. Sie verwandeln Balkonien in einen Zaubergarten.

_____

7 Trage in den folgenden Sätzen die fehlenden Kommas ein. (4 P.)

Eine Übernachtung auf Balkonien hat ihren ganz

besonderen Reiz denn Campingspaß und Abenteuer-

lust werden kombiniert. Wenn man etwas Wert auf Gemütlichkeit legt

sollte man auf eine Isomatte oder normale Luftmatratze verzichten.

Um sich ein bequemes Nachtlager einzurichten stellt man besser einen

Liegestuhl mit Auflage oder ein Klappbett auf. Sofern man über eine

Hängematte verfügt kann man auch diese aufbauen.

VORSICHT FEHLER!

Vergleiche deine Ergebnisse mit dem Lösungsheft. Für jede richtige Antwort bekommst du einen Punkt.

😊 36–25 Punkte	😐 24–17 Punkte	😟 16–0 Punkte
Gut gemacht!	Gar nicht schlecht, aber lies dir die Informationskästen auf den Seiten 64 bis 71 noch einmal genau durch.	Arbeite die Seiten 64 bis 71 noch einmal genau durch.

Das kann ich schon! – Rechtschreibung

1 **Im folgenden Text sind zehn Nomen kleingeschrieben. Unterstreiche sie. (10 P.)**

VORSICHT
FEHLER!

Bionik ist seit Beginn der 1990er jahre eine ziemlich anerkannte wissenschaft. Es handelt sich hierbei um ein Forschungsfeld, das eine verbindung zwischen Biologie und Technik herstellt. Der bionik haben wir zum beispiel die erfindung der Schwimmanzüge zu verdanken, deren Oberfläche an eine haihaut erinnert. Die Hautschuppen schnell schwimmender haie sind nämlich so angeordnet, dass die Rillen einer Schuppe in die rillen der nächsten übergehen. So verringern die zusammenhängenden Längslinien den unerwünschten reibungswiderstand.

2 **Prüfe für die markierten Wörter, ob es sich um Nominalisierungen handelt, und umkreise den richtigen Anfangsbuchstaben. (6 P.)**

Der Bionik geht es um das systematische E/erkennen von Lösungen der Natur. Forscher wollen sich also etwas von der Natur A/abschauen, um die gewonnenen Erkenntnisse auf die Alltagswirklichkeit zu Ü/übertragen. Zum Beispiel ist die Schleiereule für ihr geräuschloses G/gleiten bekannt. Die Form der Flügel ist es, die E/erstaunliches bewirkt und zum Beispiel als Vorbild für das rasche K/kühlen durch einen Ventilator dient.

3 **Trenne die Wörter und schreibe die Sätze in der richtigen Groß-und Kleinschreibung auf. (2 Punkte)**

Robotersolleninzukunftgeschirrabwaschensowierasenmähenundeinkaufengehenoderstaubwischen.

Auchhierfürgibtesschontierischevorbilderinderfamiliederinsekten.

_____

_____

4 **Zusammen oder getrennt?**
Kreuze für jede Unterstreichung an, ob hier falsch oder richtig geschrieben wurde. (5 P.)

VORSICHT
FEHLER!

	falsch	richtig
A Wenn wir in lockerem Schnee <u>spazierengehen</u>, sinken wir tief ein.	☐	☐
B Das Alpenschneehuhn bewegt sich auf Schnee ohne <u>ein zu sinken</u>.	☐	☐
C Grund ist ein Federkranz, der um seinen Fuß <u>herumwächst</u>.	☐	☐
D Die nordische Sportindustrie konnte sich Ähnliches <u>ausdenken</u>.	☐	☐
E Es sind Schneeschuhe mit Holzreifen, die sogar <u>bequemsein</u> sollen.	☐	☐

5 Trage im folgenden Text die fehlenden Konsonanten ein. (10 P.)

Die Natur hat nicht nur geschi_____te Läufer, so_____dern auch flo_____e

Schwimmer hervorgebra_____t. Einige Käferarten, wie zum Beispiel der Furchen-

schwi_____er, sind perfe_____t an das Leben unter Wa_____er angepa_____t.

Der Mensch ka_____ von ihrer Techni_____ des Ruderschlags lernen.

6 Trage die Wörter in die nachfolgende Übersicht ein und
ergänze dabei das i in der richtigen Schreibweise: i, ie, ih oder ieh. (10 P.)

diskut?ren • s?t • ?deal • Masch?ne • ?nen • v?lfach • ?re • fl?t • Kl?ma • Garant?

i	ie	ih	ieh
_____	_____	_____	_____
_____	_____	_____	_____
_____	_____	_____	_____

7 **a** Achte auf den s-Laut: Jeweils ein Wort in jedem Block
ist falsch geschrieben. Streiche es durch. (6 P.)

VORSICHT FEHLER!

A grüssen – Grußkarte – grüßt – gruselig
B fließen – Fluß – Fließgeschwindigkeit – Floß
C Größe – grossartig – Großbetrieb – größer

D wissbegierig – Weißheit – Wissensdrang – wusste
E mäßigen – maßvoll – massig – Massregelung
F schließen – Schlüssel – schliesslich – Schließfach

b Schreibe die falsch geschriebenen Wörter verbessert auf. (6 Punkte)

_____

8 das oder dass? Kreuze für jeden der folgenden Sätze an,
ob die Schreibweise richtig oder falsch ist. (5 P.)

VORSICHT FEHLER!

	falsch	richtig
A Wer hätte früher gedacht, dass uns die Natur mit ihren Lösungen etwas zeigt.	☐	☐
B Das man von der Natur lernen kann, erfährt heutzutage jedes Schulkind.	☐	☐
C Bionik ist ein wissenschaftliches Gebiet, das noch populärer werden muss.	☐	☐
D Es ist sehr erfreulich, das sich das Fernsehen der Bionik nun verstärkt annimmt.	☐	☐
E Dass sehen selbst einige skeptische Wissenschaftler ein.	☐	☐

9 **a** Überprüfe deine Lösungen mit Hilfe des Lösungsheftes. Für jede richtige Antwort bekommst du einen Punkt.
b Trage ein, wie du die Aufgaben bewältigt hast: ✔ = das Meiste richtig   ? = noch etwas unsicher

Aufgabe	1 ☐	2 ☐	3 ☐	4 ☐	5 ☐	6 ☐	7 ☐	8 ☐
Weitere Übungen	Seite 76–79	Seite 76–79	Seite 76–79	Seite 81–85	Seite 87	Seite 90	Seite 89	Seite 92

Groß- und Kleinschreibung

Wiederholung: Nominalisierungen

Information **Nominalisierung: Großschreibung von Verben und Adjektiven**

Verben oder Adjektive schreibt man **groß**, wenn sie **im Satz als Nomen verwendet** werden. Diesen Vorgang nennt man **Nominalisierung**. Nominalisierte Wörter erkennst du an den **Nomenbegleitern**, meist:

1 ein **Artikel**, z. B.: *eine* Entdeckung, *das* Nachahmen,

2 eine **Präposition**, die mit einem Artikel verschmolzen sein kann, z. B.: *durchs (durch das)* Untersuchen,

3 ein **Adjektiv**, z. B.: *genaues* Fragen, *hartnäckiges* Beobachten,

4 ein **Pronomen** (Possessiv-, Demonstrativ- oder Indefinitpronomen), z. B.: *unser* Ausprobieren, *dieses* Überraschende, *viel* Interessantes.

Nicht immer wird ein nominalisiertes Wort durch einen Nomenbegleiter angekündigt. Prüfe in Zweifelsfällen mit der Erweiterungsprobe: Wenn du vor einem Wort einen Nomenbegleiter einfügen kannst, ist das Wort ein Nomen oder eine Nominalisierung, z. B.:

das

schnelles

Tunnel ermöglichen ⬇ *Fortbewegen unter der Erde.* Oder: *Tunnel ermöglichen* ⬇ *Fortbewegen unter der Erde.*

Tipp: Beim Schreiben kannst du das Begleitwort in Gedanken einfügen.

---

1 **a** Wähle passende Verben aus und trage sie in der richtigen Schreibweise in den folgenden Lückentext ein.

  b Umkreise bei nominalisierten Verben den Nomenbegleiter.

---

bauen • übernehmen • herstellen • hervorbringen • aufnehmen • abhalten • verfeinern • schlafen
errichten • ausgleichen • schützen • vermischen

Tiere sind perfekte Baumeister

Tiere sind uns ein Vorbild beim _Bauen_ von Behausungen, die Wind und Wetter

_____. Neben einigen Insekten sind vor allem viele Schwalben-

arten für das professionelle _____ von Nestern aus Erde, Lehm und

Speichel bekannt. Indem sie ihre Behausungen unter Dächern und in Mauer-

nischen _____, _____ sie sich vor ihren Feinden. Die

Ureinwohner Nordamerikas und einige arabische Völker konnten die Architektur

der Schwalbennester _____. Ihr Rezept zum _____ des Baustoffs war das

_____ des Lehms mit Tierdung, gehäckseltem Stroh und anderen Materialien. Einige Wüsten-

regionen erstaunten durch das _____ ganzer Städte aus Lehm. Das Material trägt außerdem

durch _____ der Temperaturunterschiede zum gesunden Leben bei, denn es kann zum

Beispiel die Feuchtigkeit _____, die der Mensch täglich beim _____ abgibt.

- **Nominalisierte Adjektive** schreibt man **groß**, z. B.: *alles Interessante, nichts Gutes*.
- **Adjektive im Superlativ mit** *am* schreibt man **klein**, z. B.: *Mit <u>am interessantesten</u> ist die Nestbauweise vieler Schwalbenarten. <u>Am besten</u> schaut man sich das genau an.*

2 Prüfe im folgenden Text die Schreibweise der markierten Wörter und umkreise den richtigen Anfangsbuchstaben. Tipp: Wende in Zweifelsfällen die Erweiterungsprobe an.

Auch von den Tunnelbauten einiger Tierarten kann der Mensch N/nützliches

lernen. Die Technik des H/herstellens eines unterirdischen Röhrensystems zeigt

uns mit am B/besten der Maulwurf. Seine Technik zeichnet sich durch gezieltes

E/einsetzen der Nase zum S/stochern sowie der Vorderbeine als Grabschaufeln

aus. Für Ingenieure mit am I/interessantesten ist es, dass der Maulwurf beim

A/anlegen von unterirdischen Gangsystemen vorwärts- und rückwärtskriechen kann.

Mit Abstand am I/imponierendsten ist die unterirdische Teamarbeit der in Ostäthiopien lebenden Nacktmulle.

Beim G/graben, Z/zerbrechen und B/befördern von Erde und Steinen sind sie gemeinsam am S/stärksten.

Unter vielen Großstädten hat der Mensch ähnliche unterirdische Gangsysteme angelegt, etwa für U-Bahnen.

Damit wurde V/vorteilhaftes bewirkt, weil der überirdische Verkehr so am Z/zügigsten entlastet wurde.

3
a Unterstreiche im folgenden Text die nominalisierten Adjektive und Verben.
b Lass dir den Text von einer Lernpartnerin/einem Lernpartner diktieren.
   Tipp: Wende die Erweiterungsprobe an, wenn du unsicher bist.
c Überprüfe mit Hilfe der Lösungen, ob du alles richtig geschrieben hast.

DER TRAUM VOM FLIEGEN

AUF DEN MEISTEN FLUGHÄFEN DIESER WELT KANN MAN IMMER AUFS NEUE

TÄGLICH HUNDERTE VON FLUGZEUGEN BEIM STARTEN UND LANDEN BEOBACHTEN,

VIELLEICHT ERREICHT DEREN ZAHL AUCH DIE TAUSEND. WAHRHAFT ERSTAUNLICH IST, DASS DAS

FLIEGEN EIN ERGEBNIS MENSCHLICHEN FORSCHENS ÜBER MEHR ALS 2000 JAHRE HINWEG IST.

DIE SAGEN DER GRIECHEN ZEIGEN, DASS DER „TRAUM VOM FLIEGEN" DIE FANTASIE DER MENSCHEN SCHON

FRÜH BESCHÄFTIGTE. IKARUS UND DÄDALUS NUTZTEN VOGELFLÜGEL ALS VORBILD ZUM KONSTRUIEREN EINES

FLUGAPPARATES. DAS BEFESTIGEN DER FEDERN MIT WACHS WAR ALLERDINGS RISKANT. ALS DIE BEIDEN DER

SONNE ZU NAHE KAMEN, FÜHRTE DAS ZUM SCHMELZEN DER FLÜGEL UND DAS SCHLIMMSTE TRAT EIN: IKARUS

STÜRZTE INS MEER.

ES WAR OTTO LILIENTHAL, DER DANN GEGEN ENDE DES 19. JAHRHUNDERTS ENTSCHEIDENDES ENTDECKTE,

NÄMLICH DASS FÜR DEN AUFTRIEB DIE NACH OBEN GEWÖLBTE FORM DER FLÜGEL AM ALLERWICHTIGSTEN IST.

OBERHALB DES FLÜGELS ENTSTEHT EIN UNTERDRUCK UND UNTERHALB EIN ÜBERDRUCK, DER AUFTRIEB WIRD

SO AM STABILSTEN ERREICHT UND DIE ERDANZIEHUNG ÜBERWUNDEN. ETWAS WICHTIGES IST HIERBEI JEDOCH

AUCH, DASS DER FLÜGEL GEGENÜBER DER STRÖMUNG LEICHT NACH OBEN ANGEHOBEN IST. DIESES

SOGENANNTE ANSTELLEN DES FLÜGELS VERSTÄRKT DEN AUFTRIEB MIT AM NACHDRÜCKLICHSTEN.

Schreibung von Eigennamen und Herkunftsbezeichnungen

Information	Groß- und Kleinschreibung bei Eigennamen und Herkunftsbezeichnungen

- **Eigennamen** schreibt man **groß**. In mehrteiligen Eigennamen schreibt man alle Wörter groß, mit Ausnahme der Artikel, Konjunktionen und Präpositionen, z. B.: *das Kap der Guten Hoffnung, Institut für Biochemie.*
- **Herkunftsbezeichnungen:**
  - Die von geografischen Namen abgeleiteten **Wörter auf -er** werden immer **großgeschrieben**, z. B.: *Altenberger Dom, ein Schweizer Messer, die Düsseldorfer Altstadt, das Münchner Hofbräuhaus.*
  - Die von geografischen Namen abgeleiteten **Adjektive auf -isch** werden **kleingeschrieben**, z. B.: *badische Städte, englische Landschaftsbilder, chinesische Vasen.*
  Achtung: Als Bestandteil mehrteiliger Eigennamen werden auch geografische Namen mit Adjektiv großgeschrieben, z. B.: *das Bergische Land, die Lippische Rose.*

1 Prüfe für jede der folgenden Bezeichnungen, ob es sich um einen Eigennamen handelt: Schreibe sie dann in der richtigen Groß- und Kleinschreibung auf.
Tipp: Wenn du unsicher bist, schau in einem <u>Rechtschreib-Wörterbuch</u> nach.

A DIE STUTTGARTER S-BAHN

_____

E VEREINIGTE STAATEN VON AMERIKA

_____

B ROTTWEILER FASNET

_____

F WESTFÄLISCHER FRIEDEN

_____

C INSTITUT FÜR DEUTSCHE SPRACHE

_____

G DER BESTE FRANZÖSISCHE PRÄSIDENT

_____

D EINE ENGLISCHE TAGESZEITUNG

_____

H INDISCHER OZEAN

_____

2 Prüfe die Groß- und Kleinschreibweise für die im Text markierten Wortanfänge. Umkreise den richtigen Anfangsbuchstaben.

Touristische Superlative

In Deutschland ist eine der meistbesuchten Attraktionen der K/kölner Dom. Aber auch das H/heidelberger Schloss und das berühmte B/brandenburger Tor in Berlin gehören dazu. In den F/französischen Alpen findet man viele Liebhaber des Montblanc. Tausende lassen sich täglich auf der S/spanischen Treppe in Rom fotografieren, versuchen mit optischen Tricks den S/schiefen Turm V/von Pisa gerade zu stellen oder lassen sich von I/italienischer Mode begeistern. In A/afrikanischen Naturschutzgebieten können Besucher die fantastische Tierwelt beobachten oder in China die G/große Mauer entlangwandern, das einzige Bauwerk, das man sogar vom Weltall aus sehen kann. Auf dem A/amerikanischen Kontinent sind die G/großen Seen mit den Niagarafällen, das W/weiße Haus in Washington oder der K/kalifornische Yosemite-Nationalpark millionenfach besuchte Ziele.

3 Notiere acht weitere mehrteilige Eigennamen im Heft.
●●● Tipp: Schau in einem <u>Wörterbuch</u> nach.

Schreibung von Tageszeiten und Wochentagen

Information	Groß-und Kleinschreibung bei Tageszeiten und Wochentagen

- **Tageszeiten** und **Wochentage** werden **großgeschrieben**, wenn sie **Nomen** sind. Du erkennst sie an den Nomenbegleitern (▶ S. 76), z. B.: *am Dienstag, diesen Sonntag, für Freitag*.
- **Tageszeiten** und **Wochentage** werden **kleingeschrieben**, wenn sie **Adverbien** sind, z. B.: *nachts, gestern, morgen, übermorgen früh, tagsüber, montags*.
- Bei **kombinierten Zeitangaben** schreibt man die **Adverbien klein** und die **Nomen groß**, z. B.: *heute Morgen, gestern Mittag, morgen Abend*.

Tipp: Für **zusammengesetzte Zeitangaben** aus Wochentag und Tageszeit gilt: Sie werden großgeschrieben, wenn sie Nomen sind, und kleingeschrieben, wenn sie Adverbien sind, z. B.: *der Dienstagnachmittag – dienstagnachmittags, am Montagabend – montagabends*.

1 Die folgende SMS des Chefs der Stadtwerke ist zu knapp geraten: Formuliere mit den Informationen eine zusammenhängende E-Mail an den Ausschuss „Fahrplan". Verwende die rechts passend angebotenen Zeitangaben in der richtigen Schreibweise. Setze die unten begonnene E-Mail in deinem Heft fort.

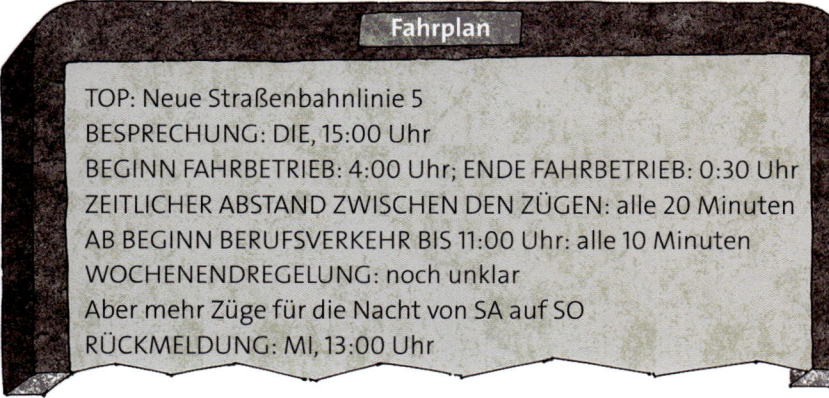

Fahrplan

TOP: Neue Straßenbahnlinie 5
BESPRECHUNG: DIE, 15:00 Uhr
BEGINN FAHRBETRIEB: 4:00 Uhr; ENDE FAHRBETRIEB: 0:30 Uhr
ZEITLICHER ABSTAND ZWISCHEN DEN ZÜGEN: alle 20 Minuten
AB BEGINN BERUFSVERKEHR BIS 11:00 Uhr: alle 10 Minuten
WOCHENENDREGELUNG: noch unklar
Aber mehr Züge für die Nacht von SA auf SO
RÜCKMELDUNG: MI, 13:00 Uhr

Zeitangaben

DIENSTAGNACHMITTAG
MORGENS; AMABEND
WERKTAGS

AMWOCHENENDE
SAMSTAGNACHTS
MORGENMITTAG

Sehr geehrte Mitglieder des Ausschusses „Fahrplan",
zur Ausgestaltung des Fahrplans für die neue Linie 5 laden wir Sie für Dienstagnachmittag um 15:00 Uhr ein.
Der Linienbetrieb soll ...

2 Stell dir vor, es ist <u>Mittwochabend</u>: Schreibe einen kurzen Blogbeitrag über das Programm deiner Klassenfahrt ins „Auto & Technik Museum" in Sinsheim. Verwende kombinierte Zeitangaben und schreibe ins Heft.

Beginne so: *Gestern Morgen kamen wir ...*

	Dienstag	Mittwoch	Donnerstag
10:00 Uhr	Anreise mit der Bahn	Workshop *„Sinnvolle Sensoren"* Experimente mit Robotern	Abreise mit der Bahn
15:00 Uhr	Workshop *„Schaumfabrik"* Kreative Schaumschlägerei!	Vortrag *„Volle Ladung"* Elektrisierendes über Energie	

3 Die Schulleitung macht eine Umfrage: Beschreibe, wann und wie du zur Schule und zu deinen Nachmittags-aktivitäten gelangst. Verwende die angebotenen Zeitangaben und schreibe in dein Heft.

DIENSTAGS • JEDEN MORGEN • MITTAGS • AM SPÄTEN NACHMITTAG • AM NÄCHSTEN MORGEN
ABENDS • AM DONNERSTAG • AN WERKTAGEN • AM FREITAGABEND

Teste dich!

Groß- oder Kleinschreibung?

1 Erkläre im Heft für jede in diesem Text unterstrichene Wendung kurz die Schreibweise. (4 P.)

Stabil wie ein Blatt

Manchmal entstehen Innovationen durch genaues A Hinschauen. Anlässlich der B Londoner Weltausstellung im Jahr 1851 gelang dem C englischen Gartenbauarchitekten Sir Joseph Paxton die Konstruktion eines neuartigen Rippen-Glasdaches. Dass ihm dafür das Blatt einer Riesenseerose als Vorbild diente, überrascht vielleicht. Doch am D verblüfftesten ist man, wenn man sieht, dass es nur zwei Millimeter dick ist. Es beflügelte den Bau riesiger Gewächshäuser, z. B. in Berlin-Dahlem in einem Park namens E Botanischer Garten und dem Botanischen Museum.

A Großschreibung, da Nominalisierung eines Verbs – B...

2 Setze die angegebenen Wörter in der richtigen Schreibweise in die Lücken ein. (8 P.)

Dass er etwas absolut _____ [ungewöhnlich]

erlebte, verstand Joseph Paxton sofort, als ein Blatt der Königlichen

Riesenseerose mühelos seine achtjährige Tochter trug. Er wollte beim

_____ [betrachten] zunächst kaum seinen Au

gen _____ [trauen] . Die Pflanze trug sein Kind

mühelos, sogar ohne sich zu _____ [verbiegen] . Durch anschließendes _____

[untersuchen] der Blattunterseite konnte er am _____ [leicht] das _____ [geniale]

System aus Rippen _____ [erkennen] , welches ihm als Architekt später Weltruhm einbrachte.

3 Schreibe folgende Zeitangaben in der richtigen Schreibweise auf. (10 P.)

GESTERNFRÜH • MORGENABEND • SONNTAGABEND • FREITAGS • SPÄTABENDS
SAMSTAGNACHMITTAGS • HEUTEMORGEN • ÜBERMORGEN • GESTERNMITTAG • AMMONTAG

_____

_____

_____

Vergleiche deine Ergebnisse mit dem Lösungsheft. Für jede richtige Antwort bekommst du einen Punkt.

☺ 22–16 Punkte	☺ 15–10 Punkte	☹ 9–0 Punkte
Gut gemacht!	Gar nicht schlecht, aber lies dir die Informationskästen auf den Seiten 76 bis 79 noch einmal genau durch.	Arbeite die Seiten 76 bis 79 noch einmal genau durch.

Getrennt- und Zusammenschreibung

Wortgruppen aus **Nomen und Verb** können immer **getrennt geschrieben** werden, z. B.:
Riesenrad fahren, Eis essen, Lose kaufen.
Achtung: Werden sie nominalisiert (▶ S. 76), schreibt man sie zusammen und groß, z. B.:
Beim Achterbahnfahren wird es mir immer schlecht. Dann hilft mir nur noch Eisessen.

1 Notiere die hervorgehobenen Wortgruppen in der richtigen Schreibung
in der Randspalte.
Tipp: Achte auf Nominalisierungen und schreibe diese zusammen und groß.

Auf dem Jahrmarkt

Eine Kirmes zu besuchen, das A-C-H-T-E-R-B-A-H-N-F-A-H-R-E-N und

_____

Z-U-C-K-E-R-W-A-T-T-E-E-S-S-E-N sowie auch ganz einfaches

_____

P-L-A-S-T-I-K-R-O-S-E-N-S-C-H-I-E-ß-E-N und selbst sehr vertrautes

_____

L-O-S-E-Z-I-E-H-E-N – all dies kann große F-R-E-U-D-E-M-A-C-H-E-N.

_____

Im Schaustellermuseum in Essen kann man bestaunen, mit welchen

_____

Gerätschaften die Schausteller früher ihr G-E-L-D-V-E-R-D-I-E-N-T-E-N.

_____

Besonderen E-I-N-D-R-U-C-K-E-R-R-E-G-E-N die Buckelbergwerke,

_____

schrankartige Schaukästen, die auf dem Rücken getragen wurden. Wer mit

_____

der Kurbel Figuren und Förderaufzug B-E-W-E-G-U-N-G-V-E-R-L-E-I-H-T,

_____

kann sehen, wie sie im U-N-T-E-R-T-A-G-E-B-A-U-A-R-B-E-I-T-E-N.

_____

Wissenschaftler, die am Schaustellerwesen I-N-T-E-R-E-S-S-E-H-A-B-E-N,

_____

können im Museum F-O-R-S-C-H-U-N-G-B-E-T-R-E-I-B-E-N. Vor einem

_____

Besuch muss man rechtzeitig vorher einen T-E-R-M-I-N-A-B-S-P-R-E-C-H-E-N.

_____

2 a **Verbinde jeweils ein Nomen und ein Verb zu einer sinnvollen Wortgruppe.**

●●● b **Schreibe den folgenden Text ab und setze die jeweils passende Wortgruppe ein.**
Tipp: Achte bei Nominalisierungen auf die richtige Schreibung.

Entchen	Freunde	Riesenrad	Glücksrad
Lust	Autoscooter	Reiz	Paradiesapfel

drehen	haben	treffen	haben
fahren	essen	fahren	angeln

Ich muss gestehen, dass ich wenig -?-, auf die Kirmes zu gehen. Das -?- finde ich langweilig. Beim -?- habe ich
noch nie etwas gewonnen. Beim -?- bekomme ich Höhenangst und nach dem -?- tun mir immer alle Knochen
weh. Das Einzige, was für mich einen gewissen -?-, ist, dass ich auf dem Kirmesplatz -?- und leckeren -?- kann.

Information **Wortgruppen aus Verb und Verb**

Wortgruppen aus **Verb und Verb** können immer getrennt geschrieben werden, z. B.: *spazieren gehen*.
Achtung: Nominalisiert schreibt man sie zusammen und groß, z. B.: *Zum Fahrenüben lädt ein Simulator ein.*

3 Der Buchstabensalat im Text ergibt jeweils zwei Verben. Schreibe diese in richtiger Schreibung auf.

Von der Pferdebahn zur Straßenbahn

Das hätte sich das „Finchen" sicher nicht [A ~~TRMNLSSNÄUEAE~~], dass es einmal der Star des Straßenbahn-Museums in Köln-Dellbrück sein würde. Mit „Finchen", deren Name sich von der Linienbezeichnung F [B BLTNLSSTAEIEÄ], konnten sich 1914 die ersten Fahrgäste von Frechen nach Köln [C FHRNLSSNAEAE]. Mit den ersten elektrischen Bahnen fuhr man ins Grüne: Dort konnte man schön [D BDNGHNAEEE]. Oder man fuhr in die Stadt, denn hier konnte man besser [E NKFNGHNEIAUEEE]. Den öffentlichen Nahverkehr hatten aber schon seit 1877 die ersten Pferde-bahnen [F RLLNLSSNOEAE]. Dieses und vieles andere zeigt das Straßenbahnmuseum, wo auf 2 500 Quadrat-metern 26 Bahnen zu [G BNDRCKENWSSNEEIUE].

A träumen lassen,

4 Setze in die Lücken den passenden Ausdruck mit „sein" ein: Achte dabei auf Zeitform und Personalform.

| vorbei • los • offen • vonnöten • dabei |
| möglich • vorhanden |

Wortgruppen mit „sein" werden immer getrennt geschrieben, z. B.: *vorbei sein, los sein, vorhanden sein*.

Wann die Zeit der Pferdebahnen endgültig _____, welche historischen Bahnen im Museum _____ und welche Anstrengungen _____, damit eine solch imposante Präsentation _____, all das kannst du erfahren, wenn du bei einer Führung im Museum _____. Du solltest dich vorher erkundigen, wann das Museum _____ und ob dort vielleicht auch gerade etwas Besonderes _____.

5 Markiere die sieben Fehler im folgenden Text. Schreibe ihn verbessert in dein Heft.

Wenn ihr unser Museum Besuchen kommt, bieten wir euch zum kennenlernen unserer historischen Bahnen etwas ganz Besonderes an: Wir laden euch zum fahrenüben auf dem Gleis rund um das Museum ein! Beim Einsteigen lassen könnt ihr zunächst kassie-renlernen. Dann lernt ihr, die Bahn in Bewegung zu setzen, und könnt sie dann schneller oder langsamer fahren lassen. Für das Bremsen üben bekommt ihr vorher eine genaue Erklärung. Nach dem sicheren ste-hen bleiben der Bahn dürft ihr eure Fahrgäste ausstei-gen lassen.

Information	Wortgruppen aus Adjektiv und Verb

– Wortgruppen aus **Adjektiv und Verb** werden **meist getrennt geschrieben**, z.B.:
flugsicher machen, lebensecht darstellen, interessant gestalten.
– Entsteht durch die Verbindung von Adjektiv und Verb **ein Wort mit einer neuen Gesamtbedeutung**,
schreibt man zusammen, z.B.: *freistellen* (= beurlauben), *leichtfallen* (= keine Mühe machen), *kleinschreiben* (= ein Wort mit kleinem Buchstaben beginnen), *glattbügeln* (= einen Fehler beheben).
Tipp: Wenn du unsicher bist, wie eine Wortgruppe richtig geschrieben wird, schau im **Wörterbuch** nach.

6 a Verbinde die Adjektive und Verben durch Linien zu sinnvollen Wortgruppen aus <u>Adjektiv und Verb</u>.

vollständig	nahe	willkommen	möglich	gut	bereit	schwer	sicher

unterhalten	gehen	stehen	heißen	erhalten	bringen	fallen	machen

b Setze diese Wortgruppen sinnvoll in den folgenden Text ein.
Tipp: Vier der Wortgruppen werden getrennt-, vier werden zusammengeschrieben. Wenn du unsicher bist,
schlage in einem Wörterbuch nach.

Der alte Flughafen **BUTZENWEILERHOF** *lädt ein*

Unsere Luftfahrtausstellung möchte Sie _____. Über 500

große und kleine Ausstellungsstücke, die hier für Sie _____, wollen Ihnen die

Geschichte der Kölner Luftfahrt _____. Da wird es Ihnen bestimmt

_____, eine Auswahl zu treffen!

Außerdem können wir es _____, dass Sie bei uns – neben Berlin Tempelhof –

die einzige Flughafenanlage aus den 1930er-Jahren besichtigen können, weil wir sie als Stiftung

_____. Sie können _____, dass Sie sich an

einem Tag auf dem „Butz" _____.

7 a Im folgenden Gitterrätsel verstecken sich waagerecht vier Wortgruppen aus (Farb-)<u>Adjektiv und Verb</u>, die eine
●●● neue Gesamtbedeutung haben. Markiere sie.

A	R	O	S	C	H	W	A	R	Z	F	A	H	R	E	N	X
B	H	Y	M	R	O	T	S	E	H	E	N	Z	L	Ä	M	B
C	I	C	K	S	C	H	W	A	R	Z	Ä	R	G	E	R	N
D	Z	B	L	A	U	M	A	C	H	E	N	K	I	D	A	F

b Formuliere mit jedem der Verben einen Satz. Schreibe ins Heft.

Information	Verbindungen aus Adverb und Verb, Präposition und Verb

1 Verbindungen aus **Adverb und Verb** werden in der Regel
  – **zusammengeschrieben**, wenn die Hauptbetonung auf dem Adverb liegt, z. B.:
    Wenn Meinungen aufeinanderprallen, gibt es oft Streit.
  – getrennt geschrieben, wenn Adverb und Verb gleich betont werden, z. B.: *Ihr solltet aufeinander hören!*
    Tipp: Mache die **Erweiterungsprobe:** Wenn du ein Wort zwischen Adverb und Verb einfügen kannst,
    schreibst du getrennt, z. B.: *Wir können nicht gut miteinander (in einem Raum) arbeiten.*
2 Verbindungen aus Präposition und Verb schreibt man in der Regel zusammen. Die Hauptbetonung liegt
  bei der Zusammensetzung auf der Präposition, z. B.: *aufmachen, mitsingen, durchgehen.*

8 **a** Unterstreiche: Wo liegt bei den markierten Verbindungen aus <u>Adverb und Verb</u> die Betonung?
   b Kreuze für jede der Verbindungen an, ob Getrennt- oder Zusammenschreibung richtig ist.

Klassenausflug ins Museum

	Getrennt-schreibung	Zusammen-schreibung
A Sofern wir alle rechtzeitig zusammen❓kommen , nehmen wir denselben Bus.	☐	☐
B Das Klassensprecherteam wird die Gruppe zusammen❓halten .	☐	☐
C Würdet ihr bitte während der Führung nicht dazwischen❓reden ?	☐	☐
D Die Führung hat zwei Teile: Ihr könnt euch dazwischen❓setzen .	☐	☐
E Wir können nicht genau vorher❓sagen , wie lange die Veranstaltung dauert.	☐	☐
F Ob die Bilder euch gefallen, könnt ihr erst nachher❓sagen .	☐	☐
G Schön wäre es, wenn anschließend alle zusammen❓bleiben .	☐	☐

9 Prüfe jede der folgenden Verbindungen zwischen <u>Adverb und Verb</u> mit der Erweiterungsprobe:
Notiere sie, wo möglich, und kreuze diejenige Verbindung an, die getrennt geschrieben wird.

☐ A Nach der Führung müsst ihr euch unbedingt untereinander❓austauschen .

☐ B Morgen könnt ihr euch mit der Beschreibung der Bilder herum❓schlagen , heute habt ihr frei.

Erweiterungsprobe: _____

10 Bilde mit den nachfolgenden Präpositionen jeweils fünf Verben. Verwende dazu die angebotenen Verben
und schreibe die Verbindungen in dein Heft.

> ziehen • gehen • arbeiten • laufen • sehen
> sprechen • kommen • rechnen • wirken • lassen • stimmen
> machen • nehmen • fragen • legen

durch ...   hinter ...   über ...

mit ...   auf ...

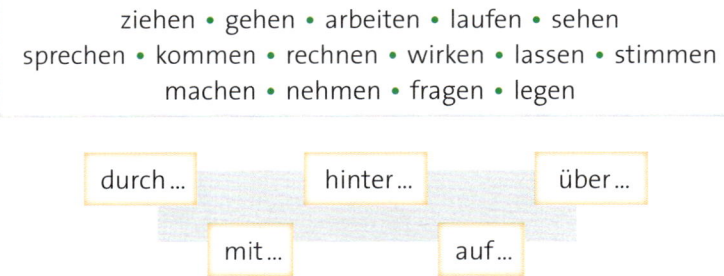

11 Trenne in den folgenden Sätzen die Wörter voneinander ab und schreibe sie auf.
●●● Achte dabei auf die Getrennt- und Zusammenschreibung sowie auf die Groß- und Kleinschreibung.

Haus Safari – Museum für Kuriositäten in Lindlar

Ichmussesgleichvorwegnehmen:

_____

Derbeiname„museumdergutenlaune"istnichtübertrieben.

_____

werhiernichtlautauflachenoderzumindestinsichhineinkichernmuss,istselbstschuld.

_____

Übersehenkannmandasmuseumnicht:

_____

schonvordertürlasseneinigemonsterfigurendenbesucherzusammenzucken.

_____

hinterdermuseumstüristeinewildemischungzusammengekommen.

_____

allesdarfangefasstundausprobiertwerden,nurmitnehmendarfmannatürlichnichts!

_____

wersichgruselnmöchte,mussindenkellerhinabsteigen,woeinegeisterbahnaufgebautist.

_____

12 Bilde Verbindungen aus <u>Adverb und Verb</u>, die zu den folgenden Umschreibungen passen.
●●● Schreibe sie auf.

A die Zukunft deuten: _____

B zwei Streithähne trennen: _____

C ohne Zwischenräume schreiben: _____

D in die Einzelteile zerlegen: _____

E betrügen: _____

F zu laufen beginnen: _____

G erschaffen: _____

H sicher auf die andere Seite bringen: _____

> gehen
> auseinander
>   rennen
> zusammen
>   gehen
> voraus
>   schreiben
> bringen
> dazwischen
> retten
>   nehmen
>   los
> sagen
> hinter
> hervor
> hinüber

Teste dich!

Getrennt- oder Zusammenschreibung?

1 **a** Unterstreiche im folgenden Text acht Fehler. (8 P.)
   b Schreibe die verbesserten Wörter in die Randspalte. (8 P.)

Rundherum im Flug

Genauergründen können die Historiker nicht, wann das Karussell entstan-

denist. Dass der Spaß zunächst der höfischen Gesellschaft vor behalten

war, ist hingegengesichert – und auch, dass es aus einem Zweikampf zu

Pferde hervor gegangen ist. Zu einem Ziel zu jagen und als Erster einen dort

aufgehängten Ring zu durch stoßen – auf diesen Wettkampf soll das

Karussell fahren letztlich zurück gehen.

2 **Notiere jeweils die richtige Schreibweise auf der Linie. (8 P.)**

Sonnenkönig Ludwig XIV. hat für seine Versailler Gäste immer neue

Attraktionen _____ erfinden?lassen ,

und so ließ er auch das Ringturnier _____

weiter?entwickeln : Hölzerne Pferde, die sich im _____

_____ Kreis?drehen – diese weniger

anstrengende Neuerung sollte bald an vielen europäischen Höfen

_____ Einzug?halten . In der Französischen

Revolution wurden adlige Privilegien auch dem Volk _____ zugänglich?gemacht –

so auch die Karussells. Nostalgische Karussells können heute neben modernen Fahrgeschäften die Erinnerung

an die frühen Zeiten des Karussells _____ wach?halten . Ein Karussell zu

_____ unter?halten , ist bis heute ein Beruf, der nicht _____ leicht?fällt .

Vergleiche deine Ergebnisse mit dem Lösungsheft. Für jede richtige Antwort bekommst du einen Punkt.

☺ 24–18 Punkte	☺ 17–12 Punkte	☹ 11–0 Punkte
Gut gemacht!	Gar nicht schlecht, aber lies dir die Informationskästen auf den Seiten 81 bis 84 noch einmal genau durch.	Arbeite die Seiten 80 bis 85 noch einmal genau durch.

Rechtschreibung verstehen – Regeln anwenden

Doppelte Konsonanten – Achte auf die erste Silbe

Information	Regel für doppelte Konsonanten

- **Offene Silben enden** mit einem **Vokal. Geschlossene** Silben enden mit einem **Konsonanten.**
- **Doppelte Konsonanten** schreibt man **nur,** wenn die **erste Silbe** im **zweisilbigen Wort geschlossen** ist.
- Stehen an der **Silbengrenze zwei verschiedene Konsonanten, verdoppelt** man **nicht,** z. B.:
  bummeln – aber: *pumpen*.
- Um die Regel anzuwenden, muss man Einsilber verlängern und Wortzusammensetzungen zerlegen, z. B.:

  soll – denn: *sollen; die Soll|bruch|stelle* – denn: *sollen.*

1 Entscheide, ob der Konsonant am Ende der ersten Silbe doppelt geschrieben wird.

l/ll:	brü____en	die Pu____te	so____en	be____en	die Wä____der	ho____en
m/mm:	su____en	die Pu____pe	der Hu____or	fli____ern	das Zi____er	
t/tt:	ra____en	die Ra____e	die Ra____e	die Ren____e	der Win____er	
n/nn:	ze____tral	ne____en	we____den	die Ka____te	wei____en	ke____en

2 a Ordne die Wörter aus Aufgabe 1 in die Tabelle ein.
b Ergänze die Überschriften und setze ein: offen/geschlossen; gleiche/verschiedene.

Erste Silbe	Erste Silbe _____	
	Zwei _____ Konsonanten	Zwei _____ Konsonanten
_____		
ho len, ...	*die Pul te, ...*	*brül len, ...*

3 Trage die Verlängerungswörter der folgenden einsilbigen Wörter in die Tabelle aus Aufgabe 2 ein:

der Fang   lang   das Bild   rot   der Fall   der Knall   gelb   grün   braun   hell

Wörter mit *h* – Wenn die erste Silbe offen ist, ...

Information	Regel für Wörter mit *h*

- Bei **manchen zweisilbigen Wörtern** steht das *h* in der **zweiten Silbe**. Es **öffnet** die **zweite Silbe** hörbar, z. B.: *dre hen*.
- Steht das *h* in der **ersten Silbe** eines zweisilbigen Wortes, ist es **nicht hörbar**. Diese Wörter sind **Merkwörter**, z. B.: *fah ren*.
- Bei **einsilbigen Wörtern** kann man versuchen, das *h* durch Verlängern hörbar zu machen, z. B.: *er geht* – denn: *ge hen*; aber: *die Bahn* – *die Bah nen*.

1 Kann man das *h* in den folgenden Wörtern hören oder nicht?
Markiere das *h* mit dem Strategiezeichen oder .

> gähnen   gehen   Nahrung   erwähnen   fahren   bestehen   vergehen   die Röhre   unzählig   lehren

2 a Prüfe durch Verlängern, ob es sich bei den nachstehenden Wörtern um Merkwörter handelt.
  b Trage die verlängerten Wörter in die richtige Spalte der Tabelle ein.

> wahr   zehn   Uhr   Reh   Zeh   der Stahl   die Bahn   das Jahr   die Wahl   die Zahl   das Mahl

Wörter mit silbenöffnendem *h*	Merkwörter mit *h*
_____	_____
_____	_____
_____	_____

- Die erste Silbe ist offen/geschlossen.
- Das *h* gehört zur ersten/zweiten Silbe.
- Man spricht das Wort ohne *h*/mit *h*.

- Die erste Silbe ist offen/geschlossen.
- Das *h* gehört zur ersten/zweiten Silbe.
- Man spricht das Wort ohne *h*/mit *h*.

  c Streiche in der jeweiligen Tabellenspalte unten die falschen Teile der Aussagen durch.

3 Markiere in den folgenden Sätzen alle Merkwörter mit *h* durch das Strategiezeichen .

Ungefähr zur Zeit der ersten Weltausstellung im Jahr 1851 beschäftigte sich der Gärtner Joseph Monier mit

der Frage, wie man Blumentöpfe stabilisieren könnte. Es gefiel ihm nicht, dass sie so leicht zerbrechen. Er

entdeckte bei Kakteen eine netzartige Struktur, die wie ein stützendes Skelett wirkte. Das regte ihn dazu an,

ein Drahtgitter in die Formen der Blumentöpfe zu legen, die er aus Zement goss. So wurden sie haltbarer.

Später dehnte er seine Erfindung auf Bahnschwellen aus und legte so die Basis für modernen Stahlbeton.

4 Bilde einen Satz, der mindestens drei Merkwörter mit *h* enthält.

ss und ß in einer Wortfamilie – Achte auf die erste Silbe

Information	Regel für Wörter mit s-Laut

– Man schreibt **ß,** wenn **die erste Silbe offen** ist und man den **s-Laut zischend** spricht, z. B.: *drau ßen.*
– Man schreibt **ss,** wenn die **erste Silbe geschlossen** ist, z. B.: *die Ros se.*
– In Wörtern einer **Wortfamilie** kann die Schreibung wechseln. Um sicher zu sein, braucht man das **zweisil-bige Wort,** z. B.: *das Maß – die Ma ße*; aber: *er misst – wir mes sen.*

1 **Entscheide: ß oder ss?**

hei___en   hi___en   vermi___en   pre___en   gie___en   flie___en   bei___en

2 **Die folgenden zusammengehörenden Wortpaare hat der PC fälschlicherweise alle mit ss geschrieben.**
a Verbinde die Wörter einer Wortfamilie mit Pfeilen.
b Schreibe die Wörter einer Wortfamilie in richtiger Schreibung nebeneinander.

giessen	der Biss	reissen	der Frass	der Beschluss	vergessen	muss
der Guss	müssen	beissen	der Riss	fressen	schliessen	liess
das Schloss	wissen	messen	weiss	vergass	lassen	beschliessen	mass

_____

_____

_____

3 **a Setze ein: ss oder ß?**

das Gebi___   der Bei___ring   er bei___t   er bi___   die Bi___wunde   er hat gebi___en

b Bilde wie in Aufgabe 3 a zu folgenden Wörtern Zusammensetzungen, die mit ss oder ß geschrieben werden.

essen: _____

fließen: _____

schießen: _____

4 **a Setze ein: ss oder ß?**

A Das Wa___er eines Flu___es flie___t nicht überall gleichmä___ig schnell.

B Ein Hund, der bei___t, kann mit seinem Gebi___ gro___e Bi___wunden verursachen.

   Deshalb sollte er immer einen Bei___schutz tragen.

C Weil der Regengu___ ausblieb, mu___ Gustav das Beet mit der Gie___kanne bewä___ern.

b Lass dir einen Satz aus Aufgabe 4 a diktieren. Schreibe in dein Heft.

i oder *ie*? – Achte auf die Silbenzahl

Information	Regel für Wörter mit *i* oder *ie*

- Man schreibt **immer *i*,** wenn die **erste Silbe** geschlossen ist, z. B.: *der Win ter.*
- Bei **zweisilbigen deutschen Wörtern** schreibt man in der Regel **in der ersten Silbe *ie*,** wenn sie **offen** ist, z. B.: *die Bie ne.*
- In **mehrsilbigen Fremdwörtern** schreibt man auch in offenen Silben *i*, z. B.: *die Ma schi ne.*
- Die Endung **-*ieren*** muss man sich als Ausnahme **merken**, z. B.: *buchstabieren.*

1 Setze ein: *i* oder *ie*?

Graff___t___   die Emot___on   die Informat___on   das Prakt___kum   die Z___le   die B___onik

das Lex___kon   der Opt___mist   der Pess___mist   der Z___genkäse   das S___l___z___um   die Turb___ne

2 **a** Vervollständige die folgenden Verben mit der Nachsilbe *-ieren*.
   b Ordne ihnen ihre Bedeutung zu. Schreibe die richtige Ziffer 1 bis 12 hinter die Worterklärung.

		F	I	N	G					
	2	P	A	R	O	D				
	3	S	T	U	D					
4	K	A	P	I	T	U	L			
	5	P	L	O	M	B				
	6	F	L	A	M	B				
	7	H	A	L	B					
	8	B	L	O	C	K				
	9	P	R	O	B					
10	V	E	R	B	A	R	R	I	K	A	D
	11	R	A	D						
	12	M	A	R	S	C	H			

im gleichmäßigen Schritt gehen ___

unterbinden ___

vortäuschen ___

aufgeben ___

etwas komisch nachmachen ___

lernen ___

Löcher in Zähnen füllen ___

Alkohol in Speisen anzünden ___

verkleinern ___

versuchen ___

absperren ___

Bleistiftschrift beseitigen ___

3 **a** Finde in der Wörterschlange die 14 Wörter mit *-ine*.

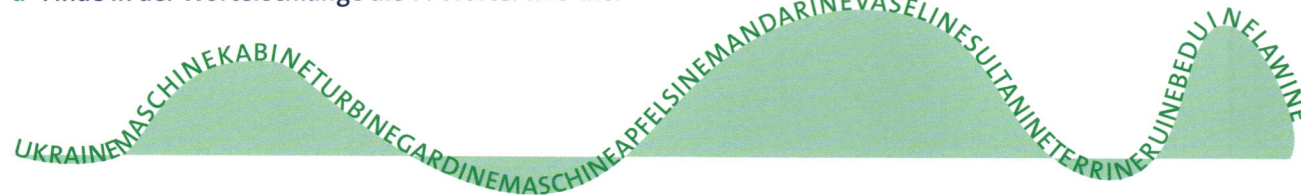

UKRAINEMASCHINEKABINETURBINEGARDINEMASCHINEAPFELSINEMANDARINEVASELINESULTANINETERRINERUINEBEDUINELAWINE

   b Schlage die Bedeutung im Wörterbuch nach, wenn du sie nicht kennst. Schreibe sie auf.

_____

_____

4 Formuliere in deinem Heft eine Merkhilfe für die i-Schreibung bei Fremdwörtern.
<u>Hinweis:</u> Beachte die fehlerträchtigen Nachsilben *-ine* und *-ieren*.

Fremdwörter mit *ph*, *th*, *ch* und *y* – Im Wörterbuch nachschlagen

Information	Schreibung von Fremdwörtern mit *ph*, *th*, *ch* und *y*

Fremdwörter weisen häufig die Schreibungen ***ph, th, ch*** und ***y*** auf, z. B.: <u>Ph</u>ysik, <u>Th</u>eologie, <u>Ch</u>emie.
Bei **einigen Fremdwörtern** kann man neben der Originalschreibweise eine **eingedeutschte Form** nutzen,
z. B.: Del<u>ph</u>in oder Delfin.

1 **a** Unter den folgenden Wörtern stehen drei spanische. Das erkennst du an ihrer Schreibweise. Kreise sie ein.
b Markiere in den deutschen Fremdwortschreibungen alle Merkstellen mit dem Strategiezeichen Ⓜ.

> die Physik   Fisika   das Chlorophyll   die Theologie   das Theater   der Chor   Coro
>
> die Physiotherapie   Fisioterapia   die Phrase   der Rhythmus

c Ordne die Fremdwörter aus dieser Aufgabe den folgenden Bedeutungen zu:

eine Wissenschaft = _____

Blattgrün = _____

Gruppe von Sängern = _____

Religionswissenschaft = _____

Schauspielhaus = _____

Heilbehandlung = _____

leere Redensart = _____

Takt, z. B. in der Musik = _____

2 **a** Schlage die folgenden Fremdwörter im Wörterbuch nach.
b Kreuze an, zu welchen es eine deutsche Schreibweise gibt.

das Photo ☐   das Diktaphon ☐   die Phrase ☐   die Phantasie ☐   das Phantom ☐

die Graphik ☐   das Theater ☐   der Thunfisch ☐   die Apotheke ☐   die These ☐

3 Lies die folgenden Fremdwörter mit *y* laut. Wie spricht man das *y aus*?
Ziehe einen entsprechenden Pfeil, z. B.:

das Gymnasium   das Acrylglas   typisch   das Baby   die City   die Story   der Body

hydraulisch   die Dynamik   die Party   das Dynamit   der Dynamo   psychisch   das Symbol

Man sprich das *y* wie ein *i*.   Man spricht das *y* wie ein *ü*.

4 **a** Markiere in den Sätzen A und B alle Fremdwörter mit Merkstellen.

A In der Physikstunde ist das Thema die Leistung des Dynamos.

B Im Theater gibt es einen Themenabend rund um das Stück „Das Phantom der Oper".

b Formuliere eigene Sätze mit möglichsten vielen Fremdwörtern.

_____

_____

„das" oder „dass"?

Information	Relativpronomen (das) oder Konjunktion (dass)?

Zu Beginn eines Nebensatzes wird das **Relativpronomen „das"** häufig verwechselt mit der **Konjunktion „dass"**. Prüfe mit der **Ersatzprobe**:
– Kann **„das" durch „welches" ersetzt** werden, wird es mit einem **s** geschrieben, z. B.:
  Das Gefühl, das welches wohl die meisten Menschen erstreben, ist das Glück.
– Die Konjunktion „dass" kann nicht ersetzt werden, z. B.:
  Das Gefühl, dass die Zeit zu schnell verrinne, quält viele Menschen.

1 a Formuliere die nachfolgenden Sätze in Relativsätze (▶ S. 70) um und schreibe sie in dein Heft.
   b Unterstreiche in deinen Sätzen das Relativpronomen.

A Das neu heruntergeladene Spiel lässt Carl die Zeit vergessen.

B Ebenso aus dem Blick gerät das für morgen vorzubereitende Referat über Zeitmanagement.

C Als schließlich alles zu spät ist, denkt Carl sich für den nächsten Tag ein den Lehrer besänftigendes Märchen aus.

2 a Gib die nachfolgende direkte Rede in Subjekt- oder Objektsätzen (▶ S. 68–69) wieder. Schreibe ins Heft.
   Tipp: Beachte, dass sich bei der Redewiedergabe das Personalpronomen ändert.
   b Unterstreiche in deinen Sätzen die Konjunktion.

A Carl erzählt seinem Lehrer: „Das Ticken der Uhr ging im Lärm des neuen Spiels unter, bis es zu spät war."

B Der Lehrer denkt: „Carl scheint mich für dumm zu halten."

C Er sagt grinsend: „Carl, mit deiner Erfindungsgabe solltest du Schriftsteller werden."

3 ●●● Entscheide für die folgenden Sätze, ob es sich um das Relativpronomen das oder um die Konjunktion dass handelt.
Führe die Ersatzprobe durch und streiche das falsche Wort.

Menschen ohne Zeitgefühl

Habt ihr schon bemerkt, das/dass Erwachsene kein Zeitgefühl haben?

Meine Eltern zum Beispiel: Morgens rufen sie ungeduldig ins Bad, das/dass

ich gerade erst betreten habe, um mir mitzuteilen, das/dass auch andere

duschen möchten. Für das Frühstück, das/dass man nun wirklich blitzschnell erledigen kann, planen sie dagegen

eine halbe Ewigkeit ein. Das/dass der Bus nicht auf mich warten würde, höre ich jeden Morgen, obwohl ich ihn

fast nie verpasse. Jeden Tag aufs Neue sind unsere Lehrer überrascht, das/dass die Stunde schon zu Ende ist,

während wir das Ende, das/dass sich extrem schleichend nähert, immer im Blick haben. Das/dass Erwachsene

kein Zeitgefühl haben, wird abends besonders deutlich: Kaum fasse ich mein Handy an, das/dass in der Schule

beiseitegelegt werden musste, höre ich, das/dass ich meine Zeit nicht damit verschwenden solle. Auch das/dass

ausgerechnet dann Schlafenszeit sein soll, wenn man endlich chillen könnte, kann nur mit fehlendem Zeitgefühl

erklärt werden.

Textlupe: Strategien und Regeln anwenden

1 Überarbeite den folgenden Text:
a Unterstreiche die Fehler: Achte besonders auf die Schreibung der langen Vokale, die Konsonantenschreibung nach betonten kurzen Vokalen sowie die s-Laute.
b Schreibe die Fehlerwörter verbessert in die Randspalte.

Kennst du den „Wahl-O-Mat"?

Was mag wol ein „Wahl-O-Mat" sein? Villeicht ist das ein Roboter, der mit

aufgeladenem Aku am Wahltag fleissig zum Wahllokal marschiert. Dort gibt

er die Stimen derer ab, die nicht mehr gut zu Fuss sind oder deren Kinder lieber

etwas draußen im Wald unternemen möchten. Er läuft wiselflink ständig in

5 die Wahlkabiene, um dort für jemanden ein Kreuzchen zu machen. Sicher liese

sich so der sinkenden Wahlbeteiligung entgehenwirken. Oder es handelt sich

um einen Automahten, in den mann bei der Wahl seine Wahlbenachrichtigung

stecken muß? Auf seinem Dissplay würden dann alle Parteien aufleuchten,

von denen eine anschliessend mit Fingerdruck ausgewält werden kann.

2 a Lasse dir den folgenden Text von einem Lernpartner oder einer Lernpartnerin diktieren.
Hinweis: Bereite das Diktat vor, indem du den Text vorher liest und schwierige Wörter unterstreichst.
b Überprüfe deinen Text sorgfältig mit Hilfe der Lösungen, um deine Fehlerschwerpunkte bei der Groß- und Kleinschreibung sowie der Getrennt- und Zusammenschreibung zu erkennen.

Ein „Wahl-O-Mat" kommt nicht erst am Tag des Wählens, sondern lange vorher

zum Tragen. Auffinden kannst du ihn im Internet. Hineingestellt wurde er dort

von der Bundeszentrale für politische Bildung. Die Regierung der Bundesrepublik

Deutschland möchte besonders den jungen Wählern beim Ankreuzen des Wahl-

5 zettels behilflich sein. Der „Wahl-O-Mat" kann die Aussagen aller Parteien so

miteinander mischen, dass man nicht erkennen kann, welche Positionen woher

kommen. Er formuliert diese in Fragen an den Wählenden um. Durch das Fragen-

stellen will der „Wahl-O-Mat" dazu anregen, über eigene Einstellungen und

Ansichten nachzudenken. Alle Antworten kann man aufschreiben, und das

10 Computerprogramm übernimmt anschließend das Auswerten. Ist dieses abge-

schlossen, wird es eine Art Meinungsbild auswerfen, das darstellt, welche Über-

einstimmung man mit welcher Partei aufweist. Schon für manch einen gab es

dabei ein böses Erwachen! Nicht selten ist es aber auch lustig, zu sehen, bei

welcher Partei man sich mit der eigenen Meinung unerwartet wiederfindet.

Teste dich!

Dein Regelwissen

1 **Kreuze an, welche der Aussagen A bis F richtig und welche falsch sind. (6 P.)**

richtig falsch

A Doppelkonsonanten schreibt man, wenn die erste Silbe in einem zweisilbigen Wort offen ist.

B Zwei gleiche Konsonanten schreibt man, wenn die erste Silbe geschlossen ist.

C Das *ie* kommt besonders häufig in Fremdwörtern vor.

D *-ieren* ist eine Nachsilbe für Fremdwörter. Man schreibe diese mit *ie*.

E *ch, th* und *ph* sind typisch für viele Fremdwörter.

F Das *y* spricht man je nach Wort verschieden aus: als *i* oder als *ü*.

2 **Berichtige die 16 Fehlerwörter im Text.**
Ordne sie dem Fehlerschwerpunkt in der Tabelle unten zu. (16 P.)

Wolkenkratzer nach Art der Ackerschachtelhalme

Wolkenkratzer sind ein Sümbol für eine leistungsstarke Wirtschaft. Daher arbeiten Architekten süstematisch daran, Häuser zu bauen, die mehr als einen Kilometer hoch sind. Wenn der Mensch aber immer höher bauen will, dann braucht er neue statische Konzepte und matematische Berechnungen. Hier können die Archietekten von der Natur lernen. Vile Gräser bilden Halme aus, die hoch hinaus wachsen, dünn sind und trotzdem den starken Belastungen durch Wind und Wasser standhalten können. Sie schwanken im Wind, ohne zu knicken. Welche Bauprinzipien könten sich die Hochhauskonstrukteure zum Vorbild nehmen? Der Risenackerschachtelhalm, der mehrere Meter hoch werden kann, verdankt seine Festigkeit zwei verschidenen Merkmalen. Seine Halme bestehen aus verschiedenen Abschniten. Ihre tragenden Strukturen sind nach aussen gestelt und sehen aus wie auf den Kopf gestellte Pagoden. Dadurch werden die Halme sehr stabil. Ein zweites Bauprinzip sind senkrechte Furchen, die die Schachtelhalme durchzihen. Sie versteifen und festigen die Halme zusätzlich. In Taiwan hat man 2004 einen Wolkenkratzer eröffnet, der die Skiline der Stadt Taipeh überragt. Desen Strukturen lehnen sich an den Ackerschachtelhalm an: Er hat einen festen Sockel und acht umgedrehte pagodenförmige Bauelemente, die wie der Ackerschachtelhalm ineinandergeschachtelt sind. Dadurch wird der riesige Turm stabiel, aber doch flexiebel. Das ist besonders wichtig, weil er in Taiwan häufig heftigen Stürmen und Erdbeben ausgesetzt ist. Aber er schwankt nur leicht hin und her.

Doppelkonsonanten	*i-ie*-Schreibung	*ss-ß*-Schreibung	Fremdwörter

3 a Umrahme im ersten Textabschnitt fünf zweisilbige Wörter, deren erste Silbe offen ist.

b Unterschlängle im ersten Textabschnitt fünf Wörter, deren erste Silbe geschlossen ist.

4 Prüfe deine Lösungen und die Punktzahl mit Hilfe des Lösungsheftes (▶ S. 28).

Zeichensetzung

Das Komma zwischen Sätzen

Information   **Die Kommasetzung in Satzreihe (Hs + Hs) und Satzgefüge (Hs + Ns)**

– Die einzelnen **Hauptsätze einer Satzreihe** (▶ S. 64) werden durch ein Komma voneinander getrennt, z. B.:
Kaum jemand versteht Gebrauchsanweisungen, die meisten sind rätselhaft.
Satzbauplan: ——————— Hs ——————— , ——————— Hs ——————— .

Häufig sind Hauptsätze durch **nebenordnende Konjunktionen** (Bindewörter) wie *und, oder, aber, denn,*
doch, verbunden, z. B.: *Aber leider benötigt man diese Anweisungen, denn ohne ist man hilflos.*
Nur vor den Konjunktionen *und* bzw. *oder* darf das Komma entfallen: *Man liest sie und verzweifelt daran.*

– In einem **Satzgefüge** (▶ S. 64) wird der Nebensatz mit einer **unterordnenden Konjunktion** (*nachdem,*
wenn, obwohl, weil, dass …) eingeleitet und durch ein **Komma** vom Hauptsatz getrennt. Die gebeugte
Form des Verbs (Prädikat) steht am Ende des Nebensatzes, z. B.:
Man kann nur ohne Bedienungsanleitung zurechtkommen, wenn man weiß, wie es geht.
Satzbauplan: ——————— Hs ——————— ,
                                 ——— Ns ——— ,
                                          ——— Ns ——— .

---

1   **a** Setze in den folgenden Sätzen die fehlenden Kommas.
    b Begründe deine Zeichensetzung: Trage für jeden Satz die Ziffer
    der passenden Beschreibung des Satzbauplans ein.

Beschreibung der Satzbaupläne:
1 1 Hs, 1 Ns, 1 Hs, 2 Kommas   4 2 Hs, 1 Komma muss stehen
2 2 Hs, 1 Komma kann stehen   5 1 Ns + 1 Hs, 1 Komma
3 1 Hs, 2 Ns, 2 Kommas   6 1 Hs + 1 Ns, 1 Komma

Bedienungsanleitung „Sprache", Seriennummer 2000/14

VORSICHT FEHLER!

A ☐ Wir gratulieren zum Erwerb Ihrer Muttersprache und wir wünschen
       viel Erfolg bei ihrer Verwendung!

B ☐ Ihre Sprache ist ein hochentwickeltes und vielseitiges Medium das Ihnen in allen Lebenssituationen
       nützliche Dienste leisten wird wenn Sie es richtig einzusetzen wissen.

C ☐ Damit Sie viel Freude daran haben sollten Sie folgende Sicherheitshinweise unbedingt beachten:

D ☐ Gehen Sie achtsam und überlegt mit Ihrer Sprache um denn ein unsachgemäßer Gebrauch kann zu
       schwerwiegenden Störungen in zwischenmenschlichen Beziehungen führen.

E ☐ Für eine optimale Nutzung Ihrer Sprache raten wir Ihnen zur Anschaffung eines Wörterbuchs
       das Ihnen besonders beim schriftlichen Gebrauch eine große Hilfe sein kann und wir empfehlen Ihnen
       den regelmäßigen Besuch von Sprachunterricht.

F ☐ Den Erwerb einer Zweitsprache sollten Sie erwägen wenn Sie grundsätzlich Gefallen am Gebrauch
       einer Sprache finden.

Das Komma bei Infinitiv- und Partizipialsätzen

Information	Das Komma bei Infinitivsätzen

Infinitivsätze **darf** man immer durch **Komma** vom Hauptsatz abtrennen. Ein Komma **muss** stehen,
– wenn der Infinitivsatz mit *um, anstatt, statt, außer, ohne, als* eingeleitet wird, z. B.:
  Sie schreibt, ohne nachzudenken.
– wenn der Infinitivsatz von einem Nomen oder einem hinweisenden Wort wie *dazu, daran, darauf* oder
  es im Hauptsatz abhängt, z. B.: *Benutzerhinweise dienen dazu, das Nachschlagen zu erleichtern.*
Bei einfachen Infinitiven (*zu + Infinitiv*) kann man das Komma weglassen, sofern dadurch kein Missverständnis entsteht, z. B.: *Es fällt mir leicht(,) zu schreiben.*
Hinweis: Es empfiehlt sich, immer ein Komma zu setzen, weil es die Gliederung eines Satzes verdeutlicht und niemals falsch ist.

1 **a** Setze in den folgenden Satzgefügen fehlende Kommas.
   b Verwende für jeden Satz das umrahmte Wort, um ihn in einen Infinitivsatz umzuformen.
   c Unterstreiche in deinem Satz den Infinitivsatz und prüfe: Ist das Komma richtig gesetzt?

A Wenn du lange über der richtigen Schreibweise eines Wortes
   grübeln musst solltest du lieber gleich in einem Wörterbuch nachschlagen. | anstatt |

Anstatt lange

B Allerdings musst du einige Nachschlagetechniken beherrschen damit du gezielt suchen kannst. | um |

C Wahrscheinlich hast du schon oft in der alphabetischen Wörterliste eines Wörterbuchs nachgeschlagen dich vorher aber nicht um die Benutzerhinweise gekümmert. | ohne |

D Wenn man alle Abkürzungen in den Einträgen zu einem Wort verstehen
   will muss man sich in der Einführung ein wenig kundig gemacht haben. | um |

E Falls du an der Kommasetzung zweifelst bleibt dir nur
   übrig dass du im Regelteil des Wörterbuchs nachschaust. | nichts anderes ... als |

F Wenn du dir nie die Benutzerhinweise und den Regelteil in einem Wörterbuch
   ansiehst findest du zu manchen Rechtschreibfragen womöglich keine Antwort. | ohne |

2 **a** Unterstreiche in den folgenden Sätzen die Infinitivsätze.

●●● **b** Setze die fehlenden Kommas und markiere das hinweisende Wort im Hauptsatz.

Wandelnde Wörterbücher

In der Schule hast du die Möglichkeit interaktive Wörterbücher zu benutzen: Die Deutschlehrkräfte sind gerne dazu bereit dir auch die kompliziertesten Fragen zur Rechtschreibung zu beantworten. Für den Umgang mit ihnen ist es allerdings ratsam einige Benutzerhinweise zu beachten. Warte eine günstige Gelegenheit ab um deine Frage zu stellen. Bemühe dich darum dein Problem möglichst klar zu formulieren. Wenn dir die angebotene Lösung nicht wirklich hilft, ist es unbedenklich noch einmal nachzufragen. Bei orthografischen Fragen ist es eine gute Alternative sich die Hilfe schriftlich geben zu lassen. Denke daran dich nach erfolgreicher Hilfe freundlich bei deinem interaktiven Wörterbuch zu bedanken.

Information   **Das Komma bei Partizipialsätzen**

Partizipialsätze darf man immer durch ein Komma vom Hauptsatz trennen.
Ein Komma **muss** stehen,
– wenn durch ein hinweisendes Wort auf den Partizipialsatz Bezug genommen wird, z. B.:
 Der Redner vermittelte so*, ständig von einem Bein aufs andere wechselnd, einen unruhigen Eindruck.*
– wenn der Partizipialsatz eine nachgestellte Erläuterung ist, z. B.:
 Die Rede, vom Publikum mit Spannung erwartet, wurde eine Enttäuschung.
In allen anderen Fällen **kann** der Partizipialsatz vom Hauptsatz abgetrennt werden, um den Satz übersichtlicher und besser verständlich zu machen, z. B.: *Die einkehrende Ruhe abwartend(,) stand die Rednerin da.*

---

3 **a** Die folgenden Sätze enthalten Partizipialsätze: Unterstreiche diese und setze die fehlenden Kommas.

b Formuliere die Sätze mit Hilfe von Infinitivsätzen um: Schreibe sie auf und setze die Kommas.

A Klar und deutlich strukturiert vermittelt dieser Ratgeber in übersichtlicher Form die wichtigsten Strategien für eine gelungene Rede.

Dieser Ratgeber ist klar und deutlich strukturiert, um

B Ein guter Redner die Aufmerksamkeit seines Publikums nicht überfordernd umwirbt dieses durch die interessante und unterhaltsame Art seines Vortrags.

_____

_____

C Ein trockenes Thema auflockernd kann man Zuhörer durch die Präsentation von Bildmaterial begeistern.

_____

D Eine farblose Vortragsweise vermeidend bewahrt man das Publikum am besten vor Langeweile.

_____

Das Komma bei Appositionen und Erläuterungen

Information   **Die Kommasetzung bei Appositionen und nachgestellten Erläuterungen**

1 Die **Apposition** besteht in der Regel aus einem Nomen oder einer Nomengruppe. Sie folgt ihrem Bezugswort (meist ein Nomen), steht im gleichen Kasus wie dieses und wird **durch Kommas abgetrennt**, z. B.:
Ein Beamer, ein Gerät zur Projektion von Bildschirmoberflächen, sollte in jedem Klassenraum stehen.
2 Die **nachgestellte Erläuterung** wird oft mit Wörtern wie *nämlich, und zwar, vor allem, das heißt (d. h.), zum Beispiel (z. B.)* eingeleitet. Sie wird **durch Kommas abgetrennt**, z. B.:
Der mündliche Vortrag, vor allem freies Reden vor einer größeren Gruppe, muss trainiert werden.

1 **a** Unterstreiche im folgenden Text die Appositionen.
Umkreise das Bezugswort im Hauptsatz.
b Setze die fehlenden Kommas.

Visualisierungsmedien technische Hilfsmittel zur Unterstützung eines mündlichen Vortrags dienen der Anschaulichkeit und der vereinfachenden Erklärung. Auf Flipcharts meist dreibeinigen Ständern mit einem sehr großen Papierblock können Ideen und Ergebnisse in einer Gruppenarbeit mit einem Filzstift spontan festgehalten werden. Vorbereitete Folien können mit dem Overheadprojektor einem auch im digitalen Zeitalter noch häufig eingesetzten Medium gut lesbar präsentiert werden. Die digitalisierte Form der Tafel das sogenannte Whiteboard ermöglicht es, vorgefertigte Grafiken oder Texte handschriftlich zu ergänzen und so speichern zu lassen. Das Handout ein Zettel mit gedruckten Informationen begleitet den Vortrag mit wichtigen Thesen und ergänzt ihn um Literaturhinweise. Plakate bieten so besser wahrnehmbar auch aus der Ferne großformatige Kombinationen aus Text, Bild und Grafik auf Papier oder Pappe.

2 Erweitere jeden der folgenden Sätze an den vorgegebenen Stellen: Wähle eine passende Erläuterung und schreibe den Satz damit auf. Beachte die Kommasetzung.

zum Beispiel Nikotin und Alkohol • und zwar eisernes • vor allem eine angemessene Atemtechnik • nämlich den Hals-Nasen-Ohrenärzten

A Zur Pflege der Stimme bekommt man bei Fachleuten ▼ nützliche Tipps.

_____

B Bei angegriffenen Stimmbändern gilt Schweigen ▼ als das wirkungsvollste Mittel.

_____

C Ein bewusster Umgang mit der Stimme ▼ hilft, Heiserkeit zu vermeiden.

_____

D Bestimmte chemische Stoffe ▼ greifen die Stimmbänder an.

_____

Teste dich!

Zeichensetzung

1 **Setze im folgenden Text die fehlenden Kommas. (11 P.)**

Um Ihr *** zu bedienen stehen Ihnen das Tastenfeld und das Display

zur Verfügung. Einige Funktionen setzen voraus dass der Netzbetreiber diese unterstützt zum Beispiel

Funktionen bei denen Informationen zur Rufnummer des Anrufers nötig sind. Das Display zeigt abhängig von

den aktuellen Einstellungen unterschiedliche Informationen an unter anderem Datum und Uhrzeit. Über die

Steuertaste haben Sie die Möglichkeit die Funktionen des *** zu aktivieren. Anstatt direkt in den Hörer zu

sprechen können Sie auch die Freisprechfunktion nutzen. Wenn eine Nummer gespeichert ist wird der

zugehörige Name angezeigt sofern er vorher eingegeben wurde. – *Was wird hier beschrieben?*

2 **a Setze in den folgenden Sätzen die fehlenden Kommas. (8 P.)**
b Trage für jeden Satz die Ziffer der passenden Beschreibung des Satzbauplans ein. (4 P.)

Beschreibungen der Satzbaupläne:

1 1 Hs mit eingeschobenem Ns + 1 Ns, 3 Kommas   3 1 Hs mit nachgestellter Erläuterung, 2 Kommas
2 1 Partizipialsatz + 1 Hs, 1 Komma   4 1 Ns + 1 Hs + 1 Infinitivsatz, 2 Kommas

A ☐ Die Daten werden vom Host-Kanal also dem die Programmliste übertragenden Fernsehsender mehrmals täglich gesendet.

B ☐ Nach geografischen Regionen ausgerichtet werden die Sender in der TV-Programmliste angezeigt.

C ☐ Ein Sender der in Ihrer Region nicht registriert ist wird selbst dann nicht in der TV-Programmliste angezeigt wenn sein Signal empfangen wird.

D ☐ Wenn Sie die Programmliste heruntergeladen haben müssen Sie die Daten regelmäßig abrufen um die Programmliste zu aktualisieren. – *Was wird hier beschrieben?*

3 **Welche der folgenden Aussagen ist richtig, welche falsch? Kreuze an. (4 P.)**

	richtig	falsch
A Werden zwei Hauptsätze mit *und* bzw. *oder* verbunden, darf kein Komma gesetzt werden.	☐	☐
B Bei einfachen Infinitiven mit *zu* darf kein Komma gesetzt werden.	☐	☐
C Die Apposition steht im gleichen Kasus wie ihr Bezugswort und wird durch Kommas abgetrennt.	☐	☐
D Infinitiv- und Partizipialsätze durch Kommas vom Hauptsatz abzutrennen, ist niemals falsch.	☐	☐

Vergleiche deine Ergebnisse mit dem Lösungsheft. Für jede richtige Antwort bekommst du einen Punkt.

☺ 27–22 Punkte	☺ 21–14 Punkte	☹ 13–0 Punkte
Gut gemacht!	Gar nicht schlecht, aber lies dir die Informationskästen auf den Seiten 95 bis 98 noch einmal genau durch.	Arbeite die Seiten 95 bis 98 noch einmal genau durch.

Ich teste meinen Lernstand

Wie kannst du mit der folgenden Einheit arbeiten?

1 Der folgende Test (S. 100–111) hilft dir zu erkennen, was du im Fach Deutsch schon alles gelernt hast: Was weiß ich? Was kann ich? Wo bin ich noch unsicher? Wo habe ich Lücken?
Du kannst mit dem Test verschiedene Bereiche prüfen:
   – das **Verstehen von Sachtexten und literarischen Texten** (Aufgaben Teil A),
   – das **Schreiben von informierenden und argumentierenden Texten** (Aufgaben Teil B),
   – **Grammatik** (Aufgaben Teil C) und
   – **Rechtschreibung** (Aufgaben Teil D).
Am Ende des Schuljahres kannst du herausfinden, ob du erfolgreich gelernt hast. In der Mitte des Schuljahres kannst du testen, wo du Schwächen hast und was du noch einmal üben musst.

2 In dem Test begegnen dir verschiedene **Aufgabenarten**, z. B.: in einer Auswahl an möglichen Antworten die richtige ankreuzen (Multiple Choice), Informationen passend zuordnen, Kurzantworten geben oder zu Materialien einen informativen Text schreiben und Stellung nehmen.

3 Lies die Texte und die **Aufgabenstellungen** immer sehr aufmerksam und überlege, bevor du z. B. vorschnell ankreuzt, ob du jeweils **genau verstanden** hast, was verlangt wird.

4 Du kannst deine Antworten mit Hilfe des Lösungsheftes selbst prüfen und anhand der erreichten Punktzahl deinen **Lernstand bewerten**.
Vielleicht kannst du den Test auch zusammen mit einer Partnerin/einem Partner schreiben. Abschließend könnt ihr eure Fehlerschwerpunkte feststellen und beraten, was noch einmal geübt werden sollte.

A   Texte verstehen

Lies den informierenden Text über John und Hank Green und löse die Aufgaben auf den nächsten Seiten. Beachte: Bei Multiple-Choice-Aufgaben ist immer nur eine Lösung richtig.

Die Green-Brüder – Videoblogs und Literatur gegen den Mainstream

Es klingt zunächst wie ein modernes Internet-Märchen. Als die Brüder John und Hank Green 2007 ihren Video-Blog bei YouTube starten, sind sie zwei unter vielen Tausenden, die Medienerfolg mit selbst
5 gefilmten Ratgebern, Aufführungen oder Performances suchen. Mittlerweile gehört ihr Videokanal „vlogbrothers" zu den meistgesehenen auf YouTube. Mehr als eine Million Fans haben den Kanal abonniert. Jeden Tag verfolgen mehrere hundert-
10 tausend Jugendliche die Videobeiträge der Green-Brüder und ihrer Mitstreiter.
Der Internetruhm der beiden Mittdreißiger ist allerdings nicht vom Himmel gefallen. John Green veröffentlichte im Jahr 2005 den Jugendroman „Eine
15 wie Alaska". Nachdem der Roman im selben Jahr einen Preis der amerikanischen Bücherei-Vereinigung gewonnen hatte, zog er Jahr für Jahr eine wachsende Leserschaft an. 2008 war er sogar für den Deutschen Jugendliteraturpreis nominiert.

20 Auch für Hank war der Start des YouTube-Kanals nur ein weiterer Schritt in seiner Medienkarriere. Der studierte Biochemiker betrieb seit 2005 einen der größten Blogs für Umweltthemen und entsprechende Technologie. Doch auch Hank hat eine
25 künstlerische Seite: Er singt Folksongs zu eigener Gitarrenbegleitung und betreibt ein Musiklabel, welches speziell YouTube-Musiker vermarktet. In ihren diversen Video-Kanälen geht es den Green-Brüdern um die etwas anderen amerikanischen
30 Jugendlichen. Sie reden und schreiben über die Einsamkeit der Außenseiter, machen sich über die Sportbesessenheit der Amerikaner lustig und erklären Probleme aus Chemie und Physik, wie z. B. die größte Kraft im Universum. Es gibt keine Tipps zu
35 Styling, In-Themen oder wie man sich beliebt macht. Stattdessen rufen die Greens ihre Anhänger auf, sich für ehrenamtliche Projekte zu engagieren. Dabei hat sich eine gewisse Arbeitsteilung ergeben: John videobloggt meist über Literatur, Philosophie,
40 Gesellschaft und Politik, während Hank naturwissenschaftliche Fragestellungen beantwortet. Wer sich über solche Themen Gedanken macht, gilt in Amerika als sogenannter „Nerd". Dieser ursprünglich abwertende Begriff bezeichnet all jene,
45 die nicht zu den Sportlichen, Adretten, Angepassten zählen, dafür aber gut in Mathe sind oder Gedichte schreiben. Nerds sind oft von Technik fasziniert, insbesondere von Computern und dem Internet. Und statt für Football brennen sie für
50 Weltraum-Opern wie „Star-Wars" oder Fantasy-Epen wie „Herr der Ringe". Selbst in Hollywoodfilmen gehört der Nerd mittlerweile zu den Standardrollen.

Realistische Romane

John Green greift beim Schreiben auf selbst Erlebtes zurück. So ist „Eine wie Alaska" stark von Erlebnissen auf der Indian Springs School beeinflusst, 55
einem Internat, welches er lange Jahre besuchte. Er erzählt die Geschichte des Außenseiters Miles Halter aus der Ich-Perspektive und beschreibt das tödliche Scheitern seiner ersten Liebe. 60
Nach dem Studium arbeitete Green für fünf Monate als Kaplan in einem Kinderkrankenhaus. Sein Werk „Das Schicksal ist ein mieser Verräter" von 2012 enthält viele Motive aus dieser Zeit und 65
verarbeitet seine Begegnungen mit jugendlichen Krebspatienten.
Green beschreibt sehr realistisch schicksalhafte Lebenssituationen von Jugendlichen wie die erste Liebe, aber auch Gruppenkonflikte, Tod, Selbstmord 70
und die Frage nach Schuld und Verantwortung. Dabei vermeidet er geschickt Klischees und Vorurteile. Dieser Ansatz unterscheidet seine Bücher nach Ansicht vieler Kritiker wohltuend von den aktuellen Genre-Bestsellern der Jugendliteratur, 75
in denen Vampire, Werwölfe und andere Fantasygestalten durch vorhersehbare Geschichten jagen.

Und so überrascht es kaum, dass die Greens und ihre Fangemeinde sich den Titel „Nerdfighters" gegeben haben. Nerdfighters kämpfen natürlich nicht 80
gegen Nerds. Stattdessen nehmen sie es mit all dem auf, was Hank in einem Videobeitrag einmal als „Worldsuck" bezeichnet hat – frei übersetzt: der Mist, der jeden Tag auf der Welt passiert.

Aufgabe 1

Kreuze die richtige Antwort an. Der Videokanal der Brüder John und Hank Green gehört zu den ...   1 Punkt

A ☐ nur von wenigen gesehenen auf YouTube.

B ☐ meistgesehenen TV-Beratungssendungen.

C ☐ meistgesehenen auf YouTube.

D ☐ nur von wenigen gesehenen Physik-Shows.   ☐ Punkt

Aufgabe 2

Kreuze die richtige Antwort an. Die Green-Brüder sind ...   1 Punkt

A ☐ ein Naturwissenschaftler und ein Kaplan.

B ☐ ein Biochemiker und ein Autor.

C ☐ ein YouTube-Musiker und ein Footballstar.

D ☐ ein Mathematikgenie und ein Schauspieler.   ☐ Punkt

101

Aufgabe 3

Der Titel lautet „Die Green-Brüder – Videoblogs und Literatur gegen den Mainstream".

a In welchem Absatz des Textes (S. 100 f.) wird erklärt, was damit gemeint ist? Nenne die Zeilen.   **1 Punkt**

_____   ☐ Punkt

b Erkläre mit eigenen Worten, an welche Zielgruppe sich die Brüder in ihrem Blog wenden.   **1 Punkt**

_____

_____

_____

_____   ☐ Punkt

Aufgabe 4

Drei Schüler/-innen erklären, wie sie den Begriff „Nerdfighters" verstanden haben.
Welcher der drei Erklärungen kannst du zustimmen? Begründe mit Bezug auf den Text (S. 100 f.).   **2 Punkte**

A Max:
„Nerdfighters" sind Jugendliche, die in der Fantasiewelt von Computerspielen leben und mit dem echten Leben nichts zu tun haben wollen.

B Emma:
„Nerdfighters" sind technikbesessen. Von aktuellen Trends haben sie keine Ahnung. Deshalb kann man sich mit ihnen kaum über Wichtiges unterhalten.

C Leon:
„Nerdfighters" sind engagiert und interessieren sich für die wirklich wichtigen Dinge im Leben wie z. B. Philosophie und Naturwissenschaften.

_____

_____

_____

_____   ☐ Punkt

Aufgabe 5

Kreuze die richtige Antwort an. Die Information über „Realistische Romane" …   **1 Punkt**

A ☐ erklärt, wie die Romane John Greens aufgebaut sind.

B ☐ erklärt, wie John Green lebt.

C ☐ erklärt, warum die Romane John Greens so beliebt sind.

D ☐ erklärt, welche Motive in John Greens Romanen verarbeitet sind.   ☐ Punkt

Aufgabe 6

Kreuze die richtige Antwort an. In John Greens Romanen geht es um …   **1 Punkt**

A ☐ Vampire   B ☐ Sportler   C ☐ Außenseiter   D ☐ Physiker   ☐ Punkt

Aufgabe 7

Kreuze die richtige Antwort an. „Klischee" (Z. 71, Text S. 101) bedeutet ...

1 Punkt

A ☐ abgegriffene Vorstellung B ☐ Kulisse C ☐ Fälschung D ☐ Karikatur   ☐ Punkt

Aufgabe 8

Die Grafiken unten zeigen Ergebnisse einer Umfrage zur Mediennutzung unter allen Acht- und Neuntklässlern einer Realschule. Kreuze für jede der folgenden Aussagen an, ob sie richtig oder falsch ist.

6 Punkte

	richtig	falsch
A Jungen lesen Historisches ungefähr so gern wie Abenteuergeschichten.	☐	☐
B Fantasy-Romane kommen insgesamt schlecht weg.	☐	☐
C Mädchen mögen lustige Jugendromane fast genauso gern wie Fantasy-Romane.	☐	☐
D Bei der „Art von Jugendromanen" liegen die Vorlieben nah beieinander.	☐	☐
E Jugendliche mögen Videokanäle lieber als Jugendromane.	☐	☐
F Es gibt keinen Videokanal, den Mädchen und Jungen gleichermaßen bevorzugen.	☐	☐

Welches Romangenre lest ihr am liebsten?

Welche Art von Jugendromanen gefällt euch am besten?

Welche Videokanäle – außer Musik – seht ihr am häufigsten?

☐ Punkte

103

Lies den Beginn des Romans „Eine wie Alaska" und löse die Aufgaben auf den nächsten Seiten.

John Green

Einhundertsechsunddreißig Tage vorher (2005)

Eine Woche bevor ich Florida verließ, um den Rest meiner Jugend in einem Internat in Alabama zu verbringen, ließ sich meine Mutter nicht davon abbringen, eine Abschiedsparty für mich zu geben. Von
5 gedämpften Erwartungen meinerseits zu sprechen, wäre heillos übertrieben. Zwar hatte sie mich mehr oder weniger gezwungen, alle meine „Schulfreunde" einzuladen, also den traurigen Haufen von Theatergruppenleuten und Englischstrebern, mit denen ich
10 notgedrungen in der muffigen Highschool-Cafeteria am Tisch saß, doch ich wusste, dass keiner von ihnen kommen würde. Meine Mutter aber ließ nicht locker, so sehr klammerte sie sich an die Wunschvorstellung, ich hätte meine wahre Beliebtheit all die
15 Jahre vor ihr geheim gehalten. Sie machte eine Riesenschüssel Artischocken-Dip, schmückte das Wohnzimmer mit grünen und gelben Girlanden, den Farben meiner neuen Schule, und kaufte zwei Dutzend Tischbomben, die sie auf dem Couchtisch
20 arrangierte.
Und als jener letzte Freitag kam und ich fast mit Packen fertig war, saß sie ab 16:56 Uhr mit Dad und mir auf der Wohnzimmercouch, um den Ansturm des Abschiedskomitees zu erwarten. Das Komitee
25 bestand aus zwei Personen: Marie Larson, einer schmächtigen Blondine mit rechteckiger Brille, und ihrem (nett gesagt) kräftigen Freund Will.
„Hallo, Miles", sagte Marie und setzte sich.
„Hallo", sagte ich.
30 „Wie waren die Sommerferien?", fragte Will.
„Ganz okay. Und bei euch?", sagte ich.
„Toll. Wir haben bei Jesus Christ Superstar gejobbt. Ich hab Bühnenbild gemacht. Marie Beleuchtung."
„Cool." Ich nickte wissend und damit waren unsere

gemeinsamen Themen abgehakt. Ich hätte mir wohl 35 eine Frage zu Jesus Christ Superstar ausdenken können, aber erstens hatte ich keine Ahnung, worum es ging, weil es mich, zweitens, nicht interessierte, und drittens war ich noch nie gut in Smalltalk gewesen. Im Gegensatz zu meiner Mutter, die stundenlang 40 über nichts reden kann. Sie schaffte es, die peinliche Angelegenheit unnötig in die Länge zu ziehen, indem sie sich nach Maries und Wills Probenplan erkundigte, nach dem Ablauf der Show und ob sie ein Erfolg gewesen sei. 45
„Schätze schon", sagte Marie. „War ganz schön voll, schätze ich." Marie gehörte zu den Leuten, die ständig schätzten.
Schließlich sagte Will: „Also, wir wollten nur schnell Tschüss sagen. Ich muss Marie bis sechs nach Hause 50 bringen. Viel Spaß im Internat, Miles."
„Danke", antwortete ich erleichtert.
Das Einzige, was schlimmer ist als eine Party, zu der keiner kommt, ist eine Party, zu der keiner kommt außer zwei durch und durch uninteressante Men- 55 schen.
Als sie weg waren, saß ich mit meinen Eltern auf der Couch und starrte auf den schwarzen Fernsehbildschirm. Ich hätte den Kasten am liebsten angeschaltet, doch ich wusste, ich ließ es besser bleiben. Meine 60 Eltern sahen mich an, als erwarteten sie, dass ich gleich losheulen würde oder so was – als hätte ich nicht von vornherein gewusst, dass es genau so werden würde. Aber ich hatte es gewusst. Ich konnte ihr Mitleid spüren, als sie ihre Chips in den Arti- 65 schocken-Dip dippten, der für meine imaginären Freunde gedacht war, dabei hatten sie das Mitleid viel nötiger als ich: Ich war nicht enttäuscht. Meine Erwartungen hatten sich erfüllt.
„Ist das der Grund, warum du uns verlassen willst, 70 Miles?", fragte Mom.
Ich dachte nach, ohne sie anzusehen. „Äh, nein", sagte ich schließlich.
„Weshalb denn dann?", fragte sie. Die Frage stellte sie nicht zum ersten Mal. Mom war nicht begeistert 75 von der Idee, dass ich aufs Internat wollte, und daraus machte sie auch kein Geheimnis.
„Ist es meinetwegen?", fragte Dad. Er war selbst in Culver Creek gewesen, dem Internat, das ich besuchen würde, genau wie seine beiden Brüder und de- 80 ren Kinder. Ich glaube, ihm gefiel die Vorstellung, dass ich in seine Fußstapfen trat. Meine Onkel hatten mir von seinem Ruf erzählt – anscheinend hatte

er sich zu seiner Zeit in Culver Creek nicht nur als
85 guter Schüler, sondern auch als wilder Kerl hervorge-
tan. Das klang auf jeden Fall besser als das Leben,
das ich in Florida führte. Doch nein, ich wollte nicht
wegen meines Vaters weg. Nicht unbedingt.

„Bin gleich wieder da", sagte ich, dann ging ich rüber
90 ins Arbeitszimmer meines Vaters und holte die di-
cke Biografie von Rabelais[1]. Ich las gerne die Biogra-
fien von Schriftstellern, selbst wenn ich nie ein Buch
von ihnen gelesen hatte (wie im Fall von Rabelais).
Der Satz, den ich suchte, stand am Ende des Buchs,
95 ich hatte ihn mit Textmarker unterstrichen. („KEIN
TEXTMARKER IN MEINEN BÜCHERN", hatte Dad tau-
sendmal gesagt. Aber wie sollte ich sonst je was wie-
derfinden?)

„Also, dieser Typ hier", sagte ich, als ich mit dem
100 Buch in der Hand in der Wohnzimmertür stand,
„François Rabelais. Er war Dichter. Und seine letzten
Worte waren: ‚Nun mache ich mich auf die Suche
nach dem großen Vielleicht.' Deswegen möchte ich
weg. Ich will nicht warten, bis ich tot bin, mit meiner
105 Suche nach dem großen Vielleicht."

———

1 Rabelais: François Rabelais, ca. 1494–1553, frz. Autor der Renaissance

Und das tröstete sie. Ich war dem großen Vielleicht
auf der Spur, und meine Eltern wussten so gut wie
ich, dass ich es bei Leuten wie Marie und Will nicht
finden würde. Und dann setzte ich mich wieder zu
Mom und Dad auf die Couch und mein Dad legte 110
den Arm um mich, und so blieben wir eine ganze
Weile sitzen, still und ganz nah beieinander, bis ich
das Gefühl hatte, es wäre okay, den Fernseher anzumachen, und dann aßen wir Artischocken-Dip zu
Abend und sahen uns einen Dokumentarfilm an. 115
Was Abschiedspartys angeht, hätte es mit Sicherheit
noch viel schlimmer laufen können.

Aufgabe 9

Kreuze die richtige Antwort an. Der Ich-Erzähler schildert den Abschied von 1 Punkt

A ☐ seinen Eltern und Geschwistern.   B ☐ seinen besten Freunden.

C ☐ seiner alten Schule.   D ☐ seinem Leben als Außenseiter.   ☐ Punkt

Aufgabe 10

Kreuze für jede der folgenden Aussagen an, ob sie richtig oder falsch ist. 7 Punkte

	richtig	falsch
A Der Ich-Erzähler ist bei seinen Mitschülern sehr beliebt.	☐	☐
B Er freut sich auf seine Abschiedsparty.	☐	☐
C Er hat zwei gute Freunde.	☐	☐
D Seine Mutter bemitleidet ihn.	☐	☐
E Seine Mutter hat große Erwartungen an die Party.	☐	☐
F Sein Vater versteht seine Situation besser als seine Mutter.	☐	☐
G Die Situation endet mit einem Familienstreit.	☐	☐

☐ Punkte

Aufgabe 11

Kreuze die richtige Antwort an. Der Ich-Erzähler … 1 Punkt

A ☐ ist von der Party enttäuscht.   B ☐ ist von der Party nicht enttäuscht.

C ☐ ist von seinen Eltern enttäuscht.   D ☐ ist über die wenigen Gäste enttäuscht.   ☐ Punkt

Aufgabe 12

Der Ich-Erzähler findet seine Gäste langweilig und sieht auf sie herab.
Gib zwei Textstellen an, die diese Aussage belegen.   **2 Punkte**

Z.   -Z.   : _____

Z.   -Z.   : _____ ☐ Punkte

Aufgabe 13

Kreuze an, was mit folgendem Satz gemeint ist: „Von gedämpften Erwartungen meinerseits
zu sprechen, wäre heillos übertrieben." (Z. 4–6)   **1 Punkt**

A ☐ Die Erwartungen sind äußerst gering.   B ☐ Erwartungen zu haben ist nutzlos.

C ☐ Die Erwartungen sind übertrieben hoch.   D ☐ Die Erwartungen sind normal.   ☐ Punkt

Aufgabe 14

Im letzten Satz äußert sich der Ich-Erzähler zu Abschiedspartys. Erkläre mit eigenen Worten:
Wie sähe es aus seiner Sicht aus, wenn es „noch viel schlimmer" gelaufen wäre?   **1 Punkt**

_____

_____ ☐ Punkt

Aufgabe 15

Kreuze die richtige Antwort an. Die „Suche nach dem großen Vielleicht" (Z. 102 f.) bedeutet ...   **1 Punkt**

A ☐ die Suche nach einer neuen Schule.   B ☐ die Suche nach Geborgenheit.

C ☐ die Suche nach neuen Möglichkeiten.   D ☐ die Suche nach echten Freunden.   ☐ Punkt

Aufgabe 16

In einer Diskussion über den Stil, in dem „Eine wie Alaska" geschrieben ist, äußern zwei Schüler dies:
Nora: „Der Erzähler schildert selbst traurige Situationen mit bissigem Witz."
Max: „Der Roman ist in einem eher kalten, nüchternen Ton verfasst."
Was ist deine Meinung? Begründe mit Bezug auf zwei passende Textstellen.   **3 Punkte**

_____

_____

_____

_____

_____

_____

_____ ☐ Punkte

Lies die beiden folgenden Texte.

Klappentext des Jugendromans „Eine wie Alaska"

Miles hat die Schule gewechselt. Auf dem Internat verknallt er sich in die schöne Alaska. Sie ist das Zentrum ihres Sonnensystems, der magische Anziehungspunkt des Internats. Wer um sie kreist, ist glücklich und verletzlich gleichermaßen, gut gelaunt und immer nah am Schulverweis. Alaska mag Lyrik, nächtliche Diskussio-
5 nen über philosophische Absurditäten[1], heimliche Glimmstängel im Wald und die echte wahre Liebe. Miles ist fasziniert und überfordert zugleich. Dass hinter dieser verrückten, aufgekratzten Schale etwas Weiches und Verletzliches steckt, ist offensichtlich. Wer ist Alaska wirklich?
Elegant und mit Humor, voller Selbstironie und sehr charmant erzählt Green die zu
10 Tränen rührende Geschichte von Miles, in dessen Leben die Liebe wie eine Bombe einschlägt.

1 philosophische Absurditäten: widersprüchliches Denken

Rezension der Jury „Luchs" (Die ZEIT und Radio Bremen): John Green „Eine wie Alaska" (erschienen 2005)

Ist das erste Kapitel eines Romans mit *Einhundertsechsunddreißig Tage vorher* überschrieben, blättert man unwillkürlich[1] zum letzten und fühlt sich in der Vermutung bestätigt, dass
5 dafür nur die Überschrift *Einhundertsechsunddreißig Tage danach* infrage kommt. Und ebenso klar ist, dass irgendwo in der Mitte *Der letzte Tag* – wovon auch immer – angekündigt wird. Wir wissen eine Menge über die Dramaturgie[2] des Romans und den seltsamen Na-
10 men der Hauptperson verrät uns der Titel – *Eine wie Alaska*. Und doch deutet noch kaum etwas darauf hin, welch faszinierende, mitreißend erzählte Geschichte uns erwartet.
Es ist der 16-jährige Miles, von dem wir sie erfahren.
15 Frustriert von der muffigen Atmosphäre der Highschool seines Heimatortes in Florida und um der liebevollen Überbehütung durch seine Eltern zu entkommen, beschließt er, den Rest seiner Schulzeit in Culver Creek, einem bekannten Internat in Alabama, zu ver-
20 bringen. Als Begründung und Trost zitiert er seinen Eltern die letzten Worte von Rabelais: „Nun mache ich mich auf die Suche nach dem großen Vielleicht."
Es sind nicht die Werke berühmter Dichter, die ihn interessieren, es sind ihre Biografien und dabei vor allem
25 ihre letzten Worte. Davon hat er schon eine ganze Sammlung, ein seltsames Hobby für einen ansonsten eher allzu normalen 16-Jährigen. Doch wie sich bald herausstellt, ist es genau diese Leidenschaft, die ihm die Aufmerksamkeit der interessantesten Typen von
30 Culver Creek verschafft.

Dazu gehört sein cooler Zimmergenosse Chip, wegen seiner geringen Körpergröße „Colonel" genannt, Stipendiat[3] seit drei Jahren, der ihn sogleich unter seine Fittiche nimmt und ihm den Spitznamen „Pummel"
35 verpasst: „Weil du 'ne Bohnenstange bist. Das nennt man Ironie, Pummel. Schon mal davon gehört?"
Er nimmt ihn mit zu „Alaska", deren Stimme und Erscheinung – „das heißeste Wesen, das die Welt je gesehen hatte" – samt den riesigen Bücherstapeln, die ihr
40 Zimmer beherrschen, den armen Miles gänzlich aus der Fassung bringen. Auch sie hat letzte Worte parat, speziell für Miles, um seine Verwirrung auf die Spitze zu treiben: „Wie komme ich bloß aus diesem Labyrinth heraus?" Sie stammen von Simón Bolívar[4] und Alaska
45 gibt sie Miles als Rätsel mit auf den Weg.
Jugendliche wie Colonel und Alaska samt Takumi aus Japan, dem Dritten im Bunde, sind Miles in seiner provinziellen[5] Welt bisher nicht begegnet. Wissbegierig und belesen, diskutierfreudig und hochintelligent, ge-
50 hören sie zu den besten Schülern des Internats. Doch sie nutzen ihre Intelligenz auch dazu, die strengen Regeln der Schule zu umgehen und ihre eigenen Methoden zu entwickeln, verbotenerweise zu rauchen, zu trinken und Partys zu feiern. „Keine Drogen. Kein Alko-
55 hol. Keine Zigaretten", hatte Miles' Vater zum Abschied gemahnt, aus seiner eigenen Zeit im Internat wohl wissend, dass sein Sohn all dies kennen lernen und überleben wird.

1 unwillkürlich: spontan

2 Dramaturgie: Struktur der Handlung

3 Stipendiat: jemand, der finanzielle Unterstützung für Schule/Studium bekommt

4 Simón Bolívar: 1783–1830, südamerikanischer Unabhängigkeitskämpfer gegen die spanischen Kolonialherren

5 provinziell: ländlich, rückständig

Aufgabe 17

Verbinde durch Linien: Welche Beschreibungen passen zu welcher der beiden Textsorten auf Seite 107?   4 Punkte

Beschreibung   **Textsorte**

A	eine Romanbesprechung aus einer Zeitung
B	eine knappe Inhaltsangabe, die aber einiges offenlässt
C	ein Meinungstext mit einer subjektiven Einschätzung des Romans
D	ein Text, der zum Kauf des Buches reizen soll

Klappentext

Rezension

☐ Punkte

Aufgabe 18

Kreuze die <u>falsche</u> Antwort an. Den beiden Texten zufolge handelt der Roman von …   1 Punkt

A ☐ den Rätseln des Lebens.

B ☐ einer besonderen Liebesgeschichte.

C ☐ außergewöhnlichen Jugendlichen.

D ☐ Jugendlichen mit Schulverweisen.

☐ Punkt

B   Einen informativen und einen argumentativen Text schreiben

Stelle dir vor, dass ihr im Deutschunterricht selbst über die nächste Klassenlektüre entscheiden dürft. Jeder kann über einen Jugendroman informieren und ihn empfehlen. Der Roman soll folgende Bedingungen erfüllen:

- Er soll zum Thema „Erwachsenwerden" passen. Damit sind z. B. die Loslösung vom Elternhaus, die Suche nach Herausforderungen, die ersten Erfahrungen im Umgang mit der Liebe, aber auch andere starke Gefühle, wie z. B. das Gefühl von Einsamkeit gemeint.
- Er soll Schülerinnen und Schüler der Klasse 8 interessieren und sie zum Nachdenken anregen.

Aufgabe 19

Informiere deine Klasse schriftlich über den Roman „Eine wie Alaska" von John Green. Schreibe in dein Heft und nutze die Informationen der Texte auf den Seiten 100 f., 104 f. und 107.   18 Punkte

> Beachte beim **Schreiben des Informationstextes** Folgendes:
> - Nenne in der Einleitung **Titel**, **Autor**, **Erscheinungsjahr** und **Thema** des Jugendromans.
> - Informiere über **wichtige Aspekte des Romaninhalts**.
> - Beschreibe die **Hauptfiguren**.
> - Erkläre, worum es im Romananfang geht und warum er zum Weiterlesen reizt.
> - Schreibe **sachlich** und verwende als Tempus das **Präsens**.

☐ Punkte

Aufgabe 20

Stelle dir vor, du möchtest deine Mitschüler/-innen überzeugen, den Jugendroman „Eine wie Alaska" als Klassenlektüre zu wählen. Schreibe die Empfehlung in dein Heft, indem du   18 Punkte
- deine Meinung zum Roman und auch über den Autor darlegst,
- mit Argumenten begründest, warum der Jugendroman zum Thema „Erwachsenwerden" passt,
- mit Argumenten begründest, warum er für deine Mitschüler/-innen interessant sein könnte.

☐ Punkte

Deutschbuch

Arbeitsheft

4

Lösungen

Ein Kurzreferat vorbereiten und halten

Seite 4–5

1 Die Überschrift informiert darüber, dass Jane Goodall für eine bessere Welt kämpft. Vielleicht hast du in einer Zeitung/Zeitschrift oder im Fernsehen schon einmal etwas über Jane Goodall erfahren? Seit 1960 erforscht sie das Verhalten von Schimpansen im „Gombe Stream National Park" in Tansania, Afrika. Goodall ist neben Dian Fossey (Gorillas) und Birutė Galdikas (Orang-Utans) eine von drei Frauen, die Langzeitstudien über Menschenaffen (Primaten) durchgeführt haben.

2 Mögliche weitere Fragen: Was macht Jane Goodall heute? – Was ist das Besondere an ihrer Arbeit? – Welche Auszeichnungen hat sie für ihre Leistungen erhalten? – Wie setzt sie sich für die Umwelt ein?

3 a Die Suche, z. B. bei „Google", ergibt ca. 4 580 000 Treffer (aufgerufen am 2. 9. 2013).
b Aktuelles (Home), Jane Goodall Institut Deutschland (Über uns), Biografie (Jane Goodall), Jugend-Gruppen (Roots & Shoots), Projekte des Instituts (Projekte), Schimpansen, Neuigkeiten (News), Möglichkeiten, diese zu unterstützen (Helfen)

4 a + b Mögliche Markierungen:
„Eine Affenliebe", S. 5: Schimpansen blieben fern, frei lebende Affen, Werkzeuge, alles falsch gemacht hätte, keine Namen geben dürfen, interessierten sich für jedes einzelne Tier, Kannibalen (Oberbegriff: Forschung, ggf. auch Leben)
„Jane Goodalls Biografie", S. 6: 3. April, Vater Ingenieur, Mutter Schriftstellerin, Sekretärin und Assistentin, Kenia, Louis Leakey, Verhalten von Schimpansen (Oberbegriff: Leben), Promotion (Oberbegriff: Forschung bzw. Biografie), Jane Goodall Institute for Wildlife Research, Education and Conservation (Oberbegriff: Jane Goodall Institut), Forschung einzustellen, Tierschutz- und Umweltaktivistin, Kyoto-Preis (Oberbegriff: Leben), Roots & Shoots, 10 000 Gruppen, 100 Ländern, Umwelt- und Sozial-Projekten (Oberbegriff: aktuelle Projekte/Roots & Shoots), Global 500 Award, Friedensbotschafterin der UN, Prinz-von-Asturien-Preis (Oberbegriff: Leben)
„Roots & Shoots", S. 6: Wurzeln und Sprösslinge, globales, ökologisches und humanitäres Jugendprogramm, Jugendliche, brennenden Herausforderungen, Lösung, eigene Projekte, positive Veränderungen, zehntausend Mitgliedern, fast 120 Ländern, aller Altersgruppen, bessere Welt (Oberbegriff: aktuelle Projekte/Roots & Shoots)

Seite 6–7

5 a + b Geeignete Websites sind z. B.:
●●● *http://de.wikipedia.org/wiki/Jane-Goodall*: Informationen zu Leben und Leistungen, Literatur, Filmen, Weblinks, Interviews
http://www.spiegel.de/wissenschaft/natur/jane-goodall-mit-30-nackt-durch-den-urwald-mit-67-auf-spendentrip-durch-die-welt-a-152022.html: Informationen zu Goodalls aktuellem Einsatz für den Umweltschutz
http://www.janes-journey-film.de/: Informationen zum Film über Jane Goodall (2011), über ihre Biografie, Roots & Shoots

6 a Mögliche Reihenfolge: 1 = C – 2 = D – 3 = B – 4 = A
b **Leben/Auszeichnungen:** Leben vor Beginn der Forschung, Forschungsaufenthalte, weiteres Engagement, Auszeichnungen
Forschung: Arbeitsbedingungen, Besonderheiten im Vorgehen, Forschungsergebnisse, Haltung anderer Forscher
Jane Goodall Institut: Gründung, Verbreitung, Zielsetzungen
Aktuelle Projekte/Roots & Shoots: Gründung, Mitglieder, Zielsetzungen
c Mögliche Begründungen: Die gewählte Reihenfolge ist sinnvoll, weil
... sie die zeitliche Abfolge von Jane Goodalls Leben spiegelt. (Reihenfolge wie in 6 a vorgeschlagen: C – D – B – A)
... sie das Interesse der Zuhörenden zuerst auf das Jugendprojekt lenkt. (Reihenfolge: A – B – C – D)
... sie die äußerst spannende Forschungsarbeit in den Mittelpunkt stellt. (Reihenfolge: D – C – B – A)

7 A: 3 – B: 1 – C: 2

8 Mögliche weitere Einleitung: Auf diesem Foto seht ihr, wie die Primatenforscherin Jane Goodall sich als Friedensbotschafte-
●●● rin der Vereinten Nationen für den Tier- und Umweltschutz einsetzt. Wie es dazu gekommen ist, dass sie eine so wichtige Rolle hat, möchte ich euch in meinem Referat berichten.

9 Möglicher Schluss: Jane Goodall hat zwei wichtige Institutionen für den Tier- und Umweltschutz gegründet. Roots & Shoots hat dabei eine besondere Bedeutung, weil sie junge Leute für das Thema begeistert. Es ist wichtig, dass viele Jugendliche sich in den Roots-&-Shoots-Gruppen engagieren, damit das Projekt weiterhin so erfolgreich bleibt.

Seite 8

10 a + b Mögliche Stichwortkarten:
Karte 1: Jane Goodalls Leben 1935 in London geboren – Ausbildung als Sekretärin – 1957 erste Reise nach Kenia – Erforschung des Verhaltens von Schimpansen – 1965 Promotion mit Ausnahmegenehmigung !!! (nie studiert) – 1977 Gründung des Jane Goodall Instituts – ab 1986 Tierschutz- und Umweltaktivistin – 1991 Gründung von Roots & Shoots
Mögliche weitere Karte zu 1: Auszeichnungen Kyoto-Preis für herausragende wissenschaftliche Leistungen – Global 500 Award: Umweltpreis, gestiftet bis 2004 von der UNEP (United Nations Environment Program) – Friedensbotschafterin der

UN, ernannt von UNO-Generalsekretär Kofi Annan – Prinz-von-Asturien-Preis, wichtiger spanischer Staatspreis (Sparte Wissenschaft und technische Forschung), ähnlich wichtig wie der Nobelpreis
Karte 2: Forschung Arbeitsbedingungen: sehr hart (schlechtes Fernglas, altes Zelt) – anfangs wenig erfolgreich – trotz Bananen – gibt den Schimpansen Namen – Wichtigste Forschungsergebnisse: – Schimpansen verwenden wie Menschen Werkzeuge – Zitat Goodall: „Werkzeuggebrauch galt als das, was uns von allen anderen Tieren unterscheidet." → Fotos (...) Schimpansen sind „Kannibalen" und kämpfen in „Kriegen" gegeneinander. Zitat Goodall: (...)
Mögliche weitere Karte zu 2: Haltung anderer Forscher Goodall habe „unwissenschaftlich" gearbeitet. – Vorwürfe: Sie hätte den Schimpansen keine Namen geben dürfen. – Zitat Goodall: „Damals gehörte es sich, dass Verhaltensforscher die Tiere durchnummerierten." – zu großes Interesse für individuellen Besonderheiten/die Persönlichkeit der Tiere
Jane Goodall Institut Jane Goodall Institute for Wildlife Research, Education and Conservation – gegründet 1977 – Büros in 22 Ländern – Zielsetzung: Förderung des respektvollen Umgangs mit Menschen, Tieren und der Natur
Roots & Shoots Übersetzung: Wurzeln und Sprösslinge – gegründet 1991 – Zielsetzung: **Jugendliche !!!** zum Umweltschutz motivieren – zehntausende Mitglieder in fast 120 Ländern – Zitat Website: „globales, ökologisches und humanitäres Jugendprogramm"

11 a + b Mögliche Entscheidungen und Begründungen:
Ein **Handout** ist besonders geeignet, weil die Zuhörer dann nichts mitschreiben müssen und die wichtigsten Informationen mit nach Hause nehmen können. – Eine **Power-Point-Präsentation** ist besonders geeignet, weil ich damit leicht nacheinander verschiedene Folien mit wichtigen Stichpunkten und interessanten Bildern zeigen kann.

12 Kleine Auswahl möglicher Heldinnen/Vorbilder: Rosa Parks, Sophie Scholl, Marie Curie, Bertha von Suttner, Dian Fossey,
●●● Gerlinde Kaltenbrunner.

Eine Stellungnahme überzeugend formulieren

Seiten 9–10

1 b **Meinungen,** Argumente, *Beispiele/Belege:*
Luna2000: Ich fände es klasse, wenn jeder einen solchen Führerschein machen müsste. (...) Dann wüsste jeder endlich genau, was im Netz erlaubt ist und was nicht. *Niemand könnte sich mehr herausreden, wenn er Fotos von anderen unerlaubt online stellt.* Außerdem würde man etwas über Netiquette lernen, sodass die Leute höflicher miteinander umgehen würden. *Das ist z. B. für Chats wichtig.* Wer sich nicht daran hielte, könnte seinen Führerschein verlieren.
Fred777: Eine Pflicht zum Internet-Führerschein halte ich für völlig übertrieben, weil das Internet ja nicht so gefährlich ist wie ein Auto. Wenn man vernünftig surft, gefährdet man ja niemanden anderen. *Wenn ich etwa einen Virus auf meinem Computer habe, ist das nur mein Problem.*
Xerx: Für mich wäre ein Internet-Führerschein sehr sinnvoll. *Zum Beispiel würde ich dann nicht mehr so viel Zeit mit sinnlosem Herumsurfen verschwenden.* Denn man müsste für den Führerschein lernen, wie man im Internet gezielt recherchiert. Außerdem wüsste man dann genau, welchen Websites und Informationen man vertrauen kann. (...)
Sol99: *Der Medienforscher Prof. Perke rät von einem verpflichtenden Internet-Führerschein ab. Er hat herausgefunden, dass Kinder sehr motiviert sind, Medienkompetenz von sich aus zu erwerben.* Ein wichtiger Einwand gegen einen Internet-Führerschein ist also, dass er Jugendlichen den Spaß am selbstständigen Entdecken im Netz verderben könnte. **Meiner Meinung nach ist ein verpflichtender Führerschein deshalb nicht zu empfehlen.**

2 a Sollte ein Internet-Führerschein für Jugendliche unter 14 Jahren eingeführt werden? – Ist ein Internet-Führerschein für junge Menschen unter 14 Jahren sinnvoll?
b Ich bin für/gegen einen Internet-Führerschein für Jugendliche unter 14 Jahren. – Ich bin der Auffassung, dass es einen/keinen Internet-Führerschein ab 14 Jahren geben sollte. – Dass man mit 14 Jahren einen Internet-Führerschein machen muss, lehne ich ab/befürworte ich.

3 Mögliche **Oberbegriffe** und Unterbegriffe für die Mind-Map: **Netiquette:** Chats, Regeln – **Vergleich Auto:** Gefahr, Sicherheit – **Suchstrategien:** gezielte Recherche, Informationsquellen – **Medienkompetenz:** Entdeckerfreude, Motivation, Spaß – **Urheberrecht:** Erlaubnis für Fotos, Videos, Musik einholen – **Sicherheit:** Viren-/Trojanerschutz, Schutz vor Betrug/Missbrauch – **Verantwortung:** Datenschutz für eigene und fremde Daten, Respekt – **Eltern:** Sorgen, Aufsicht – **Aufwand:** Kosten, Zeit

4 Mögliche Ideen für die Einleitung: Vergleich mit Fahren ohne Führerschein im Auto – Hinweis auf bereits gegebene breite Nutzung des Internets durch Jugendliche – Sorge Erwachsener erwächst aus ihrer eigenen Unsicherheit – elektronische Medien sind Alltag, wie Straßenbahn- oder Busfahren

5 Mögliche Überleitungen zum Hauptteil:
– (pro) Ich bin der Meinung, dass ein verpflichtender Führerschein für das Surfen im Internet ebenso sinnvoll wäre wie die Erlaubnis zum Führen eines Fahrzeugs. Dafür sprechen gute Gründe, die ich im Folgenden darlegen werde.
– (pro) Gerade weil in Deutschland fast alle Jugendlichen bereits im Internet unterwegs sind, lohnt sich die Überlegung, ob ein Internet-Führerschein mit 14 Jahren Pflicht werden sollte.
– (kontra) Obwohl ich weiß, dass viele Erwachsene sich dauernd Sorgen um uns Jugendliche machen, will ich im Folgenden erklären, warum ich den Internet-Führerschein ablehne.
– (kontra) Weil ich selbst schon seit Jahren selbstständig im Internet surfe, frage ich mich, warum es nun plötzlich einen verpflichtenden Internet-Führerschein für 14-Jährige geben soll. Es spricht einiges dagegen.

Seiten 11–12

6   b   **Mögliche Pro-Argumente:** Man würde lernen, die Urheberrechte besser zu beachten. – Man würde lernen, wie man verantwortungsvoll mit Daten umgeht. – Eltern müssten sich weniger Sorgen machen, was ihre Kinder im Internet tun.
Mögliche Kontra-Argumente: Richtiges Recherchieren und Surfen lernt man auch in der Schule. Jugendliche könnten nicht ohne Aufsicht ins Internet und würden nicht lernen, selbstständig damit zurechtzukommen.

7   a   Die Beispiele B, C und D passen zu Pro-Argumenten, Beispiel A zu einem Kontra-Argument.
     b   Alle genannten Beispiele gehören zu A eigene Erfahrung.

8   Mögliche eigene Argumente und Beispiele: **Pro:** Man würde lernen, Betrugsversuche im Internet besser zu erkennen, und könnte einen Betrug verhindern. Oft werden zum Beispiel völlig unnötig sehr persönliche Daten einschließlich Adresse, Alter und Hobbys erfragt und plötzlich bekommt man unbestellte Waren zugeschickt. **Kontra:** Einen Internet-Führerschein zu machen, wäre sicher sehr zeitaufwändig. Schließlich braucht man auch lange, um einen Fahrzeug-Führerschein zu machen.

9   Möglicher Schluss für eine Argumentation **pro** Internet-Führerschein:
Aus den dargelegten Gründen bin ich der Meinung, dass ein Internet-Führerschein sinnvoll ist. Die Führerscheinpflicht sorgt nämlich, wie gezeigt, nicht nur auf unseren Straßen für Sicherheit. Unter der Bedingung, dass das Alter für einen solchen Führerschein deutlich gesenkt würde, könnte ich mir vorstellen, dass er große Unterstützung fände.

Möglicher Schluss für eine Argumentation **kontra** Internet-Führerschein:
Aus diesen Gründen bin ich der Auffassung, dass es keinen verpflichtenden Internet-Führerschein geben sollte. Er wäre nicht nur sinnlos, weil viele Jugendliche sich schon seit ihrer Kindheit im Internet bewegen, sondern auch ungerecht, weil er verhindern würde, dass jeder an alle gewünschten Informationen kommen und seine Freundschaften pflegen kann. Falls es dennoch einen Internet-Führerschein geben sollte, fände ich es sinnvoll, ihn schon in der Grundschule einzuführen.

10   Mögliche **Pro-Argumentation:**

(Einleitung:) Mit großem Interesse las ich die Kommentare zum Thema „Sollte ein Internet-Führerschein für Jugendliche unter 14 Jahren eingeführt werden?" Stellt euch einmal vor, jeder könnte ohne Führerschein durch die Gegend fahren. Was könnte alles passieren? Wenn es eine Führerscheinpflicht für das Surfen im Internet gäbe, hätten wir auch in der virtuellen Welt mehr Sicherheit. *(Standpunkt:)* Deshalb bin ich für einen Internet-Führerschein für Jugendliche unter 14 Jahren. *(Überleitung zum Hauptteil:)* Aus guten Gründen, die ich im Folgenden darlegen werde, denke ich, dass ein verpflichtender Führerschein für das Surfen im Internet ebenso sinnvoll wäre wie es die Erlaubnis zum Führen eines Fahrzeugs ist. *(Hauptteil:)* Das aus meiner Sicht wichtigste Argument, das für einen Internet-Führerschein spricht, sind die Urheberrechte. Man würde lernen, die Rechte anderer im Netz besser zu beachten. Unser Nachbar bekam z. B. im vergangenen Jahr überraschend ein Schreiben von einem Rechtsanwalt, weil er ein Video mit fremder Musik unterlegt und hochgeladen hatte. Mit einem Internet-

Führerschein wäre ihm das sicher nicht passiert. Zudem würde man lernen, wie man auch mit eigenen Daten verantwortungsvoll umgeht. So habe ich z. B. neulich aus Versehen meine private E-Mail-Adresse ins Netz gestellt und serienweise unerwünschte Mails und Werbung bekommen. Hätte ich gewusst, welche Folgen dieses unbedachte Handeln hat, wäre ich aufmerksamer und vorsichtiger gewesen. So kann ich zuletzt noch das Argument anführen, dass sich Eltern weniger Sorgen machen müssten, was ihre Kinder im Internet tun, wenn sie einen Internet-Führerschein haben. Meine Mutter fragt mich z. B. alle zwei Minuten, was ich im Netz tue. Sie wäre endlich beruhigt. *(Schluss:)* Aus den dargelegten Gründen bin ich der Meinung, dass ein Internet-Führerschein sinnvoll ist. Die Führerscheinpflicht sorgt nämlich, wie gezeigt, nicht nur auf unseren Straßen für Sicherheit. Unter der Bedingung, dass das Alter für einen solchen Führerschein deutlich gesenkt würde, könnte ich mir vorstellen, dass er große Unterstützung fände.

Mögliche **Kontra-Argumentation:**

(Einleitung:) Mit großem Interesse verfolge ich die Beiträge zum Thema „Sollte ein Internet-Führerschein für Jugendliche unter 14 Jahren eingeführt werden?" Mein Vater bittet mich und meinen Bruder jedes Mal um Hilfe, wenn er Probleme mit seinem Computer hat. Warum können wir ihm überhaupt helfen? Weil wir schon als Grundschüler gelernt haben, selbstständig am Rechner zu arbeiten – und das ganz ohne Führerschein. *(Standpunkt:)* Deshalb bin ich der Meinung, dass ein Internet-Führerschein für Jugendliche überflüssig ist. *(Überleitung zum Hauptteil:)* Weil ich selbst schon seit Jahren selbstständig im Internet surfe, frage ich mich, warum es nun plötzlich einen verpflichtenden Internet-Führerschein für 14-Jährige geben soll. Es spricht einiges dagegen. *(Hauptteil:)* Zwar sind viele Eltern besorgt, wenn ihre

Kinder unbeaufsichtigt im Internet surfen, aber ihre Sorge ist dennoch unbegründet, denn spätestens in der Schule lernen Kinder und Jugendliche, sich im Internet sicher zu bewegen. Richtiges Recherchieren und Surfen steht auf vielen Stundenplänen. Meine Geschwister und ich wissen schon jetzt viel besser über das Internet Bescheid als unsere Eltern. Gerade weil wir ohne die Aufsicht Erwachsener gelernt haben, uns selbstständig im Internet zu bewegen, konnten wir viel entdecken und lernen. Müssten Jugendliche erst auf einen Internet-Führerschein warten, wären sie nicht motiviert, frühzeitig ohne Hilfe im Internet zurechtzukommen.
Mein wichtigstes Argument ist aber, dass ein nicht erteilter Internet-Führerschein den Zugang zu wichtigen Informationen verhindern würde. Denn viele Informatio-

nen findet man nur noch im Internet. Außerdem haben die sozialen Netzwerke eine wichtige Bedeutung für unsere alltägliche Kommunikation und die Pflege von Freundschaften. Ich kann zwar verstehen, dass ein Internet-Führerschein in manchen Fällen sinnvoll sein kann, aber jeder, der die Führerscheinprüfung nicht besteht, wäre aus seinem Freundeskreis ausgeschlossen.

(Schluss:) Aus diesen Gründen bin ich der Auffassung, dass es keinen verpflichtenden Internet-Führerschein geben sollte. Er wäre zudem sinnlos, weil viele Jugendliche sich schon seit ihrer Kindheit im Internet bewegen. Falls es dennoch einen Internet-Führerschein geben sollte, fände ich es sinnvoll, ihn schon in der Grundschule einzuführen.

11

a Mögliche Verknüpfung von Gegenargument und entkräftendem Argument:

A Auch wenn ein Internet-Führerschein den verantwortungsvollen Umgang mit Daten verspricht, so kann ich dagegenhalten, dass sich trotz Führerschein viele nicht an Regeln halten würden.

B Ich kann zwar verstehen, dass ein Internet-Führerschein sinnvoll sein kann, aber jeder, der die Führerscheinprüfung nicht besteht, wäre aus seinem Freundeskreis ausgeschlossen.

C Obwohl viele Eltern besorgt sind, wenn ihre Kinder unbeaufsichtigt im Internet surfen, ist ihre Sorge dennoch unbegründet, denn in den meisten Schulen lernen Kinder und Jugendliche, sich im Internet sicher zu bewegen.

b Mögliche Ergänzungen:

– Auch wenn man einwenden kann, dass sich ähnlich wie beim Autofahren trotz Führerschein viele nicht an Regeln halten würden, so kann ich dagegenhalten, dass ein Internet-Führerschein den verantwortungsvolleren Umgang mit Daten sicher unterstützen würde.

– Obwohl Kinder und Jugendliche in den meisten Schulen lernen, sich im Internet sicher zu bewegen, ist die Sorge vieler Eltern dennoch begründet, wenn ihre Kinder unbeaufsichtigt im Internet surfen.

Seite 13

Teste dich! Eine Stellungnahme überzeugend formulieren

1
a Folgende Zuordnung ist sinnvoll: 9 Punkte

(1) A	(3) B	(5) A	(7) B	(9) B
(2) A	(4) B	(6) A	(8) T	

b Mögliche Zuordnungen sind: (1) und (3), (2) und (4), (5) und (7), (6) und (9)   4 Punkte

2 Sinnvoll sind folgende Verknüpfungen: 4 Punkte

Ein Argument, das dagegen spricht, ist, dass eine Altersgrenze in sozialen Netzwerken bereits existiert, diese aber in der Praxis nichts bringt, denn Jugendliche umgehen diese, indem sie sich älter machen als sie sind. Außerdem sollte man bedenken, dass Cybermobbing auch durch eine Altersgrenze nicht vermeidbar ist. Dies zeigt sich deutlich darin, dass Mobbing auch über WhatsApp möglich ist.

3 Mögliche Stellungnahme: 5 Punkte

(Einleitung:) Derzeit wird häufig über eine Altersbeschränkung in sozialen Netzwerken diskutiert.
Ich halte eine Altersbeschränkung nicht für sinnvoll. Es gibt viele Gründe, die dagegen sprechen.
(Hauptteil:) Zunächst einmal lässt sich Cybermobbing auch durch eine Altersgrenze in sozialen Netzwerken nicht vermeiden. Cybermobbing findet nicht nur bei Facebook oder Instagramm statt, sondern auch über WhatsApp. Beleidigungen und Demütigungen erreichen auch über diesen Messenger schnell eine große Anzahl von Mitschülern oder Freunde.
Darüber hinaus lauern in jedem Alter Gefahren in sozialen Netzwerken. Auch Erwachsene sind davor nicht sicher. Sinnvoller als eine Altersbegrenzung ist z. B. die Aufklärung über Risiken und Gefahren auch schon in der Schule.

Weiterhin wäre eine Altersbeschränkung nicht wirksam, da Altersangaben nicht überprüfbar sind.
Kinder und Jugendliche umgehen die Altersgrenze dadurch, dass sie sich älter machen, als sie sind. Und zu guter Letzt sollten auch Kinder unter 14 die Möglichkeit haben, in sozialen Netzwerken Freunde zu treffen. Bei einem Umzug beispielsweise können sie so den Kontakt zu Freunden halten.
(Schluss:) Meiner Meinung nach sind Aufklärung über Risiken und Gespräche zwischen Kindern und ihren Eltern (oder Lehrern) immer sinnvoller als Verbote. Es ist wünschenswert, dass hierzu in den Schulen und in den Elternhäusern mehr passiert. Unsere Schule könnte beispielsweise einen Tag zur Sicherheit im Internet durchführen, ich würde mich an der Planung beteiligen.

Checkliste: Fit für eine Stellungnahme?	☺	☹
Führst du ins Thema ein und nennst Anlass oder Absicht der Stellungnahme?	x	
Formulierst du die These (Behauptung) klar und leitest zum Hauptteil über?	x	
Nennst du im Hauptteil Argumente und bekräftigst diese durch Beispiele/Belege?	x	
Verbindest du Argumente durch Verknüpfungen miteinander?	x	
Bekräftigst du zum Schluss deinen Standpunkt und formulierst eine Forderung?	x	

Insgesamt zu erreichende Punktzahl: **22 Punkte**

Beschreiben und Erklären
Einen Ort beschreiben

Seite 14–16

1 a + b 1 = A; 2 = G; 3 = B; 4 = F; 5 = E; 6 = H; 7 = C; 8 = D; 9 = I

2 1 EKG-Monitor und Defibrillator – 2 Klappsitz für den Notarzt – 3 Beatmungsgerät – 4 Medikamenten- und Instrumentenschränke – 5 Patiententrage mit Fahrgestell – 6 Tragestuhl – 7 Desinfektionsmittel – 8 Einmalhandschuhe – 9 Notfallrucksack

3 Mögliche Lösung (Wörter für die **Position** oder **Lage** der Gegenstände):

EKG-Monitor und Defibrillator sind **über** der Trage an der linken Seitenwand befestigt. **Dahinter**, in der linken Ecke des Rettungswagens, befinden sich die Medikamenten- und Instrumentenschränke. Direkt **unter** dem EKG-Monitor und dem Defibrillator ist das Beatmungsgerät angebracht. **Daneben** ist der Klappsitz für den Notarzt an der Wand montiert. **Vor** dem Sitz steht die Patiententrage, auf deren Oberfläche Sicherheitsgurte zum Befestigen des Patienten liegen. Schräg **hinter** der Patiententrage steht der Tragestuhl. Er steht mit dem Rücken zur Fahrerkabine **in der Mitte** der Stirnwand des Rettungswagens. **Rechts daneben**, auf der Höhe der Kopfstütze des Tragestuhls, ist der Desinfektionsmittelspender an der Wand platziert. **Weiter oberhalb**, direkt **neben** der Seitentür des Wagens, befinden sich die Einmalhandschuhe. **Darunter** steht auf dem Boden, ebenfalls direkt **neben** der Wagentür, griffbereit der Notfallrucksack.

4 Mögliche Beschreibung der Trage:

Die Patiententrage mit ausklappbarem Fahrgestell ist dick gepolstert und mit einer Kopfstütze versehen. Der auffällige Bezug der Polster in leuchtendem Neonorange gewährleistet, dass die Trage am Einsatzort gut sichtbar ist. Ein heller, wegwerfbarer Bezug bedeckt die Liegefläche. Aus hygienischen Gründen wird dieser Bezug nach jedem Einsatz ausgewechselt. Zuoberst sieht man mehrere schwarze Sicherheitsgurte auf der Liegefläche, die zum Fixieren des Patienten dienen. Eine stabile Randhalterung aus Metall verläuft entlang der Längsseiten und verhindert ein seitliches Herunterfallen des Kranken. An der Kopf- und Fußseite der Trage ragen orangefarbene Tragegriffe aus Plastik hervor. Im unteren Bereich ist das gesamte Gestell in Schienen gelagert, sodass die Sanitäter die Trage durch die Hecktür in den Innenraum schieben können.

5 Du könntest für jede Lücke unterschiedliche Verben gefunden haben: Das Foto **zeigt** einen Rettungswagen. Er wird eingesetzt, um Notfallpatienten zu **versorgen/behandeln** und in eine Klinik zu **transportieren/bringen/fahren**. Man **sieht/blickt/schaut** von hinten durch die geöffneten Türen in den Innenraum des Rettungswagens. Dieser **besitzt/verfügt über/hat** eine Breite sowie Höhe von ungefähr zwei Metern und ist etwa dreieinhalb Meter lang.

6 Der Schlussteil B ist geeignet, weil die Sprache sachlich ist und auf den Betrachter eingegangen wird.

7 Mögliche Beschreibung des Rettungswagens:

(Einleitung:) Das Foto zeigt einen Rettungswagen. Er wird eingesetzt, um Notfallpatienten zu behandeln und in eine Klinik zu transportieren. Man blickt von hinten durch die geöffneten Türen in den Innenraum des Fahrzeugs. Dieser verfügt über eine Breite sowie Höhe von ungefähr 2 Metern und ist etwa 3,5 Meter lang.
(Hauptteil:) Im Innenraum ist an der linken Seitenwand ein EKG-Monitor mit Defibrillator befestigt. Dahinter, in der linken Ecke des Rettungswagens, befinden sich die Medikamenten- und Instrumentenschränke. Man kann fünf Schubladen erkennen. Direkt unter dem EKG-Monitor und dem Defibrillator ist das Beatmungsgerät angebracht. Daneben ist der dunkelblaue Klappsitz für den Notarzt an die Wand montiert. Vor dem Sitz steht die dick gepolsterte Patiententrage mit ausklappbarem Fahrgestell. Auf der Oberfläche der Trage liegen schwarze Sicherheitsgute zum Befestigen des Patienten. Sie ist mit einer Kopfstütze versehen. Der auffällige Bezug der Polster in leuchtendem Neonorange garantiert, dass die Trage am Einsatzort gut sichtbar ist. Ein heller, wegwerfbarer Bezug bedeckt die Liegefläche. Aus hygienischen Gründen wird dieser Bezug nach jedem Einsatz ausgewechselt. Eine stabile Randhalterung aus Metall verläuft entlang der Längsseiten und verhindert ein seitliches Herunterfallen des Kranken. An der Kopf- und Fußseite der Trage ragen orangefarbene Tragegriffe aus Plastik hervor. Im unteren Bereich ist das gesamte Gestell in Schienen gelagert, sodass die Sanitäter die Trage durch die Hecktür in den Innenraum schieben können. Schräg hinter der Patiententrage steht der dunkelblaue Tragestuhl. Er steht mit dem Rücken zur Fahrerkabine in der Mitte der Stirnwand des Fahrzeugs. Hinter dem Tragestuhl befindet sich ein Sichtfenster in die Fahrerkabine des Rettungswagens. Rechts daneben, auf der Höhe der Kopfstütze des Tragestuhls, ist der Desinfektionsmittelspender an der Wand platziert. Weiter oberhalb, direkt neben der Seitentür des Wagens, befinden sich drei Boxen mit hellblauen Einmalhandschuhen. Darunter steht auf dem Boden, ebenfalls direkt neben der Wagentür, griffbereit der signalrote Notfallrucksack.
(Schluss:) Sieht man, wie durchdacht ein Rettungswagen eingerichtet ist, versteht man, dass er im Notfall dazu beitragen kann, ein Menschenleben zu retten. Man hat den Eindruck, dass Sanitäter oder Notarzt trotz des begrenzten Platzangebots eine bestmögliche Erstversorgung durchführen können. Dies wirkt sehr beruhigend.

Einen Arbeitsablauf beschreiben

Seite 18–19

2 **Illustration 1** zwei Mechaniker (einer vorn, einer hinten), feuerfeste Schutzkleidung, heben mit Wagenheber Heck und Bug an – **Illustration 2** je Reifen ein Team von drei Mechanikern: erster Mechaniker löst Radmuttern mit Druckluft-Schlagschrauber, Druckluft über Schläuche mittels des Galgenbaums zugeleitet – **Illustration 3** zweiter Mechaniker, Reifen abnehmen **Illustration 4** dritter Mechaniker, Reifen aufsetzen – **Illustration 5** erster Mechaniker, neuen Reifen mit Druckluft-Schlagschrauber festschrauben – **Illustration 6** zwei Mechaniker (einer vorn, einer hinten), setzen Heck und Bug wieder ab

3 a Erklärung der Fachbegriffe:
(Beispiel:) Als Arbeitskleidung tragen Mechaniker feuerfeste Schutzkleidung, die in der Regel Stiefel, Overall, Helm, Brille und Handschuhe umfasst.
(Definition:) Druckluft ist in einem Kompressor verdichtete Luft, sie liefert zum Beispiel Energie für den Schlagschrauber.
b Mögliche Beschreibung der ersten beiden Arbeitsschritte (mit Erklärung der Fachbegriffe):

Wenn der Wagen in die Boxengasse einfährt, eilt je ein Mechaniker hinten ans Heck und vorn an den Bug des Wagens. Sie heben das Rennauto mit dem Wagenheber an. Alle 14 Mechaniker tragen feuerfeste Schutzkleidung, die in der Regel Stiefel, Overall, Helm, Brille und Handschuhe umfasst. An jedem Reifen steht blitzschnell ein Team von drei Mechanikern. Ein Mechaniker löst mit dem Druckluft-Schlagschrauber die Radmuttern. Ein Schlagschrauber wird als Werkzeug eingesetzt, weil er die Radmuttern mit großer Geschwindigkeit und Kraft lösen oder festschrauben kann.

4 Mögliche Wörter zur Bestimmung der Reihenfolge der Arbeitsschritte: zu Beginn – zuerst – sofort – im Anschluss – nun – jetzt – danach – als Nächstes – kurz vor dem Start – zum Schluss – schließlich

5 Der lose Reifen wird (von dem Mechaniker) abgenommen.
Anschließend rollt ein dritter Mechaniker den neuen Reifen blitzschnell in die richtige Position.
Sobald die Nabe vom Mechaniker erreicht wird, wird der Reifen von ihm aufgesetzt.

6 Mögliche Einleitung:

Damit ein Boxenstopp reibungslos erledigt werden kann, muss alles bereits vor Beginn des Rennens perfekt vorbereitet sein. Das Werkzeug wird überprüft und bereitgehalten. Kurz vor dem Boxenstopp nehmen alle Mechaniker auf ein Zeichen des Boxenchefs ihre Plätze ein, das ist genau geregelt. Wenn das Auto einfährt, ist jeder vorbereitet. Die einzelnen Handgriffe hat das Mechanikerteam oft geübt, sodass ein schneller Ablauf garantiert ist.

7 Möglicher Schluss:

Ein sekundenschneller Reifenwechsel während eines Boxenstopps kann aber nur dann problemlos ablaufen, wenn alle Mechaniker ein absolut eingespieltes Team sind. Dennoch ist für das gesamte Team intensives Training notwendig, um den Boxenstopp so schnell abwickeln zu können. Alle sind am rechten Ort. Die Werkzeuge werden rechtzeitig bereitgehalten. Jeder Handgriff beim Reifenwechsel wird in den Tagen vor dem Rennen immer wieder geübt. So müssen die Mechaniker im Ernstfall nicht mehr über ihre Aufgabe nachdenken.

8 Abfolge der Arbeitsschritte:
1 = Anheben des Wagens	3 = Abnehmen der alten Reifen	5 = Festschrauben der Reifen
2 = alte Reifen lösen	4 = neue Reifen aufsetzen	6 = Absetzen des Wagens

Mögliche Vorgangsbeschreibung:

(Einleitung:) Damit ein Boxenstopp reibungslos abläuft, muss alles bereits vor Beginn des Rennens perfekt vorbereitet sein. Das Werkzeug wird überprüft und bereitgehalten. Kurz vor dem Boxenstopp nehmen alle Mechaniker auf ein Zeichen des Boxenchefs ihre Plätze ein. Das ist genau geregelt. Wenn das Auto einfährt ist jeder vorbereitet. Die einzelnen Handgriffe hat das Mechanikerteam oft geübt, sodass ein schneller Ablauf garantiert ist.
(Hauptteil:) Wenn der Wagen in die Boxengasse einfährt, eilt je ein Mechaniker hinten ans Heck und vorn an den Bug des Wagens. Sie heben das Rennauto mit dem Wagenheber an. Alle 14 Mechaniker tragen feuerfeste Schutzkleidung, die in der Regel Stiefel, Overall, Helm, Brille und Handschuhe umfasst. An jedem Reifen steht blitzschnell ein Team von drei Mechanikern. Ein Mechaniker löst mit dem Druckluft-Schlagschrauber die Radmuttern. Ein Schlagschrauber wird als Werkzeug eingesetzt, weil er die Radmuttern mit großer Geschwindigkeit und Kraft lösen oder festschrauben kann. Ein zweiter Mechaniker nimmt die Reifen ab und macht sofort für seinen Kollegen Platz, der mit dem neuen Reifen schon bereitsteht. Der dritte Mechaniker setzt den Reifen auf die Radnabe auf und achtet darauf, dass alles richtig sitzt. Nun kann der erste Mechaniker, der den Radwechsel beobachtet hat, den neuen Reifen mit Hilfe

des Druckluft-Schlagschraubers festschrauben. Sobald die Reifen sitzen, gibt jedes Reifenteam ein Signal. Die beiden Mechaniker am Bug und Heck setzen den Rennwagen daraufhin wieder ab. Der Fahrer kann losfahren und sein Rennen fortsetzen.
(Schluss:) Für das gesamte Team ist intensives Training notwendig, um den Boxenstopp so schnell wie möglich abwickeln zu können. Die Mechaniker sind dabei ein eingespieltes Team, alle sind am rechten Ort. Die Werkzeuge werden rechtzeitig bereitgehalten. Jeder Handgriff beim Reifenwechsel wird in den Tagen vor dem Rennen immer wieder geübt. So müssen die Mechaniker im Ernstfall nicht mehr über ihre Aufgabe nachdenken.

Seite 20

Teste dich! Einen Arbeitsablauf beschreiben

1 8 Punkte

2 a Richtige Reihenfolge und Zuordnung der Stichwörter: 4 Punkte

1: Fahrrad auf Sattel stellen
3: Schlauch mit Luftpumpe aufpumpen
5: abgetrockneten Schlauch rund ums Loch mit Sandpapier abschmirgeln
7: Gummiflicken aufs Loch drücken

2: Rad auf Boden legen
4: Schlauch ins Wasser tauchen
6: Gummikleber ums Loch streichen
8: Mantel mit geflicktem Schlauch auf Felge heben

b Mögliche Vorgangsbeschreibung: 8 Punkte

(Einleitung:) Die Reparatur eines platten Fahrradreifens kann man mit etwas Geschick selbst erledigen. Man benötigt dafür lediglich eine Luftpumpe, ein Reifenflickset, einen Schraubenschlüssel und eine mit Wasser gefüllte Schüssel.
(Hauptteil:) Zuerst muss die Felge mit dem platten Reifen vom Fahrrad abmontiert werden. Dazu stellt man das Rad auf Sattel und Lenker, damit die Räder in der Luft stehen. Mit einem Schraubenschlüssel löst man die Radmuttern und hebt die Felge von der Fahrradgabel. Nun kann man den Mantel mit einem Schraubenschlüssel rundherum abheben, sodass man den Schlauch aus der Felge nehmen kann. Um die schadhafte Stelle herauszufinden, muss der Schlauch mit einer Luftpumpe aufgepumpt werden. Wenn man den Schlauch Stück für Stück ins Wasser taucht, steigen dort, wo sich das Loch befindet, Luftblasen auf. Nun kommt das Flickset zum Einsatz. Den abgetrockneten Schlauch schmirgelt man vorsichtig rund um das Loch mit Sandpapier ab. Danach streicht man den Gummikleber aus der Tube um das Loch herum und drückt einen passenden Gummiflicken genau auf das Loch. Nach kurzer Wartezeit kann man den Schlauch wieder in die Felge legen und vorsichtig den Mantel aufziehen. Abschließend wird der Reifen wieder auf das Fahrrad montiert und mit der Luftpumpe aufgepumpt: Fertig ist die Reparatur.
(Schluss:) Beim Flicken eines Fahrradreifens sollte man vorsichtig und sorgfältig vorgehen, damit man beispielsweise mit dem Schraubenschlüssel der Montage keine weiteren Schäden am Schlauch verursacht. Da die Bauteile oft verschmutzt sind, sollte man auf passende Kleidung achten. Und noch ein Tipp: Die Hände lassen sich nach der Reparatur besser reinigen, wenn man sie vorab leicht eingecremt hat. Dann steht mit geflicktem Reifen einer Fahrradtour nichts mehr im Wege.

Checkliste: Fit fürs Beschreiben eines Vorgangs?	😊	😟
Benennst du in der **Einleitung** notwendige Materialien und Werkzeuge?	x	
Beschreibst du im **Hauptteil** den Arbeitsablauf Schritt für Schritt?	x	
Machst du die Reihenfolge der Arbeitsschritte durch **Konjunktionen** deutlich?	x	
Verwendest du **Fachbegriffe**?	x	
Hältst du die richtige Reihenfolge ein?	x	
Schreibst du im **Präsens**?	x	
Gibst du am **Schluss** einen weiterführenden Tipp?	x	

Insgesamt zu erreichende Punktzahl: **20 Punkte**

Berichten
Einen Tagesbericht verfassen

Seite 21–22

1 Möglicher Einleitungssatz mit Arbeitsschwerpunkten:
Heute lernte ich am Vormittag die Tätigkeiten des Tierarztes auf verschiedenen Höfen kennen, wo Großtiere behandelt werden, und am Nachmittag konnte ich dem Tierarzt bei den Kleintierbehandlungen in der Praxis zusehen und helfen.

2 a habe ich untersucht (Z.1–2) → untersuchte – habe zugesehen (Z.1–4) → sah zu – habe beschriftet (Z.10–11) → beschriftete
   b machte (Z.3) → legte an – Das war voll toll (Z.4–5) → Das machte mir großen Spaß! – abchecken (Z.8) → abhören –
   krass (Z.8) → sehr – total süßen (Z.9) → mehreren/einigen

3 Antwort D ist richtig.

4 a + b Mögliche Satzgefüge und Verknüpfungswörter: A Dazu gehörte das Impfen von drei Katzenbabys, damit sie keine
   lebensbedrohlichen Krankheiten bekommen. – B Obwohl ich vor der Narkose beruhigend auf ihn einredete, war er sehr
   ängstlich. – C Als Letztes beriet der Tierarzt noch die Besitzerin eines Hundes, weil das Tier übergewichtig war.

5 Mögliche Erklärungen: **Stethoskop:** Abhörgerät – **Tubus:** dünner Schlauch – **Inhalationsgerät:** Gerät mit Atemmaske –
   Desinfektionsbad: Bad zum Abtöten von Bakterien – **Dampfsterilisator:** Gerät, das Krankheitserreger abtötet

6 Verbesserter Text:

Auf dem ersten Hof untersuchte ich gemeinsam mit dem Tierarzt mit einem Mikroskop die Kotprobe eines Pferdes auf Würmer und sah ihm bei der Impfung von drei anderen Pferden zu. Dann legte der Tierarzt einem Pferd einen neuen Verband an. Ich hielt das Tier währenddessen am Halfter fest. Das machte mir großen Spaß, weil ich es während der Behandlung gut beruhigen konnte. Als Nächstes mussten auf einem anderen Hof drei Kühe mit einem Antibiotikum behandelt werden, da sie eine Infektion hatten. Ich durfte mit einem Stethoskop Lunge und Herz abhören und der Tierarzt erklärte mir, dass die Tiere eine sehr hohe Herz- und Atemfrequenz hatten. Auf dem letzten Hof musste der Tierarzt mehreren Schafen Blut abnehmen. Ich beschriftete für ihn die Blutprobenröhrchen mit den Ohrmarkennummern, damit man später weiß, welches Blut zu welchem Schaf gehört.
Am Nachmittag wurden in der Praxis mehrere Kleintiere behandelt. Ich durfte bei einer Operation zusehen, in der einer Hündin ein Tumor entfernt wurde. Zuerst wurde sie in die Narkose gelegt und weiträumig rasiert und desinfiziert. Als Nächstes wurde ihr ein Tubus, das ist ein dünner Schlauch, in die Luftröhre geschoben und an das Inhalationsnarkosegerät angeschlossen. Anschließend wurden der Tumor herausgeschnitten, die Blutgefäße abgebunden und die Haut wieder zugenäht. Nach der OP putzte ich den Behandlungsraum. Ich zog Handschuhe an. Dann reinigte ich die Instrumente, indem ich sie zunächst in Wasser, dann in ein Desinfektionsbad und schließlich in einen Dampfautosterilisator legte, der die Krankheitserreger abtötet. Anschließend schnitt ich für den nächsten Tag Tücher für den Instrumententisch zu. Danach durfte ich dem Tierarzt noch bei weiteren kleineren Behandlungen zusehen. Dazu gehörte das Impfen von drei Katzenbabys, damit sie keine lebensbedrohlichen Krankheiten bekommen. Außerdem versorgte er kleinere Wunden bei einem Meerschweinchen und kastrierte einen Kater. Obwohl ich vor der Narkose beruhigend auf ihn einredete, war er sehr ängstlich. Als Letztes beriet der Tierarzt noch die Besitzerin eines Hundes, weil das Tier übergewichtig war.

7 Am Schluss füllte ich die Regale der Apotheke noch mit neuen Medikamenten auf. Zuletzt sortierte ich gemeinsam mit der Arzthelferin einige Medikamente aus, weil deren Verfallsdatum überschritten war.

Eine Reportage schreiben

Seite 24

1 a + b Informationen zum Ereignis:
   Was? Klassenausflug in die Kletterhalle zum Bouldern
   Wann? Beim Schulausflug
   Wo? Kletterhalle in eurer Nähe
   Wer? Die eigene Klasse und Lutz Schneider (Gründer der Berliner Kletterhalle)
   Wie und warum? Auseinandersetzung mit der eigenen Angst, um das Selbstbewusstsein zu stärken

Hintergrundinformationen:
„Bouldern": vom englischen „boulder" = Fels; knapp überm Boden ohne Sicherung hangeln, „Klettern auf Absprunghöhe" (Z.14)
Lutz Schneider: Gründer der ältesten Berliner Kletterhalle.
Routenschrauber: bringt die Route an der Wand an
Gelbe Routen: für Anfänger
Bouldersport: eigenständige Sportart, kommt aus Frankreich und England, wo zunächst in leeren Minen geklettert wurde

Schilderung des Ereignisses:
Mögliche Textstellen zum Ausbau sind z.B.
Z.23–24: Wer vor einer Wand steht, erkennt sofort, ob die Route seinem Niveau entspricht oder nicht.
      Hier könnten die eigenen Erfahrungen beim Bouldern eingepflegt werden.
Z.31–32: Bewegungsfantasie und Koordination

2 So könnte deine Mind-Map aussehen:

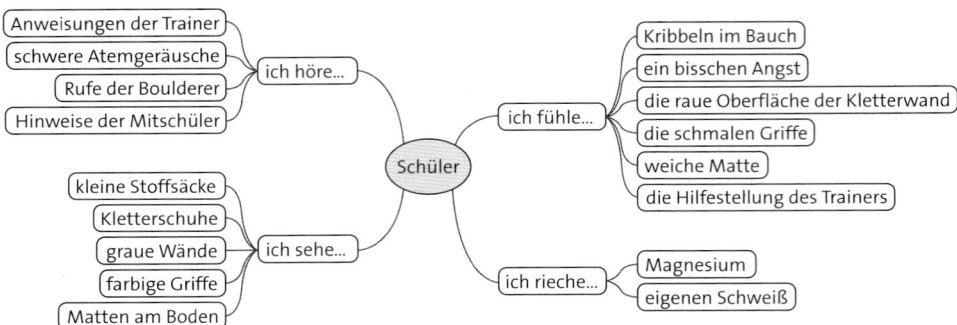

3 Mögliche Reportage zum Thema „Klettern – Vorbereitung auf das Leben?"

„Festhalten! Ja, genau so! Jetzt den Fuß auf den kleinen Vorsprung … den Griff noch nicht loslassen!" Meine Mitschülerin Alexa hängt spinnengleich an einer Felswand, tastet sich vorsichtig vorwärts. Es riecht nach Magnesium und Schweiß. Gott sei Dank hängt sie nur wenige Zentimeter über dem Boden an farbigen Griffen und direkt unter ihr liegt eine weiche Matte, die einen Sturz abfangen könnte. Abenteuerlich fühlt es sich aber schon an, wie ein echter Profi an der Steilwand zu hängen. „Bouldern" nennt man diese Sportart, abgeleitet vom englisch „boulder", was „Fels" heißt. Man hangelt sich ohne Sicherung knapp über dem Boden eine Wand entlang. Das ist anstrengend und eine richtige Sportart. „Keine Angst, das schaffst du!" Die Kommandos kommen von dem Trainer, einem erfahrenen und bekannten Extremkletterer. „Angst ist was Gutes", sagt er uns später im Interview. Sie mache wachsam und vorsichtig, man würde dadurch hellwach.
Unser Lehrer hatte uns vorgewarnt, er wollte uns „neue Erfahrungen" machen lassen. Also planten wir unseren Klassenausflug in die nächste Kletterhalle. Dort sollten wir anhand von Kletterübungen unser Gemeinschaftsgefühl stärken. Früh am Morgen sind wir voller Tatendrang losgezogen. Während der Busfahrt hatten wir uns auch noch gegenseitig angespornt, aber als wir die Kletterhalle betraten, stellte sich ein mulmiges Gefühl in der Magengrube ein. Durch den Raum schwirrten die Kommandos der Trainer und die schweren Atemgeräusche der Kletterer. Auch meine Klassenkameraden waren beeindruckt. Man hörte ein respektvolles Gemurmel. Ein bisschen Angst stieg wohl in allen auf, als wir die schmalen Griffe anfassen durften und wir die raue Oberfläche der Kletterwand erstmals spürten.
„Gleich hast du's geschafft! Noch zwei Griffe… Halt! Erst die Hand…!" Der Trainer führt uns an diesem Tag durch die Kletterwand, ein sicherer Begleiter, der auch ganz praktische Tipps bereithält. Anders als beim Klettern sind beim Bouldern Fantasie und Koordination der Bewegungen sehr wichtig. Beim Erarbeiten der Routen stehen daher Absprachen und der Austausch mit anderen im Vordergrund. Ich finde, man kann beim Bouldern einiges fürs Leben lernen.

Seite 25

Teste dich! Eine Reportage schreiben

1 Insgesamt zu erreichende Punktzahl: 7 Punkte

Checkliste: Fit fürs Schreiben einer Reportage?	😊	😟
Gibt es einen **„szenischen" Einstieg** mitten ins Geschehen? → Ja, Z. 1–31; v. a. auch die Formulierung: „Plötzlich ein schriller Ton: Alarm"	X	

Informiert der Text über die wichtigsten Ereignisse (W-Fragen)?
→ Wer? A. Neulinger (Z. 1 f.)
  Was? die fliegende Intensivstation (Überschrift)
  Wann? täglich (Z. 14)
  Wo? Bremen, „Klinikum Links der Weser" (Z. 1, 14 f.)
	X	

Finden sich sachliche **Hintergrundinformationen**? → Informationen zu den Rettungshubschraubern (Z. 10–15) und Aufgabe und Funktion des Helikopters (Z. 32–44)	X	
Werden **Atmosphäre** und **Stimmung** geschildert? → Schilderung der Anspannung vor dem Einsatz (Z. 1–9), Beschleunigung nach dem Landen (Z. 26–31)	X	
Kommen **wörtliche Rede** und eine **anschauliche Sprache** vor? → „Kind nicht ansprechbar Fieber …" (Z. 2); „Sicher am Boden", „Ihr könnt raus" (Z. 26–31) „Quasi per Lufttaxi" (Z. 39)	X	
Wird vorrangig im **Präsens** geschrieben? → ja: „schrillt" (Z. 1), „während er liest" (Z. 3–4) etc.	X	

Informationen entnehmen

Einen Sachtext lesen und verstehen

Seite 26

1 Richtig sind die Antworten B und D.

Seite 28

2 a Mögliche Wiedergabe des Themas: Der Zeitungsartikel handelt von einer anhaltenden Dürre in Kalifornien. Am Beispiel des Farmers Mark Borba informiert er über die Situation und Not der Einwohner.

b Mögliche schwer verständliche Wörter → Erklärungen: **Tröpfchenbewässerungsanlage** (Z. 16) → Durch Löcher in einem langen Schlauch fließt tröpfchenweise Wasser in die Erde und gelangt so an die Wurzeln der Pflanzen – **Reservoirs** (Z. 1–2; 58) → Wasserspeicher – **Aquädukt** (Z. 60) → Wasserleitung, durch die große Mengen an Wasser transportiert werden – **Regulierung** (Z. 81) → Anpassung an ein notwendiges Maß – **Infrastruktur** (Z. 83) → Voraussetzungen und Einrichtungen, die für das Funktionieren der Wirtschaft wichtig sind: Straßen- und Schienennetz, Wasser- und Abwasserleitungen, Energieversorgung usw.

3 Richtige Aussagen, wie sie im Text vorkommen, sind:
In Kalifornien fielen ein Jahr zuvor 188 Liter Regen pro Quadratmeter.
In Deutschland sind es 750 Liter pro Quadratmeter im Jahr.
Der Wasserverbrauch der durchschnittlichen Deutschen liegt bei 120 Liter pro Kopf und Jahr.
Der Wasserverbrauch in Kalifornien liegt bei 450 Liter pro Kopf und Jahr.

4 a Mögliche Schlüsselwörter: Dürre in Kalifornien, Experten warnen, besonderer Stolz: Mandelbäume, Tröpfchenbewässerungsanlage, Dilemma: gutes Ackerland, aber nicht genug Wasser, Reservoirs auf niedrigstem Stand, Auswirkungen auf das ganze Land, Pleasanton, nur 75 % des Wassers, Wasserverbrauch in Kalifornien: 450 Liter pro Kopf und Tag, Bußgeld, Wasserverbrauch, Los Angeles Aquädukt, Schmelzwasser fehlt, Umweltschützer „TreePeople", neue Regulierungen, mehr Auffangmöglichkeiten für Regenwasser

b + c **Vorspann** (Z. 1–7): Stand der Wasserreservoirs rekordverdächtig niedrig – **Sinnabschnitt 1** (Z. 8–25): Farmer Borba steht vor einem Dilemma – **Sinnabschnitt 2** (Z. 26–31): Ganz Amerika ist abhängig von Kalifornien – **Sinnabschnitt 3** (Z. 32–41): Pleasanton geht mit gutem Beispiel voran – **Sinnabschnitt 4** (Z. 42–54): Trotz Sparprogramm kein Rückgang des Gesamtverbrauchs – **Sinnabschnitt 5** (Z. 55–67): Der Los Angeles Aquädukt – **Sinnabschnitt 6** (Z. 67–79): TreePeople geben Unterricht im Wassersparen – **Sinnabschnitt 7** (Z. 80–85): Farmer Borba hält fest: Nun ist es unser aller Problem!

Seite 29

5 a Autoren: Wolfgang Stuflesser und Nicole Markwald; Textsorte: Reportage; Titel: Der Fluch des ewigen Sonnenscheins; Quelle: Deutschlandfunk: Beitrag vom 23.8.2014

b In der Reportage „Der Fluch des ewigen Sonnenscheins", die am 23.8.2014 im Online-Portal des Deutschlandfunks erschienen ist, berichten die Autoren Wolfgang Stuflesser und Nicole Markwald über die anhaltende Dürre und damit einher gehende Sparmaßnahmen in Kalifornien.

6 Mögliche Zusammenfassung der Sinnabschnitte mit eigenen Worten:
1: Die Farmer in Kalifornien sind in Not. Es fehlt Wasser, um ihre Pflanzen zu bewässern.
2: Kalifornien versorgt fast ganz Amerika mit seiner Obst- und Gemüseprodukten.
3: Die Stadt Pleasanton will ihren Wasserverbrauch um 20 % verringern.
4: Trotz der Appelle steigt der Wasserverbrauch in Kalifornien um 1 %. Staatsregierung verbietet Abspritzen von Gehwegen und Einfahrten mit dem Gartenschlauch.
5: Der Los Angeles Aquädukt führt Regen- und Schmelzwasser über 670 km von den Bergen der Sierra Nevada in die Stadt Los Angeles. Doch bleibt der Schnee aus, gibt es kein Schmelzwasser
6: Umweltschützer wie z.B. die „TreePeople" informieren die Bevölkerung über Wasserwiederverwendung und sinnvolle Gartengestaltung.
7: Farmer Borba glaubt an neue Vorschriften und ist davon überzeugt, dass sein Problem nun alle angeht.

Seite 30

7 a Möglicher Tipp an Mina: Schreibe sachlicher, streiche umgangssprachliche Wendungen und vermeide persönliche Meinungen und Vermutungen.

b Streichungen: Dieser Mark ist ~~arm dran~~. Die Familie ~~von ihm~~ baut seit 42 Jahren ~~leckeres~~ Gemüse und Obst an und er ist ~~mega~~stolz auf seine Mandelbäumchen. Wenn er ~~denen~~ aber kein Wasser gibt, weil es nicht regnet, dann vertrocknen die teuren Bäume ~~ganz~~ schnell. Jetzt kann ~~der Arme~~ nicht mehr alles bepflanzen, ~~total traurig~~. ~~Sogar der~~ Obama war schon da und er ~~will~~ 140 Millionen Euro ~~geben~~, aber, ~~ob das reicht~~?

Mögliche Textverbesserung:

> Farmer Mark Borba hat es schwer. Seine Familie baut seit 42 Jahren Gemüse und Obst an und er ist stolz auf seine Mandelbäume. Wenn es nicht regnet und er die Pflanzen nicht bewässern kann, dann vertrocknen die teuren Bäume schnell. Aufgrund der Wasserknappheit kann der Far-
> mer einen Teil seines Bodens nicht mehr bepflanzen. Daher hat Präsident Obama den betroffenen Gebieten einen Besuch abgestattet und versprochen, Kalifornien mit 140 Millionen Euro zu unterstützen.

8 a In Pleasanton müssen alle Haushalte und Geschäfte 20 Prozent weniger Wasser verbrauchen. Das ist das erste Mal in der Geschichte von Pleasanton, dass so etwas passiert. Festzustellen ist, dass sie dieses Jahr nur 75 Prozent des Wassers haben, das normalerweise hier im Tal im Sommer verbraucht wird.

b Mögliche Textverbesserung:

> In Pleasanton müssen alle Haushalte und Geschäfte 20 Prozent weniger Wasser verbrauchen. Das ist für Pleasanton eine völlig neue Situation. Festzustellen ist, dass
> den Einwohnern im Jahr 2014 nur 75 Prozent des Wassers zur Verfügung steht, das sie normalerweise im Sommer verbrauchen.

9 Mögliche Zusammenfassung:

> Trotz der Appelle – selbst des Gouverneurs von Kalifornien – steigt der Wasserverbrauch um 1 Prozent. Mit Bußgeldern werden Verstöße gegen die neuen Regeln geahndet, wie z. B. das Abspritzen von Gehwegen und Einfahrten mit dem Gartenschlauch. Der mehr als hundert Jahre alte Los Angeles Aquädukt führt Regen- und Schmelzwasser über 670 km von den Bergen der Sierra Nevada in die Stadt Los Angeles. Doch bleibt der Schnee
> aus, gibt es auch kein Schmelzwasser. Umweltschützer wie z. B. die „TreePeople" informieren die Bevölkerung über Wasserwiederverwendung und sinnvolle Gartengestaltung. Leider lässt sich dadurch das Dürreproblem nicht gänzlich lösen. Der Farmer Mark Borba glaubt an neue Maßnahmen und ist davon überzeugt, dass sein Problem nun alle angeht.

10 Du kannst das Thema gleichermaßen für interessant oder belanglos halten. Du solltest jedoch umkreist haben, dass der Text kurzweilig und gut lesbar ist und eine anschauliche und lebendige Beschreibung liefert.

11 Möglicher Schluss:

• • •

> Mit der Aussage „It's now everyone's problem, it's not just a few farmers problem (Z. 84–85), was in der Übersetzung so viel bedeutet wie: „Das ist nun unser aller Problem und nicht nur das Problem von einigen wenigen Farmern", drückt Mark Borba seine Erleichterung aus, dass sich nun alle der Problematik bewusst sind. Daraus
> schöpft er die Hoffnung, dass nun tiefgreifende Maßnahmen getroffen werden, die auch eine Lösung nach sich ziehen. Konkret würde das für ihn bedeuten, dass er wieder seine gesamte Ackerfläche anbauen und auch bewässern kann.

Seite 31

1 a Aus dem Diagramm lässt sich die durchschnittliche monatliche Temperatur, gemessen in Grad Celcius, in Los Angeles ablesen und wie hoch dort der monatliche Niederschlag, gemessen in mm, ist.

b Im Monat Januar fällt in Los Angeles am meisten Regen, nämlich 64 mm. Im Monat Juli liegt der Niederschlag nur bei 0,3 mm. Die Differenz zwischen höchster und niedrigster Niederschlagsmenge beträgt somit 63,7 mm.

2 Richtig sind die Antworten C und D; auch B lässt sich ermitteln, indem man die Niederschlagsmengen aller Monate zusammenzählt.

3 In der Reportage werden ebenso wie in der Grafik die Städte Sacramento, Los Angeles, Pleasanton, San Francisco erwähnt.

Seite 32

Teste dich! Einen Sachtext und ein Diagramm auswerten

1 Thema des Textes ist der Wassermangel in der australischen Stadt Melbourne und welche Maßnahmen dagegen getroffen werden. 3 Punkte

2 Richtig sind die Aussagen A und C. 4 Punkte

3 a Aus dem Kreisdiagramm lässt sich ablesen, in welchen Bereichen im Haushalt das meiste Wasser verbraucht wird. Allein für die Körperpflege fließen pro Person täglich 47 Liter, die WC-Spülung ver- 1 Punkt

braucht 42 Liter. Diese Angaben unterstützen die Aussage im Text: Durch Drosselung des durchfließenden Wassers werden die Wassermengen für WC-Spülung, Duschköpfe und Wasserhähne reduziert.

b Das Diagramm zum täglichen Wasserverbrauch zeigt hohe Werte in den Bereichen „Wäschewaschen",   2 Punkte
„Körperpflege" und „WC-Spülung". Hier kann den Melbournern empfohlen werden zu sparen.

Insgesamt zu erreichende Punktzahl: **10 Punkte**

Eine Kurzgeschichte zusammenfassen und deuten

Seite 34

2 Möglicher Leseeindruck: Die Geschichte irritiert, weil man zunächst die Sorge des Jungen nicht versteht. Das macht sie zugleich aber auch spannend, da sich das Missverständnis erst am Ende aufklärt.

Seite 35

3 Mögliche Erwartungen: Die Überschrift „Ein Tag Warten" macht schon deutlich, dass man als Leser wohl mit den Hauptfiguren bis zum Schluss auf die Auflösung der Geschichte warten muss.

4 **Fieber** (Z. 24): Von Fieber spricht man, wenn die Körpertemperatur über 38 Grad Celsius erhöht ist. Das entspricht ca.
100 Grad Fahrenheit.
Grippebazillen (Z. 26): Krankheitserreger, die Grippe verursachen.
Grippeepidemie (Z. 30): stark gehäuftes Auftreten der Grippe zu einer bestimmten Zeit.
Thermometer (Z. 138): Messgerät zur Bestimmung der Temperatur. In Europa ist dieses auf Grad Celsius (° C) geeicht, in den
USA auf Grad Fahrenheit (° F)

5 In den Vereinigten Staaten von Amerika wird die Temperatur in einer anderen Maßeinheit gemessen als in Europa. Während
man in den USA in Grad Fahrenheit misst, wird beispielsweise in Deutschland die Temperatur in Grad Celsius angegeben. Die
Fiebertemperatur des Jungen liegt bei 38,5 Grad Celsius. Das entspricht ca. 102 Grad Fahrenheit. Der Junge in der Geschichte
verwechselt die Temperaturskala, weil er zuvor in Europa war.

6 **Wer sind die wichtigsten handelnden Figuren?** Der Junge und sein Vater.
Wo befinden sich die Figuren? Der Junge liegt krank in seinem Bett. Der Vater verbringt anfangs viel Zeit mit ihm.
Nachmittags jagt er Wachteln und als er zurückkommt, sieht er sofort wieder nach seinem Sohn.

Seite 36

7 Die dritte Aussage gibt das Thema treffend wieder: „Die Geschichte handelt von einem großen Missverständnis".

8 **Titel und Textsorte:** „Ein Tag Warten", Kurzgeschichte
Autor: Ernest Hemingway
Ort und Zeit des Geschehens: Der Ort wird nicht näher benannt, irgendwo in den Vereinigten Staaten von Amerika
(Temperaturskala Fahrenheit); ein beliebiger Tag im Winter (Graupelschicht, kalter Tag)
Thema/Kernaussage: Ein Missverständnis führt zu großer Besorgnis. Hätte der Junge sich seinem Vater anvertraut, hätte er
sich nicht in seine Angst hineingesteigert.

9 Möglicher Einleitungssatz:
In der Kurzgeschichte „Ein Tag Warten" von Ernest Hemingway beschreibt der Autor, wie ein an Fieber erkrankter Junge um
sein Leben bangt. Erst am Ende der Geschichte stellt sich heraus, dass seine Sorge auf einem Missverständnis beruht, das
durch eine offene Aussprache gar nicht erst entstanden wäre.

10 a + b Mögliche Zusammenfassung der Handlungsschritte:

„Ein Tag Warten" – Handlungsschritte und wichtige Informationen	
Handlungsschritt 1 (Z. 1–10)	Kein guter Tagesanfang Ein Junge kommt an einem Morgen weiß im Gesicht und fröstelnd ins Elternschlafzimmer. Der Vater schickt ihn zurück ins Bett.
Handlungsschritt 2 (Z. 11–16)	Der Sohn hat Fieber Der Junge erscheint angezogen, aber kränkelnd, woraufhin sein Vater Fieber feststellt und ihn wieder ins Bett schickt.
Handlungsschritt 3 (Z. 17–32)	Die Diagnose des Arztes Der Arzt kommt und diagnostiziert eine nicht weiter Besorgnis erregende Grippe. Er misst ca. 100 Grad Fieber.

Handlungsschritt 4 (Z. 33–62)	Am Bett des Kranken Der Vater kümmert sich um den Sohn, liest ihm vor. Der Sohn wirkt besorgt, schickt den Vater aber weg.
Handlungsschritt 5 (Z. 63–89)	Vaters unbeschwerter Nachmittag Der Vater geht aus und verbringt den Nachmittag mit seinem Hund auf der Wachteljagd.
Handlungsschritt 6 (Z. 90–119)	102 Grad Fieber Der Vater kümmert sich wieder um seinen Sohn, nennt ihm auf Rückfrage seine Fiebertemperatur (102 Grad) und will ihm erneut vorlesen. Der Junge scheint ängstlich und abwesend.
Handlungsschritt 7 (120–135)	„Wie lange dauert es noch ungefähr, bis ich sterbe?" Der Junge fragt seinen Vater, wie lange er noch zu leben hat. Er habe in der Schule in Frankreich gelernt, dass man mit 44 Grad sterben müsse.
Handlungsschritt 8 (136–150)	Das große Missverständnis und ein Happy End Der Vater versteht plötzlich die Sorgen seines Sohnes und erklärt ihm, dass ein Missverständnis vorliegt. Daraufhin entspannt sich der Sohn und wird rasch wieder gesund.

11 Der Wendepunkt der Geschichte liegt am Schluss (Z. 130 ff.). Der Junge spricht seine Angst, sterben zu müssen, aus. Endlich erkennt der Vater die Sorge seines Kindes und das Missverständnis, das ihr zu Grunde liegt. Er erklärt ihm die unterschiedlichen Maßeinheiten, mit denen in Europa und in den Staaten die Temperatur gemessen wird. Die angespannte Stimmung löst sich auf in Erleichterung. Typisch für einen Höhepunkt ist auch, dass an der Stelle ein zeitdeckendes Erzählen vorliegt: Das Geschehen wird in wörtlicher Rede, also fast in „Echtzeit" wiedergegeben.

Seite 37

12 Mögliche Verwendung der Verknüpfungen oder Satzanfänge:
A Der Junge sieht krank aus, deshalb schickt der Vater ihn zurück ins Bett.
B Der Arzt sieht keinerlei Gefahr, obwohl eine kleine Grippeepidemie herrscht.
C Schließlich/Anschließend erlaubt der Junge dem Vater vorzulesen.
D Während der Vater nachmittags mit dem Hund ausgeht, liegt der Junge fiebernd im Bett.
E Als der Vater dem Jungen das Thermometer erklärt, beruhigt er sich.

13 a Mögliche Wiedergabe in indirekter Rede:
Der Vater erklärt ihm, dass es wie mit Meilen und Kilometern sei, dass er nicht sterben werde.
b Mögliche Beispiele:
(Z. 54): „Papa, du brauchst nicht hier bei mir zu bleiben, wenn es dir unangenehm ist."
→ Er sagt seinem Vater, er brauche nicht hier bei ihm zu bleiben, wenn es ihm unangenehm sei.
(Z. 92): „Du darfst nicht das bekommen, was ich habe."
→ Er fleht seinen Vater an, er dürfe nicht das bekommen, was er hätte.
(Z. 130): „In der Schule in Frankreich haben mir die Jungen erzählt, dass man mit 44 Grad nicht leben kann."
→ Er gesteht dem Vater, in der Schule in Frankreich hätten ihm die Jungen erzählt, dass man mit 44 Grad nicht leben könne.

Stellung nehmen am Schluss einer Inhaltsangabe

Seite 38

2 a Mögliche Markierungen gelungener Elemente mit entsprechender Begründung:
– „In der Kurzgeschichte ,Ein Tag Warten' von Ernest Hemingway gerät ein 9-jähriger Junge in arge Bedrängnis!" (Z. 1–2): gute Einleitung, nennt Autor, Titel und Textart
– „... weil er nicht weiß, dass die Temperatur in Frankreich anders gemessen wird als bei ihm in den USA" (Z. 2–3): für das Verständnis wichtige Kernaussage
– „Das Missverständnis klärt sich erst, als er diese Furcht endlich ausspricht" (Z. 5–6): gut und knapp zusammengefasst.
– „Der Text wirkt dadurch unheimlich spannend" (Z. 7): Gibt den persönlichen Eindruck gut wieder.
– „Ich finde aber" (Z. 8): Formulierung einer kritischen Auseinandersetzung mit dem Text
– „Beim Lesen konnte ich die Sorge des Jungen gut nachvollziehen" (Z. 11–12): Es wird ein Bezug zum eigenen Leben hergestellt, der Schüler versetzt sich in die Hauptfigur hinein.
b Mögliche Markierungen weniger gelungener Elemente mit entsprechender Begründung:
– „verrannte sich" (Z. 4): falsches Tempus, Präsens ist richtig: „verrennt sich"
– „unheimlich" (Z. 7): umgangssprachlich, besser: „sehr", „außergewöhnlich", „besonders"
– „total beunruhigt" (Z. 13): umgangssprachlich, besser: „sehr"
– „Er hat sich nicht wohlgefühlt ..." (Z. 13): falsches Tempus, richtig ist Präsens: „fühlt sich nicht wohl"; eigentlich ist der ganze Satz verzichtbar, da er nur wiederholt, was zuvor schon gesagt wurde.
– „eine große Sorge (Z. 9), „seine Sorgen" (Z. 10), „die Sorge" (Z. 11): Wiederholungen
– „Um wie viel Uhr ..." (Z. 14): direkte Rede muss in indirekte Rede umgeformt werden

3 Mögliche Inhaltsangabe:

(Einleitung:) In der Kurzgeschichte „Ein Tag Warten" von Ernest Hemingway beschreibt der Autor, wie ein Junge im Fieber um sein Leben bangt. Erst am Ende der Geschichte stellt sich heraus, dass seine Sorge auf einem Missverständnis beruht, das durch eine offene Aussprache gar nicht erst entstanden wäre.

(Hauptteil:) Die Geschichte beginnt an einem Wintermorgen in einem Haus irgendwo in den Vereinigten Staaten. Ein Junge kommt weiß im Gesicht und fröstelnd ins Elternschlafzimmer. Sein Vater schickt ihn zunächst zurück ins Bett und stellt fest, dass er erhöhte Temperatur hat und ruft den Arzt. Dieser diagnostiziert eine nicht Besorgnis erregende Grippe und 102 Grad Fieber. Im Verlauf des Vormittags kümmert sich der Vater um den Sohn und liest ihm vor. Erst als der Junge ihn wegschickt, verlässt er das Haus und verlebt einen unbeschwerten Nachmittag bei der Wachteljagd mit seinem Hund. Als er zurückkehrt, schaut er wieder nach seinem Sohn. Das Fieber ist nun auf 102 Grad gestiegen. Als der Vater dem Sohn erneut vorlesen will, ist dieser verängstigt und abwesend. Erst jetzt vertraut der Junge seinem Vater seine Sorgen an: Er hat Angst, sterben zu müssen, da er in

Frankreich in der Schule gelernt hat, dass ein Mensch Fieber von 44 Grad nicht überleben könne. Endlich versteht der Vater, was in seinem Sohn vorgeht und erklärt ihm, dass ein Missverständnis vorliegt: Fieber wird in unterschiedlichen Maßeinheiten festgehalten: Während in den USA in Fahrenheit gemessen wird, misst man in Europa in Grad Celsius. Daraufhin entspannt sich der Sohn und wird rasch wieder gesund.

(Schluss:) In der Kurzgeschichte „Ein Tag Warten" von Ernest Hemingway gerät ein 9-jähriger Junge in arge Bedrängnis, weil er nicht weiß, dass die Temperatur in Frankreich anders gemessen wird als bei ihm in den USA. Im Laufe der Geschichte zieht er sich immer mehr zurück und verrennt sich in dem Gedanken, bald sterben zu müssen. Das Missverständnis klärt sich erst, als er diese Furcht endlich ausspricht. Der Text wirkt dadurch besonders spannend und als Leser fiebert man mit dem Jungen mit. Die Sorge des Jungen konnte ich gut nachvollziehen, finde aber, der Junge hätte sich seinen Eltern früher anvertrauen müssen. Die Geschichte zeigt, dass es gut ist, über seine Sorgen zu sprechen, weil sie auch unbegründet sein könnten.

Seite 39

Teste dich! Eine Kurzgeschichte zusammenfassen

1 Folgende Aussagen geben das Thema treffend wieder: 2 Punkte
In der Kurzgeschichte „Luise" geht es in erster Linie um ...   ... Vorurteile und den Umgang miteinander.
... den Unterschied zwischen den Kulturen.

2 Mögliche Inhaltsangabe: 7 Punkte

(Einleitung:) In der Kurzgeschichte „Luise" aus dem Jahr 1982 beschreibt die Autorin Christine Lambrecht, wie Vorurteile den Umgang miteinander erschweren. Thematisiert wird dabei auch der Unterschied zwischen den Kulturen.

(Hauptteil:) Die Geschichte setzt unvermittelt ein. Eine Frau namens Luise betritt eine Bahnhofstoilette und wird von drei Frauen in fremdartigen Gewändern neugierig betrachtet. Luise trägt einen grünen Rock und flache Schuhe, ist also nach mitteleuropäischer Mode gekleidet. Sie kommt aus Zerbst und ist Deutsche, hat allerdings eine dunklere Hautfarbe und krauses Haar. Die Frauen, die aus Mali stammen, halten sie daher für ihresgleichen. Das bringt Luise in Verlegenheit. Sie verhält sich freundlich distanziert und überlegt, ob sie ihre Herkunft offenlegen soll. Beim mühsamen Kämmen ihres

krausen Haares nähern sich die fremden Frauen freundlich und helfen ihr mit einem speziellen Kamm, den sie ihr dann auch schenken.

(Schluss:) In der Kurzgeschichte „Luise" von Christine Lambrecht erfährt die Hauptfigur, wie sehr Vorurteile das eigene Handeln bestimmen. Den drei Afrikanerinnen, die es gut mit ihr meinen, begegnet sie äußerst befremdet. Die fremden Frauen lassen sich jedoch nicht beirren und bleiben freundlich.
In Luise kann ich mich gut hineinversetzen. Sie möchte nicht für fremd im eigenen Land gehalten werden und ist verunsichert darüber, dass die Frauen ihr so nahekommen. Die kurze Geschichte zeigt aber auch, dass man Fremden gegenüber offen sein sollte und Freundlichkeit meist erwidert wird. In dieser Hinsicht können wir meiner Meinung nach von den Frauen aus Mali lernen.

Checkliste: Fit fürs Zusammenfassen einer Kurzgeschichte?	☺	☹
Nennst du in der **Einleitung** Autorin, Titel, Textart und Thema der Geschichte?	x	
Gibst du im **Hauptteil** den **Inhalt knapp und sachlich** wieder?	x	
Nennst du die wesentlichen **Handlungsschritte**?	x	
Schreibst du im **Präsens**?	x	
Verwendest du **Satzverknüpfungen** (Konjunktionen) und **abwechselnde Satzanfänge**?	x	
Schreibst du am **Schluss** eine persönliche Einschätzung?		

Insgesamt zu erreichende Punktzahl: **9 Punkte**

15

Ein Gedicht untersuchen

Seite 40

2
a Die Aussagen B und C treffen zu.
b Mögliche Begründung:

Das Gedicht beschreibt eine Szene/Situation und die damit verbundenen Gefühle, Gedanken und Eindrücke. Die dargestellte Szene ist die Stadt Berlin bei Nacht. Das lyrische Ich beschreibt die Eindrücke, die die endlosen Häuserreihen, das schwindende Licht und die verebbende Unruhe auf es machen. Die Stimmung bekommt durch bestimmte sprachliche Ausdrücke („mystisch" V. 6, „Lichtgefunkel" V. 7, „heilig" V. 12, „Schicksal" V. 12) auch etwas Feierliches. Das lyrische Ich verbindet mit diesen Eindrücken ein sehr positives Gefühl: Es „liebt" (V. 1) das nächtliche Berlin.

Seite 41

3
Mögliche Zusammenfassung des Themas mit eigenen Worten:
In dem Gedicht „Berlin" von Christian Morgenstern geht es um die Großstadt Berlin. Der Sprecher des Gedichts erklärt, warum er diese Stadt besonders bei Nacht so liebt.

4
In der ersten Strophe spricht der Sprecher/das lyrische Ich die Stadt Berlin direkt an.
In der zweiten und dritten Strophe spricht der Sprecher/das lyrische Ich nicht mehr ausdrücklich, auch gibt es keine direkten Anreden mehr. Dennoch ist es sicher derselbe Sprecher, der die nächtliche Stadt beschreibt.

5
a Das Gedicht „Berlin" von Christian Morgenstern besteht aus drei Strophen mit je vier Versen.
b

	1. Strophe	2. Strophe	3. Strophe
Inhalt	Nachts bekommt Berlin etwas Verschwommenes, Weiches und Menschliches. Das lyrische Ich empfindet die Stadt in diesem Zustand als liebenswert.	Die Dunkelheit bei gleichzeitiger Beleuchtung der Häuser stiftet eine geheimnisvolle, aber friedliche und ruhige Stimmung in der Stadt.	Mit dem Ausgehen der letzten Lichter kommt die Stadt endgültig zur Ruhe. Der Gedanke an die Schicksale der Menschen, die dort jetzt schlafen, erzeugt eine feierliche Stimmung.
Reimform	umarmender Reim	Kreuzreim	Kreuzreim
Metrum	5-hebiger Jambus	5-hebiger Jambus	5-hebiger Jambus

Seite 42

6
a **Merkmale der Stadt bei Nacht:** Verschwommenes (V. 2) – lebendig (V. 4) – rätselvoll (V. 5) – mystisch (V. 6) – Einheit (V. 8)
Merkmale der Stadt am Tag: (klare) Linien (V. 2) – Gestein (V. 4) – wüst (V. 5) – Vielheit (V. 8) – ungestümes Treiben (V. 11)
b Mögliche Antwort: Das lyrische Ich mag die Stadt bei Nacht viel lieber als bei Tag.
[Mögliche genauere Erklärung: Was am Tag „wüst" (V. 5) wirkt, erscheint in der Dunkelheit weniger beängstigend, wenn die Häuserreihe im Licht funkelt (vgl. V. 5–7). Die Realität des Tages geht in der Nacht in einen Traum über (vgl. V. 12) und wird so „gebändigt" (V. 11) und „heilig" (V. 12). Erst die Nacht erhebt die Stadt zu einem Bild ruhigen Friedens: „und Einheit ahnt, was sonst nur Vielheit sah" (V. 8).]

7
a Die Häuserreihen werden verglichen mit „Seelenburgen" (V. 6). Das Besondere des Vergleichsworts ist, dass es sich um eine Wortneuschöpfung (Neologismus) handelt. Mit diesem Vergleich könnte gemeint sein, dass die Häuser nachts wie Schutzmauern für die Seelen der Menschen sind, oder auch, dass die Mauern durch die Lichtreflexe selbst wie „beseelt", also lebendig (vgl. V. 4) wirken.
b Treffend ist Aussage B.
c Mögliche Erklärung der Personifikationen:

Das Mittel der Personifikation spielt in dem Gedicht „Berlin" eine besonders wichtige Rolle. Zunächst einmal wird die Stadt Berlin als Ganzes personifiziert, indem sie in der ersten Strophe direkt angesprochen wird (vgl. V. 1, 3, 4). Wie einem Menschen wird ihr ein Gefühl, nämlich Liebe, entgegengebracht. Das Licht der Nacht lässt die Steine selbst lebendig werden (vgl. V. 4). In der zweiten und dritten Strophe werden die Häuserreihen personifiziert, indem sie mit den Menschen darin gleichgesetzt werden.

Seite 43

Teste dich! Ein Gedicht untersuchen

1 Treffend ist die zweite Aussage:
„Man sehnt sich immer nach dem Ort, an dem man sich gerade nicht befindet."   1 Punkt

2 Mögliche Einleitung: 4 Punkte
In dem Gedicht „Sehnsucht nach dem Anderswo", das die Autorin Mascha Kaléko um 1940 geschrieben hat,
geht es darum, dass Menschen sich immer nach Orten sehnen, an denen sie sich gerade nicht befinden.

3 Vollständig lautet der Lückentext wie folgt: 4 Punkte
Das Gedicht „Sehnsucht nach dem Anderswo" besteht aus zwei Strophen, mit je vier Versen. Das Reimschema
in der 1. Strophe ist ein Kreuzreim (abab), die 2. Strophe weicht davon ab. Das Metrum ist unregelmäßig, nur
die 2. Strophe folgt einem Jambus (xx́xx́).

4 Sprachliche Bilder sind z. B.:   2 Punkte
Vers 3: Personifikation: „pfeift Vagabundenwind"
Vers 4: Personifikation: „singt das Abenteuer"
Vers 3: Metapher: „Vagabundenwind"

Insgesamt zu erreichende Punktzahl: **11 Punkte**

Eine Dramenszene erschließen

Seite 44–46

1 Z. 24–46; 65–92; 103–134

2 Stauffachers Wiedersacher ist der Landvogt Geßler:
– der jüngere Sohn einer Familie, dadurch in seiner gesellschaftlichen Stellung nachrangig, kann kein Erbe erwarten, ist nur
ein Ritter
– neidisch auf Stauffacher und die anderen freien Schweizer Bauern, missgönnt ihnen ihre Stellung und ihren Besitz
– geizig und gewalttätig

3 Beispiel:
So wie Stauffacher leiden auch die anderen Landleute in Schwyz sowie in Unterwalden und im Urner Land unter den Drang-
salen, den Gewalttätigkeiten und dem Joch der Landvögte (Z. 96–105). Außer Geßler wird der „Landenberger" namentlich genannt (Z. 102). Stauffacher will sich in Uri an Walter Fürst und die Bannerherrn von Attinghaus wenden, die er auf seiner Seite
weiß (Z. 166–172).

4 a Richtig ist: der Kaiser
  b Mögliche Begründung:
     Gemeint ist der Kaiser des Heiligen Römischen Reiches Deutscher Nation, der der Schirmherr der Christenheit und der
     römischen Kirche war. Die Schweizer Landleute unterstanden unmittelbar dem Kaiser und hatten keinen weiteren Landes-
     fürsten als Herrn.

5 a Mögliche Markierungen:
     finstrer Trübsinn, Gram, Herz beklemmen, es wankt der Grund, mit kummervoller Seele, …
  b Mögliche Beschreibung:
     Stimmung am Anfang der Szene: „kummervoll", bedrückt, belastendes Schweigen, bedrohliche Andeutungen, rat-/aus-
     weglos, resigniert, negativ
     Stimmung am Ende der Szene: Aufbruchstimmung, dynamisch, hoffnungsvoll, bewegt, ermutigt, konkrete Pläne, positiv
  c Die Stimmung wandelt sich von niedergeschlagen zu hoffnungsvoll und positiv.
     Dieser Wandel wird durch Gertruds Gesprächsführung erreicht: Sie bringt ihren Mann zunächst dazu, mit ihr über sein/ihr
     Problem zu sprechen, danach ermutigt sie ihn dazu, sich dem Konflikt zu stellen und Verbündete zu suchen.

Seite 47

Teste dich! Eine Dramenszene erschließen

1 Richtig sind die Aussagen B, D und G   3 Punkte

2 vertrauensvoll, verständnisvoll, offen   3 Punkte

3 B Geßler – B der Landenberger – A Gertrud – A Herr Walther Fürst   4 Punkte

4 1. Stauffacher befürchtet, dass der Besitz der Menschen (Vieh, Häuser) zerstört wird.   3 Punkte
  2. Er befürchtet, dass Kinder durch den Krieg umkommen werden.
  3. Er befürchtet, dass Frauen misshandelt werden.

5 1. Die Szene dient der Einführung und Vorstellung wichtiger Figuren (vor allem Stauffacher).   2 Punkte

2. Sie dient außerdem der Darstellung und Anbahnung des Konflikts, der die Handlung des Stückes bestimmen wird.

Insgesamt zu erreichende Punktzahl: **15 Punkte**

Das kann ich schon! – Grammatik

Seite 48–49

1 a Verben, Adverbien, *Pronomen*:   10 Punkte

Neulich vergaß Tim *sein* Handy im Bus. *Es* war neu und *er* bedauerte *diesen* Verlust deshalb sehr.

b **Personalpronomen:** es, er – **Possessivpronomen:** sein – **Demonstrativpronomen:** diesen   4 Punkte

2 a ⟨1⟩ = Präsens – ⟨2⟩ = Futur – ⟨3⟩ = Plusquamperfekt – ⟨4⟩ = Präteritum – ⟨5⟩ = Präsens – ⟨6⟩ = Perfekt   6 Punkte

b In Satz C steht ein Verb im Konjunktiv („einlade").   1 Punkt

c Mögliche Umformungen ins Passiv: 1 Punkt

Es wurde (von ihr/Julia) hinzugefügt: „Dein Handy wurde (von mir) im Bus gefunden."

Sie fügte hinzu: „Dein Handy wurde (von mir) im Bus gefunden."

3 Eine besonders kuriose Reise machte jahrelang ein goldener Ring.   1 Punkt

4 A 2, 1, 5, 3 – B 5, 1, 2, 3, 5, 5, 5, 1 – C 2, 1, 5, 5, 1   17 Punkte

5 a–c (je 5 Punkte, 1 Punkt für die Apposition)   11 Punkte

Nach drei │Jahren│ │fand│ │ihr überraschter │Ehemann│ │das verlorene │Schmuckstück│ │in einer Kartoffel│ wieder.

Die│Freude│ über den Ring, │eine │Goldschmiedearbeit│ der Tochter,│ war │riesengroß. (Apposition)

Keiner│ hatte│ jetzt noch│ mit dem │Fund│ des Ringes│ gerechnet.

6 Die Sätze A, C und D sind Satzreihen, die Sätze B und E sind Satzgefüge.   5 Punkte

7 a–c A Mitte Mai 2013 wurde in der Darmstädter Liebigstraße ein Brief abgegeben, │der│ 1951   (je 4 Punkte) 12 Punkte
in Karlsruhe losgeschickt worden war und zwischendurch irgendwie in die USA gelangt sein musste. = Relativsatz B │Da│ der Brief in einer Plastikhülle mit einer freundlichen Entschuldigung in englischer Sprache steckte, war die deutsche Adresse gut lesbar. = Kausalsatz C Allerdings musste der Postbote den Brief wieder mitnehmen, │weil│ niemand von den heutigen Mietern schon im Jahre 1951 dort gewohnt hatte. = Kausalsatz D │Wenn│ sich Sender und Empfänger zunächst nicht ermitteln lassen, landet die Sendung für ein Jahr in einem Servicecenter Briefermittlung und wird dann vernichtet. = Konditionalsatz

Wiederholung: Mit Verben Zeitformen bilden

Seite 50

1 a + b A bestand = Präteritum – B erwuchs = Präteritum – C geben (...) wieder = Präsens (Aussage gilt immer) – D hatte (...) gehalten = Plusquamperfekt – E erwiesen = Präteritum – F haben (...) geachtet = Perfekt (in wörtlicher Rede); erklärt = Präsens – G überliefert = Präsens; wird (...) sein = Futur

2 Möglicher Informationstext: Nachdem Galileo Galilei 1592 das Thermometer erfunden hatte, entwickelte sein Schüler Evangelista Torricelli das erste Barometer. 1901 stiegen zwei Meteorologen mit ihrem Wetterballon in fast elf Kilometer Höhe auf. Heutzutage helfen Satelliten bei der Wetterforschung.

Das Verb – Der Konjunktiv

Seite 51

1 a (...) Unser Leben könnte (...) ablaufen. Wir kämen (...) Im Altersheim ginge es uns (...) besser, wir verlören (...) und würden uns körperlich erholen. Sobald (...) verschwände, würden (...) verlassen.

b würden (...) erholen → statt: erholten – würden (...) verlassen → statt: verließen
Die würde-Ersatzform wurde gewählt, weil der Konjunktiv II hier nicht vom Indikativ Präteritum zu unterscheiden ist.

2 stünden – wäre – begänne – nähmen – gäben – gefiele – erhieltest – fändest

Seite 52

1 Wenn ich als Hobbit in Mittelerde unterwegs **wäre**, **bezwänge** ich den Drachen Smaug mühelos. (oder: würde ... bezwingen) – Wenn ich einen Tag in Hogwarts **verbrächte** (oder: verbringen würde), **gewänne** ich auf Anhieb ein Quidditchspiel. (oder: würde ich ... gewinnen) – **Würde** ich zu den Hungerspielen von Panem geschickt werden, **flöhe** ich aus der Arena. (oder: würde ich ... fliehen)

2 a–c reale Bedingungsgefüge, irreale Bedingungsgefüge, Verbformen im Konjunktiv II, würde-Ersatzformen:
Wer von euch kennt das nicht? Wenn ein Buch eine spannende Geschichte erzählt, vergisst man alles um sich herum und versinkt in der Welt zwischen den Buchdeckeln. Zöge ein Karnevalsumzug vorüber, man würde es nicht merken (merkte). Vielen jungen Lesern ergeht es so, wenn der Name der Autorin Cornelia Funke auf dem Buchrücken steht. Aber Vorsicht! In Cornelia Funkes Roman „Tintenherz" können auch die Bücher Menschen verschlingen. Falls dir Zauberzunge Mortimer aus einem Krimi vorläse, ständest du plötzlich neben der Leiche. Du müsstest dein Leben in der Krimiwelt verbringen, wenn niemand mit der besonderen Gabe dich wieder befreien würde (befreite).

Seite 53–55

1 A schließe – B erhalte – C räume – D verlasse – E behindere – F sei

2 a + b Indikativ, Konjunktiv: vergibt – informiert – auslobe – würdige – wählt – erhält – zeige – könne

3 Die Biologin erklärt, der Eichenprozessionsspinner sei ein unauffälliger Nachtfalter, der dem Wald nicht gefährlich schade. Das Problem seien die Gifthaare seiner Raupen.
Der Interviewer möchte wissen, ob das Nesselgift in den Haaren der Raupe dem Menschen Schaden zufügen könne.
Die Expertin warnt, dass eine allergische Reaktion auftreten könne, wenn man mit den Haaren in Berührung komme. Neben Hautreaktionen mit starkem Juckreiz oder Atemproblemen bestehe sogar die Gefahr eines Kreislaufversagens.
Frau Glowa führt aus, in den letzten Jahren habe sich die Anzahl der Eichenprozessionsspinner in Deutschland stark vermehrt. Vielen Menschen sei die Gefahr durch deren Raupen aber gar nicht bewusst.

4 a + b A er fragt, er frage, er fragte, [X] er fragte – B sie beobachten, [X] sie beobachten, sie beobachteten, [X] sie beobachteten – C sie scheint, sie scheine, sie schien, sie schiene – D sie fallen, [X] sie fallen, sie fielen, [X] sie fielen – E sie leuchten, [X] sie leuchten, sie leuchteten, [X] sie leuchteten

5 A frage sich – B würden ganz unwirklich und wunderbar leuchten – C würde seit Stunden ein grün leuchtendes Polarlicht beobachten – D würden bei diesem Phänomen (...) auf die Erdatmosphäre fallen. – E scheine.

Die Modalverben

Seite 56

1 sollen (...) bleiben – darf (...) wählen – nutzen möchte, kann (...) ausleihen – dürfen (...) benutzt werden – abreisen wollen, müssen (...) bezahlen.

2 A Sie dürfen nicht im Meer oder im Pool baden. – B Man muss sich von hohen Bäumen fernhalten. – C Kinder müssen die Spielgeräte auf dem Campinggelände sofort verlassen. – D Wer sich über die aktuelle Wetterlage informieren möchte, kann folgende Hotline wählen: 12 37 89 10. – E Alle elektrischen Geräte müssen ausgeschaltet werden. – F Bei extremem Unwetter können Sie in den Räumen der Campingplatzverwaltung Schutz suchen.

Texte überarbeiten

Seite 57

1 treffen (träfen) – bewundern (würden ... bewundern) – sieht (sähe) – wissen (wüssten) – sollen (sollten) – kann (könne) – erreicht (erreiche)

2 Passende Konjunktivformen: (...) die Erde würde bewege sich (...) hindurchbewegen. Dieser würde bestehe aus Staub und Gestein bestehen. Ein Komet würde habe diese Reste hinterlassen haben. (...) in die Erdatmosphäre eindringen würden eindrängen, würden brächten sie (...) bringen. (...) im Jahr begegnen würde begegne, würde trete (...) eine Häufung von Sternschnuppen auftreten. Sebastian und Nils würden hätten also (...) Glück gehabt haben, (...) sie würden hätten (...) am Lagerfeuer gesessen haben.

Seite 58–59

Teste dich! – Das Verb: Konjunktiv und Modalverben

1 Indikativ, Konjunktiv I: lautet – ist – gibt an – wolle ... hinweisen – aufhalte – heben hervor – sei – zähle – habe – gibt – zugenommen habe – kann – erklärt · 12 Punkte

2 Konjunktiv I : A, B, E – Konjunktiv II: C, D. · 5 Punkte

3 a Richtig sind die Aussagen A, C und D, falsch ist Aussage B. · 4 Punkte
b Passend sind die Aussagen A, D und C in dieser Reihenfolge. · 3 Punkte

4 A Wenn alle Mitteleuropäer wie Zugvögel den Winter im Süden zubrächten, · 3 Punkte
   bräuchten sie keine Heizungen und auf dem Stundenplan stünden afrikanische Sprachen.
B Würden alle Vögel Nahrungslager anlegen, wie Eichelhäher oder Haubenmeisen, könnten sie im Norden überwintern.

5 A Viele Wissenschaftler vertreten die Meinung, Zugvögel hätten einen Kompass im Schnabel. · · · · · · · · · 4 Punkte
B Forscher der Universität Wien widersprechen, sie könnten im Schnabel keinen Orientierungssinn finden.
C Ein Biophysiker aus Illinois behauptet, er wisse, dass die Zugvögel das Magnetfeld der Erde sehen könnten.
D Vogelforscher aus dem Mittelmeerraum teilen mit, dass sie fortlaufend beobachten würden, wie klug
   die Vögel ihre Höhe für die Überquerung des Meeres wählen würden.

6 Es ist verboten, ... + nicht dürfen – Man ist verpflichtet ... + müssen – Es steht Ihnen frei, ... + dürfen – · · · 4 Punkte
Es ist wünschenswert, ... + sollen

Insgesamt zu erreichende Punktzahl: **35 Punkte**

Wiederholung: Satzglieder unterscheiden

Seite 60

1 A Subjekt – B Prädikat – C Objekt(e) – D adverbiale Bestimmungen – E lokal – F kausal – G temporal – H modal

2 Mögliche Sätze mit 2 weiteren Satzgliedern: In diesem Jahr reist Familie Lustig nach Kroatien. Die Reiseroute liegt schon sehr
●●● bald über weite Strecken fest. Im nächsten Jahr segeln sie im Mittelmeer.

Seite 61

3 Mögliche Umstellungen:
Einen zentralen Platz | haben | Urlaubsreisen in alle Welt | in der Jahresplanung der Bevölkerung.
In der Jahresplanung der Bevölkerung | haben | Urlaubsreisen in alle Welt | einen zentralen Platz.

4 a + b
  A Aus Kostengründen | vermeiden | die Reisenden | Hotels oder Gasthöfe.
    Warum?   Verb   Wer?   Wen oder was?
    adv. Best. kausal Prädikat   Subjekt   Akkusativobjekt

  B   Viel lieber | übernachtet | die Familie | in gemütlichen Privatunterkünften.
      Wie?   Verb   Wer?   Wo?
      adv. Best. modal Prädikat   Subjekt   adv. Best. lokal

  C Die Gastgeber | überlassen | Gästen | ganz zwanglos | ihre Couch.
    Wer?   Verb   Wem?   Wie?   Wen oder was?
    Subjekt   Prädikat   Dativobjekt adv. Best. modal Akkusativobjekt

Seite 62

1 a Der ~~Student~~ Florian Luxenburger studierte Kommunikationsdesign an der Fachhochschule in Trier, Bereich ~~Kommunikationsdesign~~. Für seine Diplomarbeit reiste ~~der Diplom-Student Florian Luxenburger~~ um die Welt. Von ~~der Fachhochschule in~~ Trier aus fuhr ~~Luxenburger~~ zunächst mit dem Auto nach Istanbul. Von ~~Istanbul~~ aus ging es mit dem Flugzeug weiter.
b Florian Luxenburger studierte Kommunikationsdesign an der Fachhochschule in Trier. Für seine Diplomarbeit reiste er um die Welt. Von Trier aus fuhr er zunächst mit dem Auto nach Istanbul. Von dort ging es mit dem Flugzeug kreuz und quer weiter nach Indien, Thailand und in viele weitere Länder.
c Für die Überarbeitung musste A die Umstellprobe nicht angewendet werden.

2 a + b Mögliche Verbesserungen mit Angabe der Proben: **[C]** ~~Luxenburgers~~ (→ sein) Ziel war es, Gegenstände zu tauschen
(Wortwiederholung beseitigt durch Streichung im 1. Satz), die für ihre Besitzer eine besondere Bedeutung hatten.
[B/C] ~~Luxenburger~~ (→ er) besuchte zum Beispiel (umgestellt für abwechslungsreicheren Satzanfang) Menschen wie Maler,

Fotografen, Bildhauer. **[A]** Jedes Mal, bevor er abreiste, bat er diese ~~Menschen jedes Mal~~ darum, einen Gegenstand mit ihm zu tauschen. **[D/B]** Er (wenig abwechslungsreich und nicht sehr genau) bekam zum Beispiel eine Bronzepyramide oder ein Spielzeugboot. (→ Durch diese stete Wanderung von Gegenständen bekam er ...) **[C]** Er selbst hatte das Kaleidoskop seiner Oma weggegeben. (→ Luxenburger selbst ...) **[B]** Er fotografierte seine Tauschpartner und schrieb dann ihre Geschichten auf. (→ Seine Tauschpartner fotografierte er ...)

3
●●● Mögliche Verbesserung des Textes: Luxenburger ging es um ein ungewöhnliches Projekt. Sein Ziel war es, Gegenstände zu tauschen, die für ihre Besitzer eine besondere Bedeutung hatten. Zum Beispiel besuchte er Maler, Fotografen, Bildhauer. Jedes Mal, bevor er abreiste, bat er diese darum, einen Gegenstand mit ihm zu tauschen. Durch diese stete Wanderung von Gegenständen bekam er zum Beispiel eine Bronzepyramide oder ein Spielzeugboot. Luxenburger selbst hatte das Kaleidoskop seiner Oma weggegeben. Seine Tauschpartner fotografierte er und schrieb dann ihre Geschichten auf.

Seite 63

Teste dich! – Satzglieder und Attribute

1 Die Begriffe A, D, G, H und I bezeichnen keine Satzglieder. 5 Punkte

2 Richtig ist Antwort C. 1 Punkt

3 a Vulkanausbrüche machten auf Island den Flugverkehr in der Vergangenheit mehrfach zu einer Lotterie. 1 Punkt
b Antwort C ist richtig. 1 Punkt

4 Aufzählung B bestimmt die Satzglieder richtig. 2 Punkte

5 a + b Adjektivattribut, *Präpositionalattribut*, **Genitivattribut**, Bezugswort (je 4 Punkte) 8 Punkte
A Gelegenheiten *für Reiseerleichterungen* – B Bahnreisende *aus dem Norden* –
C digitalen Hinweistafeln **des Hauptbahnhofs**

Insgesamt zu erreichende Punktzahl: **18 Punkte**

Wiederholung: Satzreihe und Satzgefüge, Nebensätze

Seite 64

1 A Ein junger Chinese möchte eine Urlaubsreise antreten, aber auf die Begleitung seiner geliebten Schildkröte will er nicht verzichten. – B Er befürchtet Probleme am Flughafen, denn Tiere benötigen für die Ausreise oft besondere Genehmigungen. – C Da kommt er auf eine ausgefallene Idee(,) und er setzt sie auch in die Tat um.

2
●●● A (...), ohne dass er auf die Begleitung seiner geliebten Schildkröte verzichten will. – B (...), weil Tiere für die Ausreise oft besondere Genehmigungen benötigen. – C (...), die er auch in die Tat umsetzt.

3 a Der Mann steckte das Tier, nachdem er es zwischen Brotstücke gelegt hatte, in die Verpackung einer Fastfood-Kette. Als das Handgepäck des Reisenden durchleuchtet wurde, wunderte sich das Sicherheitspersonal am Flughafen von Guangzhou sehr. „Verdächtige Ecken" hätten aus dem angeblichen Fleischklops herausgeschaut, sodass die Tarnung als Burger aufflog.
b Das Komma steht im Satzgefüge immer **zwischen Hauptsatz und Nebensatz.**

Seite 65

1 a + b
A Falls man einen Gegenstand gefunden oder verloren hat, kann man auch über das Internet ein Fundbüro kontaktieren.
B Als zusätzlicher Anreiz für die Abgabe von Fundstücken wird manchmal ein Finderlohn in Aussicht gestellt.
Damit ein zusätzlicher Anreiz für die Abgabe von Fundstücken besteht, wird manchmal ein Finderlohn in Aussicht gestellt.
C Viele Reisende lassen trotz nachdrücklicher Erinnerungen durch das Zugpersonal etwas im Zug liegen.
Viele Reisende lassen im Zug etwas liegen, obwohl das Zugpersonal sie nachdrücklich erinnert.

2 a + b
●●● A Herr K. aus W. konnte wegen des Vergessens seines Gebisses im Hotel einige Zeit keine feste Nahrung zu sich nehmen. – Herr K. aus W. konnte, weil er sein Gebiss im Hotel vergessen hatte, einige Zeit (...)
B Erst nach Zuschicken seines Kauwerkzeugs durch das aufmerksame Hotelmanagement konnte Herr K. wieder herzhaft zubeißen. – Erst nachdem (...) sein Kauwerkzeug zugeschickt hatte, konnte er wieder herzhaft zubeißen.

Seite 66–67

3 a + b Gemeinsam reisten sie nach Deutschland, [damit] Jennifer seine Heimat und seine Eltern kennen lernen konnte. (*Wozu? Zu welchem Zweck?*) – Auf einer Rundreise machten sie am Tegernsee Halt und bestiegen den Wallberg, [sodass] sie einen herrlichen Blick über Bayerns schönste Berge hatten. (*Mit welcher Folge?*) – Dort oben machten sie einen überraschenden Fund: einen Fotoapparat. [Da] sich die Sonne in der Linse der Kamera spiegelte, sprang ihnen das Fundstück ins Auge. (*Warum? Aus welchem Grund?*) – Sie nahmen die Kamera mit nach Aalen, [obwohl] sie diese besser in einem bayerischen Fundbüro hätten abgeben sollen. (*Trotz welcher Umstände?*)

4 nachdem – Obwohl – damit – Weil – Damit – Auch wenn

5 a + b A Als sich das Musikfestival immer mehr füllte, fiel ihnen ein bestimmter Mann auf. – *Wann …?* → Temporalsatz: als
    B Sie erkannten ihn wieder, weil der Mann einen prachtvollen Lockenkopf hatte. – *Warum …?* → Kausalsatz: weil, da
    C Nachdem sie ihn angesprochen hatten, bestätigte sich ihre Vermutung. – *Wann* bestätigte sich ihre Vermutung? → Temporalsatz: nachdem
    D Jenem Mann war im Winterurlaub auf dem Wallberg die Kamera entglitten, sodass sie im Tiefschnee unauffindbar verschwand. – *Mit welcher Folge* war jenem Mann im Winter die Kamera auf dem Wallberg aus der Hand gefallen? → Konsekutivsatz: sodass …
    E Als Lars Etzinger und seine Freundin zwei Monate später den Wallberg bestiegen, war der Schnee lange geschmolzen. – *Wann …?* → Temporalsatz: Als …

6 A = Konzessivsatz – B = Konditionalsatz
●●●

Seite 68–69

1 a–c A Noch ist keineswegs sicher, wer die anspruchsvollen Reisebedingungen erfüllen wird. *Wer oder was* ist noch keineswegs sicher? – … wer die anspruchsvollen Reisebedingungen erfüllen wird. → Subjektsatz
    B Wer diese Reise tatsächlich antritt, kann lebenslang nur noch über Telefon, E-Mail oder Skype mit den Menschen auf der Erde in Kontakt treten. – *Wer oder was* kann lebenslang nur noch über Telefon, E-Mail oder Skype mit den Menschen auf der Erde in Kontakt treten? – … wer diese Reise tatsächlich antritt. → Subjektsatz
    C Der Fluglehrer Stephan G. aus Magdeburg will das erleben, was noch kein Mensch erlebt hat: die Reise zum Mars. *Wen oder was* will der Fluglehrer Stephan G. aus Magdeburg erleben? – … was noch kein Mensch erlebt hat: die Reise zum Mars. → Objektsatz

2 Wer eine Reise zum Mars bucht, bekommt nur ein „One-Way-Ticket".
●●● Stephans hartes Trainingsprogramm zeigt, wie ernst er sein Weltraumvorhaben nimmt.

3 Mögliche „dass"-Sätze:
Ich bin erstaunt, dass der Himmel wieder blau ist und die Sonne scheint. – Der Ballonfahrer ist sich sicher, dass der leichte Wind Auftrieb gibt. – Jans Freundin findet, dass die Sicht heute besonders gut ist. – Er meint, dass Ballonfahren einem Traum gleicht. – Ich weiß, dass Jan schon immer einmal mit einem Ballon fahren wollte. – Wir denken, dass es das schönste Geburtstagsgeschenk für ihn ist. – Du siehst, dass sich der Sturm von gestern gelegt hat. – Jan freut sich sehr, dass er eine Ballonfahrt geschenkt bekommen hat.

4 a + b A (dass-Satz) B Der Ballonfahrer will wissen, wie das Wetter in den nächsten Tagen wird. (indirekter Fragesatz: wie?) – C Verrückt ist, dass kuriose Ballonformen wie die Nachbildung der Stiftskirche aus St. Gallen weiteren Anreiz bieten sollen. (dass-Satz) – D Mich interessiert eher, wie schnell ein Ballon fährt. (indirekter Fragesatz: wie?) – E Ich bin ausgesprochen neugierig, ob man die Welt von oben bei etwa 20 km/h anders wahrnimmt. (indirekter Fragesatz: ob?)

5 Mögliche Zusammenfassung mit Subjekt- oder Objektsätzen: Der Ballonführer sagt bedauernd zu Familie Flug, dass er leider
●●● die Ballonfahrt für morgen absagen muss. Er fügt hinzu, dass das Wetter morgen zu schlecht ist. Familie Flug fragt ihn, woher er das jetzt schon wissen will. Der Ballonführer antwortet, dass er die Wolken beobachtet und den Wetterbericht prüft. Am nächsten Morgen staunt Frau Flug, dass das Wetter wunderbar ist. Ihr Mann weist sie darauf hin, dass da acht Ballons am Himmel sind. Die Kinder fragen, warum bloß sie nicht mitfahren dürfen.

Seite 70

1 A Herr Fron ist ein Reitsportfan, der seinen letzten Sommerurlaub auf einem Reiterhof verbrachte. – B Der Besitzer des Reiterhofes führte ein Reittier am Zügel, das einen Streifen-Look trug und aussah wie ein Zebra. – C Der Tierfreund Fron, der zunächst an einen Scherz glaubte, lachte lauthals auf.

2 A Der keine Miene verziehende Besitzer blieb wortkarg. – Der Besitzer, der keine Miene verzog, blieb wortkarg.
    B Dann händigte ihm dieser für das Pferd eine Kopfmaske und eine Fliegendecke mit Zebrastreifen aus.
    Dann händigte ihm dieser für das Pferd eine Kopfmaske und eine Fliegendecke aus, die jeweils mit Zebrastreifen versehen waren. **Oder:** … die beide ein Zebrastreifenmuster aufwiesen.
    C Die perfekte Verwandlung zum Pseudo-Zebra hinterließ nur Kopfschütteln beim Urlauber.
    Die Verwandlung zum Pseudo-Zebra, die perfekt war, hinterließ nur Kopfschütteln beim Urlauber.
    D Erst am Abend las er in der in seinem Zimmer ausliegenden Pferdesportzeitung einen Artikel: „Bremsenfrei dank Zebrastreifen?" – Erst am Abend las er in der Pferdesportzeitung, die in seinem Zimmer auslag, einen Artikel: „(…)?"

3
●●●
In den Sätzen A, C und D handelt es sich um das Relativpronomen „das", welches mit einem s geschrieben wird. In Satz B gibt es einen Nebensatz, der mit der unterordnenden Konjunktion „dass" angeschlossen ist, die man mit ss schreibt.

Seite 71

1
a A Um etwas Neues auszuprobieren, buchten Schauinslands (...) – B Sie freuten sich darauf, die Ruhe auf dem Land zu genießen. – C Anstatt aber geruhsam die Natur zu erleben, fühlten sie sich (...)
b In Satz B hängt der Infinitivsatz von einem hinweisenden Wort ab (= darauf), darum muss ein Komma stehen.

2
a + b (...) war ein Reinfall, um nicht zu sagen: eine Katastrophe. Um uns am Frühstück zu erfreuen, mussten wir (...). Gleich am ersten Morgen waren wir gezwungen, schlimmstes Getöse zu ertragen. Zuerst gingen wir davon aus, den Lärm nur dieses eine Mal zu hören. (...) Sechs Esel weigerten sich, still auf ihre Fütterung zu warten. Es kam noch ärger! Statt zur Freude der Ruhe suchenden Gäste ihren Schnabel zu halten, schnatterten auch noch zahllose Gänse. Ob dieses tierischen Dauerkonzerts lief man ständig Gefahr, sein eigenes Wort nicht mehr zu verstehen. Ein Schild am Zaun forderte die Gäste dazu auf, die Tiere zu füttern und zu streicheln. Eine Unverschämtheit! Ich verlange von Ihnen, uns für die entgangene Erholung zu entschädigen. Ich fordere, umgehend eine positive Antwort zu erhalten.

3
●●●
A Mancher Gast wünschte, auf der Veranda seine Ruhe zu haben, um ein Schläfchen zu machen.
B Mancher Gast wünschte auf der Veranda, seine Ruhe zu haben, um ein Schläfchen zu machen.

Seite 72–73

Teste dich! – Satzreihe und Satzgefüge

1
a Satzreihe = C – Satzgefüge = A, B, D   4 Punkte
b A Familie Heim hatte genug von stressigen Urlaubsreisen, bei denen sie auf Autobahnen im Stau oder auf   5 Punkte
Flughäfen in langen Schlangen stand. – B Sie hatte auch hinreichend viele schlechte Erfahrungen damit
gemacht, in lauten Unterkünften zu wohnen. – C Doch nicht nur die Lautstärke machte den Familienmitgliedern
zu schaffen, auch das Schlafen in fremden Betten fanden sie wenig erholsam. – D Da sie wussten, dass sie
unbekannte Gerichte mit fremden Gewürzen nicht wirklich gern aßen, schreckten sie auch davor zurück.

2
a + b A Weil es Erholung für unbegrenzte Zeit bietet, ist das Traumland für   (je 4 Punkte) 8 Punkte
Familie Heim nun „Balkonien". (Adverbialsatz) – B Die Verkehrsverhältnisse erlauben es, Balkonien
in weniger als 30 Sekunden zu erreichen. (Objektsatz) – C Die über der Straße schwebende Freizeitoase liegt
so nah, dass selbst der kürzeste Kurzurlaub möglich ist. (Subjektsatz) – D Der neueste Trend, dem sich jeder
problemlos anschließen kann, heißt Ein-Tages-Urlaub. (Relativsatz)

3
a + b Familie Heim sitzt auf dem Balkon, um dort zu frühstücken. – Der Familienhund wartet   (je 3 Punkte) 6 Punkte
darauf, eine Wurst abzubekommen. – Die angenehmen Temperaturen sichern das nötige Wohl-
befinden, um zu entspannen.

4
Inhaltlich zutreffend ist Satz B: Richtig gesetzt ist das Komma in Satz B, weil die Familie Heim ihren Urlaub   2 Punkte
gern zu Hause verbringt und die Verneinung „nicht" zu dem Verb bedauern gehört.

5
A + d – B + c – C + b – D + a   4 Punkte

6
Am Abend werden die „Balkonier", die eine Party geplant haben, hellwach.   3 Punkte
Kerzen, deren sanftes Licht romantisch wirkt, sind am Abend die stilvollste Beleuchtung für Balkonien.
Eine besondere Ausstrahlung besitzen Lampions, die Balkonien in einen Zaubergarten verwandeln.

7
Eine Übernachtung auf Balkonien hat ihren ganz besonderen Reiz, denn Campingspaß und Abenteuerlust werden   4 Punkte
kombiniert. Wenn man etwas Wert auf Gemütlichkeit legt, sollte man auf eine Isomatte oder normale Luftmatratze
verzichten. Um sich ein bequemes Nachtlager einzurichten, stellt man besser einen Liegestuhl mit Auflage oder ein
Klappbett auf. Sofern man über eine Hängematte verfügt, kann man auch diese aufbauen.

Insgesamt zu erreichende Punktzahl: **36 Punkte**

Das kann ich schon! – Rechtschreibung

Seite 74–75

1
jahre – wissenschaft – verbindung – bionik – beispiel – erfindung – haihaut – haie – rillen – reibungswiderstand   10 Punkte

2
E/erkennen – A/abschauen – Ü/übertragen – G/gleiten – E/erstaunliches – K/kühlen   6 Punkte

3
Roboter sollen in Zukunft Geschirr abwaschen sowie Rasen mähen und einkaufen gehen oder Staub wischen.   2 Punkte
Auch hierfür gibt es schon tierische Vorbilder in der Familie der Insekten.

4 Falsch geschrieben sind die unterstrichenen Wörter in den Sätzen B, C und E,   5 Punkte
richtig geschrieben sind sie in A und D.

5 geschickte – sondern – flotte – hervorgebracht – Furchenschwimmer –   10 Punkte
perfekt – Wasser – angepasst – kann – Technik

6 **Wörter mit i:** ideal – Maschine – Klima; **Wörter mit ie:** diskutieren – vielfach – Garantie   10 Punkte
Wörter mit ih: ihnen – ihre; **Wörter mit ieh:** sieht – flieht

7 a + b A grüssen/grüßen – B Fluß/Fluss – C grossartig/großartig –   12 Punkte
D Weißheit/Weisheit – E Massregelung/Maßregelung – F schliesslich/schließlich

8 Richtig ist die Schreibweise in den Sätzen A und C, falsch ist sie in B, D und E.   5 Punkte

Groß- und Kleinschreibung

Seite 76–77

1 a + b abhalten – das professionelle Herstellen – errichten – schützen – übernehmen – zum Verfeinern –
das Vermischen – das Hervorbringen – durch Ausgleichen – aufnehmen – beim Schlafen

2 In Klammern findest du Beispiele für die Erweiterungsprobe: (etwas) N/nützliches – H/herstellens – B/besten –
E/einsetzen – S/stochern – I/interessantesten – A/anlegen – I/imponierendsten – G/graben – (beim) Z/zerbrechen –
(beim) B/befördern – S/stärksten – (viel) V/vorteilhaftes – Z/zügigsten

3 a + b Auf den meisten Flughäfen dieser Welt kann man immer aufs Neue täglich Hunderte von Flugzeugen beim Starten
und Landen beobachten, vielleicht erreicht deren Zahl auch die Tausend. Wahrhaft erstaunlich ist, dass das Fliegen ein
Ergebnis menschlichen Forschens über mehr als 2 000 Jahre hinweg ist. Die Sagen der Griechen zeigen, dass der „Traum
vom Fliegen" die Fantasie der Menschen schon früh beschäftigte. Ikarus und Dädalus nutzten Vogelflügel als Vorbild zum
Konstruieren eines Flugapparates. Das Befestigen der Federn mit Wachs war allerdings riskant. Als die beiden der Sonne
zu nahe kamen, führte das zum Schmelzen der Flügel und das Schlimmste trat ein: Ikarus stürzte ins Meer.
Es war Otto Lilienthal, der dann gegen Ende des 19. Jahrhunderts Entscheidendes entdeckte, nämlich dass für den Auftrieb
die nach oben gewölbte Form der Flügel am allerwichtigsten ist. Oberhalb des Flügels entsteht ein Unterdruck und unterhalb ein Überdruck, der Auftrieb wird so am stabilsten erreicht und die Erdanziehung überwunden. Etwas Wichtiges ist
hierbei jedoch auch, dass der Flügel gegenüber der Strömung leicht nach oben angehoben ist. Dieses sogenannte Anstellen des Flügels verstärkt den Auftrieb mit am nachdrücklichsten.

Seite 78

1 A die Stuttgarter S-Bahn – B Rottweiler Fasnet – C Institut für Deutsche Sprache – D eine englische Tageszeitung – E Vereinigte Staaten von Amerika – F Westfälischer Frieden – G der beste französische Präsident – H Indischer Ozean

2 K/kölner – H/heidelberger – B/brandenburger – F/französischen – S/spanischen – S/schiefen – V/von –
I/italienischer – A/afrikanischen – G/große – A/amerikanischen – G/großen – W/weiße – K/kalifornische

3 Mögliche weitere mehrteilige Eigennamen: der Hamburger Hafen – Römisch-Germanisches Museum – das Schwarze Meer –
die Französische Revolution – die Schweizer Banken – Schwarzwälder Schinken – der Ferne Osten – die Spanische Reitschule
in Wien

Seite 79

1 Mögliche E-Mail:
Sehr geehrte Mitglieder des Ausschusses „Fahrplan",
zur Ausgestaltung des Fahrplans für die neue Linie 5 laden wir Sie für Dienstagnachmittag um 15:00 Uhr ein. Der Linienbetrieb soll morgens um 4:00 Uhr beginnen. Es ist geplant, die Züge am Abend bis 0:30 Uhr fahren zu lassen. Werktags wird
der zeitliche Abstand zwischen den Zügen 20 Minuten betragen. Ab Beginn des Berufsverkehrs bis 11:00 Uhr werden die Züge
alle 10 Minuten fahren. Der Fahrplan am Wochenende muss noch geklärt werden. Aber samstagnachts sollen auf jeden Fall
mehr Züge fahren. Bitte geben Sie mir bis morgen Mittag (13:00 Uhr) eine Rückmeldung zu diesen Vorschlägen.
Freundliche Grüße
XX, Chef der Stadtwerke

2 Möglicher Blogbeitrag: Gestern Morgen kamen wir um 10:00 Uhr mit dem Zug in Sinsheim an. Den ersten Workshop im Auto
& Technik Museum besuchten wir gleich gestern Nachmittag. Er trug den Titel „Schaumfabrik" und wir lernten, dass Schaum
nicht nur langweiliges Füllmaterial ist, sondern ein ganz vielseitiges Stoffgemisch, das uns ständig im Alltag begegnet. Heute
Morgen ging es um 10:00 Uhr mit „Sinnvolle Sensoren", einem spannenden Workshop zum Thema Roboter, weiter. Als Letztes hörten wir heute Nachmittag einen Vortrag mit vielen Informationen über Strom und Energie. Leider ist die Klassenfahrt
morgen Vormittag schon vorbei. Um 10:00 Uhr werden wir wieder nach Hause zurückreisen.

3 Möglicher Text: Ich fahre eigentlich <u>jeden Morgen</u> um 7:30 Uhr mit dem Bus zur Schule. Nur <u>am Donnerstag</u> bringt mich
●●● meine Mutter mit dem Auto zur Schule, denn an diesem Tag muss sie früher zur Arbeit fahren. Sie holt mich <u>an Werktagen</u>
immer <u>mittags</u> um 14:00 Uhr von der Schule ab. <u>Am späten Nachmittag</u>, so gegen 17:00 Uhr, fahre ich oft noch mal mit der
Straßenbahn ins Einkaufszentrum, um meine Freunde zu treffen. Aber ich muss <u>abends</u> immer um 20:00 Uhr zu Hause sein.
Bandprobe in der Musikschule habe ich <u>dienstags</u> um 15:00 Uhr. Die Auftritte der Band sind meistens <u>am Freitagabend</u>. Nach
einem Auftritt schlafe ich <u>am nächsten Morgen</u> immer ganz lange.

Seite 80

Teste dich! – Groß- oder Kleinschreibung?

1 B Großschreibung, da vom geografischen Namen abgeleitetes Wort auf **-er** 4 Punkte
C Kleinschreibung, da von einem geografischen Namen abgeleitetes Adjektiv auf **-isch**
D Kleinschreibung, da Adjektiv im Superlativ mit „am"
E Großschreibung (außer Konjunktion), da mehrteiliger Eigenname

2 Ungewöhnliches – Betrachten – trauen – verbiegen – Untersuchen – leichtesten – geniale – erkennen 8 Punkte

3 gestern früh – morgen Abend – Sonntagabend – freitags – spätabends – samstagnachmittags – 10 Punkte
heute Morgen – übermorgen – gestern Mittag – am Montag

Insgesamt zu erreichende Punktzahl: **22 Punkte**

Getrennt- und Zusammenschreibung

Seite 81–85

1 **Zusammenschreibung** von Nominalisierungen (mit Nomenbegleitern): (das) Achterbahnfahren, (in Gedanken eingefügt:
das) Zuckerwatteessen, (ganz einfaches) Plastikrosenschießen, (sehr vertrautes) Losziehen
Getrenntschreibung: Freude machen, Geld verdienten, Eindruck erregen, Bewegung verleiht, Untertagebau arbeiten, Interesse haben, Forschung betreiben, Termin absprechen

2 a + b Ich muss gestehen, dass ich wenig **Lust habe**, auf die Kirmes zu gehen. Das **Entchenangeln** finde ich langweilig.
●●● Beim **Glücksraddrehen** habe ich noch nie etwas gewonnen. Beim **Riesenradfahren** bekomme ich Höhenangst und nach
dem **Autoscooterfahren** tun mir immer alle Knochen weh. Das Einzige, was für mich einen gewissen **Reiz hat**, ist, dass ich
auf dem Kirmesplatz **Freunde treffen** und leckeren **Paradiesapfel essen** kann.

3 B ableiten lässt – C fahren lassen – D baden gehen – E einkaufen gehen – F rollen lassen – G beeindrucken wissen

4 vorbei war – vorhanden sind – vonnöten sind – möglich ist – dabei bist – offen ist – los ist

5 Die Fehlerwörter sind unterstrichen, die Verbesserungen (in Klammern) dahinter:
●●● <u>Besuchen</u> (besuchen) – <u>kennenlernen</u> (Kennenlernen) – <u>fahrenüben</u> (Fahrenüben) – <u>Einsteigen lassen</u> (Einsteigenlassen) –
<u>kassierenlernen</u> (kassieren lernen) – <u>Bremsen üben</u> (Bremsenüben) – <u>stehen bleiben</u> (Stehenbleiben)

6 a Unterstrichen sind Wörter mit neuer Gesamtbedeutung (= Zusammenschreibung): vollständig erhalten – <u>nahebringen</u> –
willkommen heißen – möglich machen – gut unterhalten – <u>bereitstehen</u> – <u>schwerfallen</u> – <u>sichergehen</u>
b willkommen heißen – bereitstehen – nahebringen – schwerfallen – möglich machen – vollständig erhalten – sicher-
gehen – gut unterhalten

7 a + b Mögliche Sätze: A Wenn Sie **schwarzfahren**, kann das teuer werden. – B Er ist derart unverschämt, dass ich vor Wut
●●● **rotsehe.** – C Darüber habe ich mich **schwarzgeärgert.** – D Das **Blaumachen** wird in der Schule nicht geduldet.

8 a + b Betonte Wortteile/Wörter sind unterstrichen: (Getrenntschreibung = G, Zusammenschreibung = Z):
A <u>zusammen</u>?kommen (Z) – B <u>zusammen</u>?halten (Z) – C dazwischen?reden (Z) – D dazwischen?<u>setzen</u> (G) –
E <u>vorher</u>?sagen (Z) – F nachher?<u>sagen</u> (G) – G <u>zusammen</u>?bleiben (Z)

9 [X] A Nach der Führung müsst ihr euch unbedingt │untereinander?austauschen│.
[ ] B Morgen könnt ihr euch mit der Beschreibung der Bilder │herum?schlagen│, heute habt ihr frei.
Erweiterungsprobe: … **untereinander** in einem Gespräch **austauschen.** → Getrenntschreibung
(Erweiterungsprobe nicht möglich bei herum?schlagen → Zusammenschreibung)

10 Mögliche Verbindungen aus Präposition und Verb:
durch... : durchziehen – durchgehen – durcharbeiten – durchlaufen – durchsehen – durchsprechen – durchkommen –
durchlassen – durchmachen – durchnehmen
mit... : mitziehen – mitgehen – mitarbeiten – mitsprechen – mitkommen – mitwirken – mitmachen – mitnehmen
auf... : aufziehen – auflaufen – aufkommen – aufrechnen – aufmachen – aufnehmen – auflegen
hinter... : hinterziehen – hintergehen – hinterlassen – hinterfragen – hinterlegen
über... : überziehen – übergehen – überarbeiten – übersehen – überkommen – überlassen – überstimmen – übernehmen

11 Ich muss es gleich vorwegnehmen: Der Beiname „Museum der guten Laune" ist nicht übertrieben. – Wer hier nicht laut auf-
●●● lachen oder zumindest in sich hineinkichern muss, ist selbst schuld. – Übersehen kann man das Museum nicht: Schon vor
der Tür lassen einige Monsterfiguren den Besucher zusammenzucken. – Hinter der Museumstür ist eine wilde Mischung zu-
sammengekommen. – Alles darf angefasst und ausprobiert werden, nur mitnehmen darf man natürlich nichts! – Wer sich
gruseln möchte, muss in den Keller hinabsteigen, wo eine Geisterbahn aufgebaut ist.

12 A voraussagen – B dazwischengehen – C zusammenschreiben – D auseinandernehmen – E hintergehen – F losrennen –
●●● G hervorbringen – H hinüberretten

Seite 86

Teste dich! – Getrennt- oder Zusammenschreibung?

1 Fehler + (Verbesserung): (je 8 Punkte) 16 Punkte
Genauergründen (Genau ergründen) [...] entstandenist (entstanden ist). [...] vor behalten (vorbehalten) war,
ist hingegengesichert (hingegen gesichert) – [...] hervor gegangen (hervorgegangen) [...] zu durch stoßen (durchstoßen) –
[...] Karussell fahren (Karussellfahren) letztlich zurück gehen (zurückgehen).

2 erfinden lassen – weiterentwickeln – Kreis drehen – Einzug halten – zugänglich gemacht – 8 Punkte
wachhalten – unterhalten – leichtfällt

Insgesamt zu erreichende Punktzahl: 24 Punkte

Rechtschreibung verstehen – Regeln anwenden

Seite 87

Doppelte Konsonanten – Achte auf die erste Silbe

1 l/ll: brüllen, die Pulte, sollen, bellen, die Wälder, holen   m/mm: summen, die Pumpe, der Humor, flimmern, das Zimmer
t/tt: raten, die Ratte, die Rate, die Rente, der Winter   n/nn: zentral, nennen, wenden, die Kante, weinen, kennen

2 + 3

Erste Silbe offen	Erste Silbe geschlossen	
	Zwei verschiedene Konsonanten	Zwei gleiche Konsonanten
ho len, der Hu mor, ra ten, die Ra te, wei nen	die Pul te, die Wäl der, die Pum pe, die Ren te, der Win ter, zen tral, wen den, die Kan te	brül len, sol len, bel len, sum men, flim mern, das Zim mer, die Rat te, nen nen, ken nen
ro te, grü ne, brau ne	Fän ge, lan ge, Bil der, gel be	Fäl le/fal len, knal len, hel le

Seite 88

Wörter mit *h* – Wenn die erste Silbe offen ist, ...

1 gähnen   gehen   Nahrung   erwähnen   fahren   bestehen   vergehen   die Röhre   unzählig   lehren

2 a, b, c

Wörter mit silbenöffnendem *h*	Merkwörter mit *h*
Rehe, Zehen	wahre, Zehner, Uhren, der Stahl – stählern, die Bahnen, die Jahre, die Wahlen, die Zahlen, die Mahle
Die erste Silbe ist offen. Das h gehört zur zweiten Silbe. Man spricht das Wort mit h.	Die erste Silbe ist geschlossen. Das h gehört zur ersten Silbe. Man spricht das Wort ohne h.

3 Merkwörter : ungefähr, Jahr, ihm, ihn, Draht\gitter, dehnte, Bahn\schwelle, Stahl\beton

Seite 89

ss und *ß* in einer Wortfamilie – Achte auf die erste Silbe

1 heißen, hissen, vermissen, pressen, gießen, fließen, beißen

2 a + b gießen – der Guss, beißen – der Biss, reißen – der Riss, fressen – der Fraß, beschließen – der Beschluss, vergessen – vergaß, müssen – muss, schließen – das Schloss, lassen – ließ, wissen – weiß, messen – maß

3 a das Gebiss, der Beißring, er beißt, er biss, die Bisswunde, er hat gebissen
b z. B.: **essen:** er isst, er hat gegessen, er aß, das Esszimmer, das Essbesteck
   fließen: sie floss, sie ist geflossen, die Fließrichtung, der Fluss, der Abfluss
   schießen: es hat geschossen, der Schuss, die Schusswaffe, die Schießanlage

4 a
   A Das Wasser eines Flusses fließt nicht überall gleichmäßig schnell.
   B Ein Hund, der beißt, kann mit seinem Gebiss große Bisswunden verursachen.
      Deshalb sollte er immer einen Beißschutz tragen.
   C Weil der Regenguss ausblieb, muss Gustav das Beet mit der Gießkanne bewässern.

Seite 90

i oder *ie*? – Achte auf die Silbenzahl

1 Graffiti, die Emotion, die Information, das Praktikum, die Ziele, die Bionik, das Lexikon, der Optimist, der Pessimist, der Ziegenkäse, das Silizium, die Turbine

2 a + b

					1	F	I	N	G	I	E	R	E	N
					2	P	A	R	O	D	I	E	R	E	N
					3	S	T	U	D	I	E	R	E	N
			4	K	A	P	I	T	U	L	I	E	R	E	N
					5	P	L	O	M	B	I	E	R	E	N
					6	F	L	A	M	B	I	E	R	E	N
					7	H	A	L	B	I	E	R	E	N
					8	B	L	O	C	K	I	E	R	E	N
					9	P	R	O	B	I	E	R	E	N
10	V	E	R	B	A	R	R	I	K	A	D	I	E	R	E	N
					11	R	A	D	I	E	R	E	N
			12	M	A	R	S	C	H	I	E	R	E	N

im gleichmäßigen Schritt gehen (12)
unterbinden (8)
vortäuschen (1)
aufgeben (4)
etwas komisch nachmachen (2)
lernen (3)
Löcher in Zähnen füllen (5)
Alkohol in Speisen anzünden (6)
verkleinern (7)
versuchen (9)
absperren (10)
Bleistiftschrift beseitigen (11)

3 a Ukraine, Maschine, Kabine, Turbine, Gardine, Maschine, Apfelsine, Mandarine, Vaseline, Sultanine, Terrine, Ruine, Beduine, Lawine

4 Bei der Nachsilbe *-ine* wird die regelhafte *ie*-Schreibung bei zweisilbigen deutschen Wörtern nicht außer Kraft gesetzt, denn das *i* bei *-ine* kommt ja nicht in der ersten Silbe vor.
Die Verbindung *-ieren* muss man sich merken, weil das *ie* eben nicht in der ersten Silbe des Wortes steht.

Seite 91

Fremdwörter mit *ph*, *th*, *ch* und *y* – Im Wörterbuch nachschlagen

1 a spanische Wörter: Fisika, Coro, Fisioterapia
b (Merkstellen **M** : unterstrichen)
   die Physik, das Chlorophyll, die Theologie, das Theater, der Chor, die Physiotherapie, die Phrase, der Rhythmus
c eine Wissenschaft = die Physik – Blattgrün = das Chlorophyll – Gruppe von Sängern = der Chor – Religionswissenschaft = die Theologie – Schauspielhaus = das Theater – Heilbehandlung = die Physiotherapie – leere Redensart = die Phrase – Takt, z. B. in der Musik = der Rhythmus

2 b deutsche Schreibweisen: Foto, Diktafon, Fantasie, Grafik, Tunfisch

3

Man spricht das *y* wie ein *i*.	Man spricht das *y* wie ein *ü*.
das Baby, die City, die Story, der Body, die Party	das Gymnasium, das Acrylglas, typisch, hydraulisch, die Dynamik, das Dynamit, der Dynamo, psychisch, das Symbol

4 a (Merkstellen **M**: unterstrichen)
A In der Physikstunde ist das Thema die Leistung des Dynamos.
B Im Theater gibt es einen Themenabend rund um das Stück „Das Phantom der Oper".

Seite 92

„das" oder „dass"?

1 a + b Mögliche Relativsätze: A Das Spiel, das/welches Carl neu heruntergeladen hat, lässt ihn die Zeit vergessen. – B Aus dem Blick gerät ebenso das Referat über Zeitmanagement, das/welches für morgen vorzubereiten ist. – C Als schließlich alles zu spät ist, denkt Carl sich für den nächsten Tag ein Märchen aus, das/welches den Lehrer besänftigt.

2 a + b Mögliche Subjekt- oder Objektsätze (hier folgt die Konjunktion *dass* häufig im Zusammenhang mit *Verben des Sagens, Meinens, Denkens, Fühlens*): A Carl *erzählt* seinem Lehrer, *dass* das Ticken der Uhr im Lärm des neuen Spiels untergegangen ist (auch Konjunktiv I möglich: sei), bis es zu spät war. – B Der Lehrer *denkt*, *dass* Carl ihn für dumm hält. – C Er *sagt* grinsend, *dass* Carl mit seiner Erfindungsgabe Schriftsteller werden sollte.

3 (...) schon bemerkt, ~~das~~/dass Erwachsene kein Zeitgefühl haben? (...) Morgens rufen sie ungeduldig ins Bad, ~~das~~/dass ich gerade erst betreten habe, um mir mitzuteilen, ~~das~~/dass auch andere duschen möchten. Für das Frühstück, ~~das~~/dass man nun wirklich (...) ~~Das~~/Dass der Bus nicht auf mich warten würde, (...) sind unsere Lehrer überrascht, ~~das~~/dass die Stunde schon zu Ende ist, während wir das Ende, ~~das~~/dass sich extrem schleichend nähert, immer im Blick haben. ~~Das~~/Dass Erwachsene kein Zeitgefühl haben, (...): Kaum fasse ich mein Handy an, ~~das~~/dass in der Schule beiseitegelegt werden musste, höre ich, ~~das~~/dass ich meine Zeit nicht damit verschwenden solle. Auch ~~das~~/dass ausgerechnet dann Schlafenszeit sein soll, (...)

Seite 93

Textlupe: Strategien und Regeln anwenden

1 a + b Was mag wol ein „Wahl-O-Mat" sein? Villeicht ist das ein Roboter, der mit aufgeladenem Aku am Wahltag fleissig zum Wahllokal marschiert. Dort gibt er die Stimen derer ab, die nicht mehr gut zu Fuss sind oder deren Kinder lieber etwas draußen im Wald unternemen möchten. Er läuft wiselflink ständig in die Wahlkabiene, um dort für jemanden ein Kreuzchen zu machen. Sicher liese sich so der sinkenden Wahlbeteiligung entgehgenwirken. Oder es handelt sich um einen Automahten, in den mann bei der Wahl seine Wahlbenachrichtigung stecken muß? Auf seinem Dissplay würden dann alle Parteien aufleuchten, von denen eine anschliessend mit Fingerdruck ausgewält werden kann.

wohl, Vielleicht
Akku, fleißig
Stimmen, Fuß
unternehmen, wieselflink
Wahlkabine, ließe
entgegenwirken
Automaten, man
muss, Display
anschließend, ausgewählt

2 a Mögliche schwierige Wörter (Groß- und Kleinschreibung/bei Nominalisierung mit Nomenbegleitern, Getrennt- und Zusammenschreibung bei Verbindungen mit Verben):
Ein „Wahl-O-Mat" kommt (...) lange vorher zum Tragen. Auffinden kannst du ihn im Internet. Hineingestellt wurde er dort von der Bundeszentrale für politische Bildung. Die Regierung der Bundesrepublik Deutschland möchte besonders den jungen Wählern beim Ankreuzen des Wahlzettels behilflich sein. Der „Wahl-O-Mat" kann (...) so miteinander mischen, (...) Positionen woher kommen. Er formuliert diese in Fragen an den Wählenden um. Durch das Fragenstellen will der „Wahl-O-Mat" dazu anregen, über eigene Einstellungen und Ansichten nachzudenken. (...) kann man aufschreiben und das Computerprogramm übernimmt anschließend das Auswerten. (...) eine Art Meinungsbild auswerfen, das darstellt, welche (...) mit welcher Partei aufweist. (...) dabei ein böses Erwachen! (...) unerwartet wiederfindet.

Seite 94

Teste dich! – Dein Regelwissen

1 Richtig sind Aussage: B, C, E, F   falsch sind Aussage: A, D.   6 Punkte

2

Doppelkonsonanten	*i-ie*-Schreibung	*ss-ß*-Schreibung	Fremdwörter
könnten (Z. 12), Abschnitten (Z. 17), gestellt (Z. 18)	Architekten (Z. 7), viele (Z. 7), Riesenackerschachtelhalm (Z. 14), verschiedenen (Z. 16), durchziehen (Z. 21 f.), stabil (Z. 29), flexibel (Z. 29 f.)	außen (Z. 18), dessen (Z. 25)	Symbol (Z. 1), systematisch (Z. 2 f.), mathematische (Z. 6), Skyline (Z. 24)

16 Punkte

3 a Beispiele für zweisilbige Wörter, deren erste Silbe offen ist: da her (Z. 2), bau en (Z. 3, 5), hö her (Z. 5), Na tur (Z. 7), Grä ser (Z. 8)   5 Punkte
b Beispiele für Wörter, deren erste Silbe geschlossen ist: Wol kenkratzer (Z. 1), bil den (Z. 8), Hal me (Z. 8), kön nen (Z. 10), welche (Z. 11)   5 Punkte

Zeichensetzung

Seite 95

1 a + b

A + 2 Wir gratulieren zum Erwerb Ihrer Muttersprache(,) und wir wünschen Ihnen viel Erfolg bei ihrer Verwendung!

B + 3 Ihre Sprache ist ein hochentwickeltes und vielseitiges Medium, das Ihnen in allen Lebenssituationen nützliche Dienste leisten wird, wenn Sie es richtig einzusetzen wissen.

C + 5 Damit Sie viel Freude daran haben, sollten Sie folgende Sicherheitshinweise unbedingt beachten:

D + 4 Gehen Sie achtsam und überlegt mit Ihrer Sprache um, denn ein unsachgemäßer Gebrauch kann (…)

E + 1 Für eine optimale Nutzung Ihrer Sprache raten wir Ihnen zur Anschaffung eines Wörterbuchs, das Ihnen besonders beim schriftlichen Gebrauch eine große Hilfe sein kann, und wir empfehlen Ihnen (…)

F + 6 Den Erwerb einer Zweitsprache sollten Sie erwägen, wenn Sie grundsätzlich (…)

Seite 96

1 a–c A Wenn du lange über der richtigen Schreibweise eines Wortes grübeln musst, solltest du lieber gleich in einem Wörterbuch nachschlagen. – Anstatt lange über der richtigen Schreibweise eines Wortes zu grübeln, solltest du lieber gleich in einem Wörterbuch nachschlagen.

B Allerdings musst du einige Nachschlagetechniken beherrschen, damit du gezielt suchen kannst. – Allerdings musst du einige Nachschlagetechniken beherrschen, um gezielt suchen zu können.

C Wahrscheinlich hast du schon oft in der alphabetischen Wörterliste eines Wörterbuchs nachgeschlagen, dich vorher aber nicht um die Benutzerhinweise gekümmert. – Wahrscheinlich hast du schon oft in der alphabetischen Wörterliste eines Wörterbuchs nachgeschlagen, ohne dich vorher aber um die Benutzerhinweise zu kümmern.

D Wenn man alle Abkürzungen in den Einträgen zu einem Wort verstehen will, muss man sich in der Einführung ein wenig kundig gemacht haben. – Um alle Abkürzungen in den Einträgen zu einem Wort zu verstehen, muss man sich in der Einführung ein wenig kundig gemacht haben.

E Falls du an der Kommasetzung zweifelst, bleibt dir nur übrig, dass du im Regelteil des Wörterbuchs nachschaust. – Falls du an der Kommasetzung zweifelst, bleibt dir nichts anderes übrig, als im Regelteil des Wörterbuchs nachzuschauen.

F Wenn du dir nie die Benutzerhinweise und den Regelteil in einem Wörterbuch ansiehst, findest du zu manchen Rechtschreibfragen womöglich keine Antwort. – Ohne die Benutzerhinweise und den Regelteil in einem Wörterbuch anzusehen, findest du zu manchen Rechtschreibfragen womöglich keine Antwort.

Seite 97

2 a + b In der Schule hast du die Möglichkeit, interaktive Wörterbücher zu benutzen: Die Deutschlehrkräfte sind gerne dazu bereit, dir auch die kompliziertesten Fragen zur Rechtschreibung zu beantworten. Für den Umgang mit ihnen ist es allerdings ratsam, einige Benutzerhinweise zu beachten. Warte eine günstige Gelegenheit ab, um deine Frage zu stellen. Bemühe dich darum, dein Problem möglichst klar zu formulieren. Wenn dir die angebotene Lösung nicht wirklich hilft, ist es unbedenklich, noch einmal nachzufragen. Bei orthografischen Fragen ist es eine gute Alternative, sich die Hilfe schriftlich geben zu lassen. Denke daran, dich nach erfolgreicher Hilfe freundlich bei deinem interaktiven Wörterbuch zu bedanken.

3 a A Klar und deutlich strukturiert(,) vermittelt dieser Ratgeber in übersichtlicher Form die wichtigsten Strategien für eine gelungene Rede. – B Ein guter Redner, die Aufmerksamkeit seines Publikums nicht überfordernd, umwirbt dieses durch die interessante und unterhaltsame Art seines Vortrags. – C Ein trockenes Thema auflockernd, kann man Zuhörer durch die Präsentation von Bildmaterial begeistern. – D Eine farblose Vortragsweise vermeidend, bewahrt man das Publikum am besten vor Langeweile.

b A Dieser Ratgeber ist klar und deutlich strukturiert, um in übersichtlicher Form die wichtigsten Strategien für eine gelungene Rede zu vermitteln. – B Um die Aufmerksamkeit seines Publikums nicht zu überfordern, umwirbt ein guter Redner es durch die interessante und unterhaltsame Art seines Vortrags. – C Man kann, um ein trockenes Thema aufzulockern, Zuhörer durch die Präsentation von Bildmaterial begeistern. – D Um das Publikum vor Langeweile zu bewahren, vermeidet man eine farblose Vortragsweise.

Seite 98

1 a + b Visualisierungsmedien, technische Hilfsmittel zur Unterstützung eines mündlichen Vortrags, dienen der Anschaulichkeit und der vereinfachenden Erklärung. Auf Flipcharts, meist dreibeinigen Ständern mit einem sehr großen Papierblock, können Ideen und Ergebnisse in einer Gruppenarbeit mit einem Filzstift spontan festgehalten werden. Vorbereitete Folien können mit dem Overheadprojektor, einem auch im digitalen Zeitalter noch häufig eingesetzten Medium, gut lesbar präsentiert werden. Die digitalisierte Form der Tafel, das sogenannte Whiteboard, ermöglicht es, vorgefertigte Grafiken oder Texte handschriftlich zu ergänzen und so speichern zu lassen. Das Handout, ein Zettel mit gedruckten Informationen, begleitet den Vortrag mit wichtigen Thesen und ergänzt ihn um Literaturhinweise. Plakate bieten, so besser wahrnehmbar auch aus der Ferne, großformatige Kombinationen aus Text, Bild und Grafik auf Papier oder Pappe.

2

A Zur Pflege der Stimme bekommt man bei Fachleuten, nämlich den Hals-Nasen-Ohrenärzten, nützliche Tipps.

B Bei angegriffenen Stimmbändern gilt Schweigen, und zwar eisernes, als das wirkungsvollste Mittel.

C Ein bewusster Umgang mit der Stimme, vor allem eine angemessene Atemtechnik, hilft, Heiserkeit zu vermeiden.

D Bestimmte chemische Stoffe, zum Beispiel Nikotin und Alkohol, greifen die Stimmbänder an.

Seite 99

Teste dich! – Zeichensetzung

1 Um Ihr *** zu bedienen, stehen Ihnen das Tastenfeld und das Display zur Verfügung. Einige Funktionen   11 Punkte
setzen voraus, dass der Netzbetreiber diese unterstützt, zum Beispiel Funktionen, bei denen Informationen
zur Rufnummer des Anrufers nötig sind. Das Display zeigt, abhängig von den aktuellen Einstellungen,
unterschiedliche Informationen an, unter anderem Datum und Uhrzeit. Über die Steuertaste haben Sie die
Möglichkeit, die Funktionen des *** zu aktivieren. Anstatt direkt in den Hörer zu sprechen, können Sie auch die
Freisprechfunktion nutzen. Wenn eine Nummer gespeichert ist, wird der zugehörige Name angezeigt, sofern
er vorher eingegeben wurde. – *(Auszug aus einer Gebrauchsanweisung für ein Festnetztelefon.)*

2 a A Die Daten werden vom Host-Kanal, also dem die Programmliste übertragenden Fernsehsender,   8 Punkte
        mehrmals täglich gesendet.

      B Nach geografischen Regionen ausgerichtet, werden die Sender in der TV-Programmliste angezeigt.

      C Ein Sender, der in Ihrer Region nicht registriert ist, wird selbst dann nicht in der TV-Programmliste angezeigt,
        wenn sein Signal empfangen wird.

      D Wenn Sie die Programmliste heruntergeladen haben, müssen Sie die Daten regelmäßig abrufen, um die
        Programmliste zu aktualisieren. – *(Auszug aus einer Gebrauchsanweisung für einen Satellitenreceiver.)*

    b A + 3 – B + 2 – C + 1 – D + 4   4 Punkte

3 Die Aussagen A und B sind falsch, die Aussagen C und D sind richtig.   4 Punkte

Insgesamt zu erreichende Punktzahl: **27 Punkte**

Ich teste meinen Lernstand

Seite 101–111

1–2   Aufgabe 1 C – Aufgabe 2 B   je 1 Punkt

3 a Z. 28–41 („In ihren diversen Video-Kanälen geht es den Green-Brüdern … während Hank naturwissenschaftliche   1 Punkt
      Fragestellungen beantwortet.")

    b Mögliche Erklärung: Die Brüder Green wenden sich an junge Menschen, die sich für wichtige Themen   1 Punkt
      wie z. B. Umwelt und Technik interessieren und weniger fürs Shoppen oder das Aussehen.

4 Mögliche Begründung: 2 Punkte
Leons Erläuterung C trifft die Textaussage. „Nerdfighters", die Fans der Brüder Green, interessieren sich für
wichtige Themen aus Gebieten wie Philosophie und Naturwissenschaften. Da die Greens in ihrem Videoblog
zu ehrenamtlicher Arbeit aufrufen, kann man davon ausgehen, dass ihre Fans sich entsprechend engagieren.

5–7 Aufgabe 5 D – Aufgabe 6 C – Aufgabe 7 A   je 1 Punkt

8 Richtig sind die Antworten A, C und D. – Falsch sind die Antworten B, E und F.   6 Punkte

9 Richtig ist Antwort D.   1 Punkt

10 Richtig sind die Antworten D, E und F. – Falsch sind die Antworten A, B, C und G.   7 Punkte

11 Richtig ist Antwort B.   1 Punkt

12 Mögliche Textstellen: Z. 27: „… ihrem (nett gesagt) kräftigen Freund Will" – Z. 38: „… weil es mich, zweitens, nicht   2 Punkte
interessierte …" – Z. 47 f.: „Marie gehörte zu den Leuten, die ständig schätzten." – Z. 53–55: „Das Einzige, was schlimmer
ist als eine Party, zu der keiner kommt, ist eine Party, zu der keiner kommt außer zwei durch und durch uninteressante Menschen." – Z. 107–109: „… meine Eltern wussten so gut wie ich, dass ich es bei Leuten wie Marie und Will nicht finden würde."

13 Richtig ist Antwort A.   1 Punkt

14 Mögliche Erklärung: „Noch viel schlimmer" hätte die Abschiedsparty aus Miles' Sicht laufen können,   1 Punkt
wenn es eine „richtige" Party mit noch mehr uninteressanten Gästen wie Marie und Will geworden wäre.

15 Richtig ist Antwort C.   1 Punkt

16 **Mögliche Begründung:**   (1 Punkt für die Begründung, je 1 Punkt pro Textstelle)   3 Punkte
Der Erzähler schildert die insgesamt eher traurige Situation der Abschiedsparty mit bissigem Witz.
Passende Textstellen: „Von gedämpften Erwartungen meinerseits zu sprechen, wäre heillos übertrieben." (Z. 4–6) –

„Schulfreunde" (Z. 7) – „traurigen Haufen" (Z. 8) – „notgedrungen in der muffigen Highschool-Cafeteria" (Z. 10–11) – „ ich hätte meine wahre Beliebtheit all die Jahre vor ihr geheimgehalten." (Z. 14–15) – „Ich nickte wissend, und damit waren unsere gemeinsamen Themen abgehakt." (Z. 34–35) – „meiner Mutter, die stundenlang über nichts reden kann" (Z. 40–41) – „Marie gehörte zu den Leuten, die ständig schätzten." (Z. 47) – „Das Einzige, was schlimmer ist als eine Party, zu der keiner kommt, ist eine Party, zu der keiner kommt außer zwei durch und durch uninteressante Menschen." (Z. 53–55) – „Ich hätte den Kasten am liebsten angeschaltet, doch ich wusste, ich ließ es besser bleiben." (Z. 59–60) – „Meine Eltern sahen mich an, als erwarteten sie, dass ich gleich losheulen würde oder so was" (Z. 60–62) – „meine imaginären Freunde" (Z. 66 f.) – „bis ich das Gefühl hatte, es wäre okay, den Fernseher anzumachen" (Z. 111 f.) – „Was Abschieds-partys angeht, hätte es mit Sicherheit noch viel schlimmer laufen können." (Z. 116 f.)

17   B + D = Klappentext – A + C = Rezension   4 Punkte

18   Die gesuchte falsche Antwort ist D.   1 Punkt

19   Überprüfe deinen Text und notiere dir zu jedem gelungenen Bereich die angegebene Punktzahl.

Hast du …
– in der **Einleitung** den Titel, Autor, das Erscheinungsjahr und das Thema des Jugendromans genannt?   1 Punkt
– mindestens zwei wichtige **Aspekte des Romaninhalts** genannt, z. B. Erwachsenwerden (das Elternhaus verlassen), Suche nach Herausforderungen (das „große Vielleicht"), Rätsel des Lebens (philosophische Fragestellungen), die erste Liebe, Freundschaft zwischen außergewöhnlichen Jugendlichen?   2 Punkte
– mindestens die beiden **Hauptfiguren** Miles (Ich-Erzähler, Einzelgänger, seine Interessen) und Alaska (außergewöhnliches Mädchen, Miles' erste Liebe, ihre Interessen) beschrieben?   2 Punkte
– erklärt, worum es im Textauszug (Romananfang) geht (Themen: Abschiedsparty, Miles als Außenseiter, sein Verhältnis zu seinen sogenannten Freunden und zu seinen Eltern, sein Vorhaben, aufs Internat zu gehen, die Gründe für dieses Vorhaben)?   3 Punkte
– erklärt, warum der Romanauszug zum **Weiterlesen** reizt (z. B. interessante Figur, Geschichte oder Sprache)?   2 Punkte
– **sachlich geschrieben**? Gibt es z. B. Stellen, an denen du eher umgangssprachlich erzählst oder an denen du vom Thema abschweifst oder ungenau beschreibst und erklärst? Unterstreiche solche Stellen.   2 Punkte
– im **Präsens** formuliert?   2 Punkte
– die **Rechtschreibung** überprüft? Ist alles richtig? Hier kannst du bis zu vier Punkte anrechnen.   max. 4 Punkte
   0 Fehler = 4 P., bis zu 3 Fehler = 3 P., bis zu 6 Fehler = 2 P., 7 Fehler und mehr = 0 P.

Möglicher Informationstext über den Jugendroman:

(Einleitung) Der Jugendroman „Eine wie Alaska" des amerikanischen Autors John Green wurde 2005 veröf-fentlicht. Er handelt vom Außenseiter Miles und seiner ersten großen Liebe.
(Hauptteil) Der Roman erzählt vom Erwachsenwerden Jugendlicher, ihrer außergewöhnlichen Freundschaft und der Liebe zwischen Miles und dem Mädchen Alaska, die tragisch endet.
Der 16-jährige Miles ist ein Einzelgänger, der keine Freun-de hat, mit seiner Einsamkeit aber gut zurechtkommt. Er pflegt ein außergewöhnliches Hobby: Er liest die Biogra-fien großer Schriftsteller und sammelt deren letzte Wor-te. Miles wechselt von seiner bisherigen Schule in Florida auf ein Internat in Alabama, um der Behütung durch sei-ne liebevollen Eltern und der Langeweile zu entkommen. Er interessiert sich für die Rätsel des Lebens. Dabei be-einflussen ihn besonders die letzten Worte des Dichters Rabelais, die „Suche nach dem großen Vielleicht". Miles möchte herausfinden, was das Leben an neuen, uner-warteten Möglichkeiten bietet. Im Internat findet er schnell Kontakt zu anderen Jugendlichen, die genauso ungewöhnlich sind wie er. Die schöne, rätselhafte Alaska liest viel und führt gern philosophische Gespräche. Wie Miles selbst kann auch sie berühmte Dichter zitieren. Mit Alaska, dem ironischen Colonel und dem Japaner Takumi probiert er Verbotenes aus, wie zum Beispiel das Rau-chen, Trinken und Feiern. Die vier Außenseiter sind den-noch die besten Schüler; sie sind interessiert und bele-sen, intelligent und diskutierfreudig.
Green schreibt seinen Jugendroman in einem humorvol-len Stil, was schon der Romananfang zeigt. Er beginnt mit einer Abschiedsparty, die Miles' Eltern für ihn aus-richten. Miles wird hier als Außenseiter charakterisiert, der keine echten Freunde hat und sein Leben mit bissi-gem Witz betrachtet. Die Geschichte ist aus Miles' Sicht in der Ich-Perspektive geschrieben, sodass man sich in seine Gefühle und Ansichten, zum Beispiel die über seine angeblichen „Schulfreunde", gut einfühlen kann.
(Schluss) Die Figur Miles wirkt so interessant und witzig, dass man Lust bekommt, weiterzulesen und zu erfahren, ob es ihm gelingt, ein interessanteres, spannenderes Le-ben zu führen. Der Klappentext verrät, dass die Ge-schichte auch traurige Aspekte enthält. Damit ist viel Spannung zu erwarten.

20   Überprüfe deinen Text und notiere dir zu jedem gelungenen Bereich die angegebene Punktzahl.

Hast du …
– deine **Meinung zum Roman** als Klassenlektüre formuliert?   1 Punkt
– deine **Meinung zum Autor** John Green eingebracht (z. B. deine Position zur Darstellung realistischer Lebens-situationen in Romanen, deine Position zu einem für die Probleme Jugendlicher engagierten Autor)?   2 Punkte
– mit mindestens zwei **Argumenten** begründet, warum der Jugendroman zum **Thema „Erwachsenwerden"** passt (z. B. Themen wie Loslösung vom Elternhaus, Suche nach Herausforderungen, Begegnung mit der ersten Liebe, Interesse an wichtigen Fragestellungen des Lebens)?   4 Punkte

– mit mindestens einem Argument begründet, warum der Roman für deine Mitschüler/-innen von Interesse sein könnte (z. B. Interesse Jugendlicher an Fragestellungen des Lebens, Aspekte wie Freundschaft/Außenseitertum im Umgang miteinander etc.)? **2 Punkte**
– mindestens ein **Argument** mit einem Beispiel aus den Materialien **belegt** (z. B. ein Motiv genannt)? **2 Punkte**
– deine Argumente mit **Verbindungswörtern** wie *weil, da, denn, deshalb, außerdem* etc. eingeleitet? **3 Punkte**
– die **Rechtschreibung** überprüft? Ist alles richtig? Hier kannst du bis zu vier Punkte anrechnen. **max. 4 Punkte**
  0 Fehler = 4 P., bis zu 3 Fehler = 3 P., bis zu 6 Fehler = 2 P., 7 Fehler und mehr = 0 P.

Mögliche Argumentation für die Wahl als Klassenlektüre:

(Einleitung) Der Jugendroman „Eine wie Alaska" von John Green ist als Klassenlektüre sehr geeignet.
(Hauptteil/Argumentation) John Green ist ein außergewöhnlicher Autor, der sich für die Probleme Jugendlicher interessiert und sich auch außerhalb seiner Romane für junge Menschen engagiert, zum Beispiel in seinem Videoblog. Green verarbeitet in seinen Romanen selbst Erlebtes. Deshalb wirken sie sehr realistisch. Seine Themen kreisen um schicksalhafte Lebenssituationen junger Menschen wie etwa Liebe, Freundschaft, Einsamkeit, Schuld oder Tod. Mit diesen Themen unterscheiden sich John Greens Romane daher deutlich von anderen Jugendbüchern, etwa der Fantasy-Literatur. „Eine wie Alaska" hat ebenfalls einen starken Bezug zu den Themen, die uns interessieren. Denn hier geht es um außergewöhnliche Jugendliche, die sich für die wichtigen Dinge des Lebens interessieren. Bemerkenswert ist, dass Green gerne Außenseiter zu seinen Romanhelden macht. In diesem Roman ist es der Einzelgänger Miles, der in Alaska seine erste große Liebe findet. So passt der Roman gut zum Thema „Erwachsenwerden", weil er erzählt, wie Miles sich von seinem Elternhaus löst und im Internat nach neuen Herausforderungen sucht.
(Schluss) Auch uns beschäftigen Fragen nach echter Freundschaft, und auch wir kennen das Gefühl, mit unseren Interessen allein zu sein. Deshalb könnte der Roman als Klassenlektüre für uns interessant sein. Außerdem erhielt der Roman viele Preise. 2008 war er für den deutschen Jugendliteraturpreis nominiert.

21 a + b a 10 Punkte/ b 6 Punkte

Satz	1	2	3	4	5	6	7	8	9	10
Spalte links	A	C	C	C	B	B	A	C	C	C
Spalte rechts	–	E	G	D	–	–	–	D	F	E

22 Mögliche Satzgefüge: **2 Punkte**
A Bella, die in Phoenix aufwuchs, zieht in die Kleinstadt Forks.
B In Forks ist das Leben recht langweilig, denn dort geschieht meist nicht sehr viel.

23 Die verschlafene Kleinstadt Forks bekommt für Bella <u>durch</u> Edward einen ganz besonderen Zauber. **1 Punkt**

24 A = weshalb – B = dass – C = weil (je 1 Punkt je Verbindungswort + Satz) **6 Punkte**
A Bella denkt darüber nach, <u>weshalb</u> Edward an einem Ort ohne Sonne lebt. –
B Sie wird bald erfahren, <u>dass</u> Edward ein Vampir ist. –
C Er interessiert sich für Bella, <u>weil</u> er ihr Blut trinken will.

25 Bella kann vor Edward nicht fliehen, (denn) sie ist <u>ihm</u> verfallen. **1 Punkt**

26 Bella wird (von dem Vampir) aus gefährlichen Situationen gerettet. **1 Punkt**

27 A läse – B ginge – C nähme **3 Punkte**

28 Z. 2: gut bewandert (Getrenntschreibung von Adjektiv und Verb) – Z. 3: schnellstmöglich (Zusammenschreibung: zusammengesetztes Adjektiv) – Z. 4: etwas Großes (Großschreibung: Nominalisierung von Adjektiven) – Z. 6: Klassiker (s-Schreibung) – Z. 8: blutrünstigen (Zusammenschreibung: zusammengesetztes Adjektiv) – Z. 9: Interesse (s-Schreibung) – Z. 10: im freien Sprechen (Großschreibung: Nominalisierung von Verben) **7 Punkte**

29 A Schreibungen mit *ä/äu* und *e/eu*: erzählt, ungeheure, Schrecken, dämonische – **3 Punkte**
weitere Fehler: verliebt, Horrorfilme
B *s*-Schreibung: Professor, Schloss, amüsante, Spaß – weitere Fehler: Grund, alljährlichen, heute
C Schreibungen mit *h*: Fernsehserie, ihren, gefährlichen, Serie – weitere Fehler: Alltag, Jugendlicher

Bewertungsschlüssel

113–87 Punkte	86–58 Punkte	57–0 Punkte
Du liegst im guten bis sehr guten Bereich. Vielleicht siehst du dir trotzdem noch einmal die Stellen an, an denen du dich noch verbessern kannst.	**Einiges gelingt dir gut, manches musst du aber noch einmal üben.** Versuche anhand des Tests, Fehlerschwerpunkte zu entdecken, damit du gezielt wiederholen kannst.	**Du musst vieles wiederholen und noch einmal gründlich üben.** Überlege gemeinsam mit deinen Eltern oder deinem Lehrer/deiner Lehrerin, wo besondere Fehlerschwerpunkte liegen und wie du vorgehen kannst, um dich zu verbessern.

C   Grammatik

Aufgabe 21

In der Übersicht wird die US-amerikanische Fantasy-Autorin Stephenie Meyer vorgestellt.   **10 Punkte**

a Bestimme für jeden Satz: A **Hauptsatz**,   B **Satzreihe oder**   C **Satzgefüge**.
Trage den richtigen Buchstaben in die linke Spalte ein.   ☐ Punkte

Satz		Nebensatzart
☐	**1** Die amerikanische Schriftstellerin Stephenie Meyer wurde am 24. Dezember 1973 geboren.	
☐	**2** <u>Als sie vier Jahre alt war</u>, zog sie mit ihrer Familie nach Phoenix im amerikanischen Bundesstaat Arizona.	☐
☐	**3** Dort gefiel es ihr so gut, <u>dass sie bis heute noch dort lebt</u>.	☐
☐	**4** Nach der Highschool studierte sie an einer Universität im Bundesstaat Utah, <u>die religiös ausgerichtet ist</u>.	☐
☐	**5** Meyer ist Mitglied der Mormonen-Kirche, und das hat laut eigener Aussage Einfluss auf ihr Leben und Schreiben.	
☐	**6** Die Schriftstellerin ist seit 1994 mit ihrem Jugendfreund Christian verheiratet, mit ihm hat sie drei Söhne.	
☐	**7** Stephenie Meyer wurde durch ihre „Bis(s)"-Jugendbuchreihe über die Beziehung zwischen Bella Swan und Edward Cullen bekannt.	
☐	**8** Im ersten Band, „Twilight", <u>dessen deutscher Titel „Bis(s) zum Morgengrauen" lautet</u>, verliebt sich die Highschool-Schülerin Bella unsterblich in den Vampir Edward.	☐
☐	**9** Meyer wählte den Namen Bella für ihre Heldin, <u>weil sie ihre Tochter immer so nennen wollte</u>.	☐
☐	**10** Der Jugendroman wurde schnell ein internationaler Bestseller, <u>nachdem er am 5. Oktober 2005 erschienen war</u>.	☐

b In der Übersicht oben sind einige Nebensätze unterstrichen. Gib an, um welche Art Nebensatz   **6 Punkte**
es sich jeweils handelt, indem du den richtigen Buchstaben in die rechte Spalte einträgst.
   D **Relativsatz (Attribut)**   E **Temporalsatz (Zeit)**   F **Kausalsatz (Grund)**
   G **Konsekutivsatz (Folge)**   ☐ Punkte

Aufgabe 22

Forme die folgenden Hauptsätze in Satzgefüge um.   **2 Punkte**
Hinweis: Es müssen alle Informationen enthalten bleiben.

A Bella wuchs in Phoenix auf. Bella zieht in die Kleinstadt Forks.

_____

B In Forks geschieht meist nicht sehr viel. In Forks ist das Leben recht langweilig.

_____

_____   ☐ Punkte

Aufgabe 23

Verwende die Präposition „durch" und füge die drei Sätze zu einem Hauptsatz zusammen.

1 Punkt

Forks ist eine verschlafene Kleinstadt. Forks bekommt für Bella einen
besonderen Zauber. Das liegt an Edward.

_____ ☐ Punkt

_____

Aufgabe 24

Formuliere jedes der folgenden Satzpaare zu einem Satzgefüge um.
Notiere zuerst neben jedem der folgenden Verbindungswörter das Satzpaar, zu dem es passt.

6 Punkte

☐ dass ☐ weshalb ☐ weil

A Bella denkt über Edward nach. Warum lebt er in einem Ort ohne Sonne?

B Sie wird es bald erfahren. Edward ist ein Vampir.

C Er interessiert sich für Bella. Er will ihr Blut trinken.

A _____

B _____

C _____ ☐ Punkte

Aufgabe 25

Verbinde zu einer Satzreihe. Ersetze das Dativobjekt im zweiten Satz durch ein Personalpronomen.

1 Punkt

Bella kann vor Edward nicht fliehen. Sie ist Edward verfallen.

_____ ☐ Punkt

Aufgabe 26

Forme den Satz ins Passiv um, um das Geschehen zu betonen.

1 Punkt

Der Vampir rettet Bella aus gefährlichen Situationen.

_____ ☐ Punkt

Aufgabe 27

Setze den Konjunktiv II ein, um Edwards Wünsche zu betonen.

3 Punkte

A Ich _____ lesen zu gern ihre Gedanken.

B Am liebsten _____ gehen ich ihr aus dem Weg.

C Ich wünsche mir, meine Familie _____ nehmen Bella freundlich auf. ☐ Punkt

D   Rechtschreibung

Aufgabe 28

Der Filmclub der Goethe-Realschule startet einen Videoblog mit „Filmgesprächen".   **7 Punkte**
Der erste Entwurf für einen Werbeflyer enthält noch einige Fehler.
Unterstreiche im Text die falsch geschriebenen Wörter und notiere die Verbesserung in der Randspalte.

Stellt eure Lieblingsvampirfilme vor!

Fans von „Twilight" aufgepasst: Ihr seid gutbewandert im Genre   _____

Vampirfilm? Dann macht schnellst möglich bei uns mit!   _____

Der Filmclub will auf YouTube etwas großes starten – einen eigenen   _____

Videokanal. In jeder Folge unterhalten wir uns über einen Film aus   _____

5 der Gruselkiste. Mit dem Klasiker „Nosferatu – Eine Symphonie des   _____

Grauens" aus dem Jahr 1922 macht Emma Richter aus der 8 a den   _____

Anfang. Es folgen Meilensteine der blut rünstigen Filmgeschichte,   _____

jedoch in loser Folge. Wer Interese hat und zudem gut im freien   _____

sprechen ist, meldet sich bitte bald.   _____ ☐ Punkt

Aufgabe 29

In den folgenden Filmporträts sind verschiedene Rechtschreibfehler unterstrichen. Schreibe für   **3 Punkte**
jeden Text auf, welcher Rechtschreibfehler am häufigsten vorkommt (Fehlerschwerpunkt).

A Der Stummfilm „Nosferatu – Eine Symphonie des Grauens" von Friedrich Wilhelm Murnau
   erzehlt die Geschichte des Grafen Orlok, eines Vampirs aus den Karpaten, der sich in die schöne
   Ellen verliept und ihre Heimatstadt Wisborg in ungehäure Angst und Schräcken versetzt.
   Der Film gilt als einer der ersten Hororfilme. Seine demonische Hauptfigur hat viele Nachfolger
   in späteren Vampirfilmen gefunden.

   Fehlerschwerpunkt: _____

B Der schrullige Profesor Abronsius geht mit seinem ängstlichen Gehilfen Alfred in „Tanz der
   Vampire" auf Vampirjagd, um dieser besonderen Spezies auf den grund zu gehen. In Trans-
   silvanien begegnen sie Graf Krolock. Der Blutsauger hat die schöne Wirtstochter Sarah auf
   sein Schloß entführt. Hier erleben die beiden Vampirjäger den aljährlichen Tanz der Vampire.
   Dieser amüssante Klassiker aus dem Jahr 1967 ist ein echter Kultfilm und sorgt bis Heute
   für Spass und Unterhaltung.

   Fehlerschwerpunkt: _____

C In der Fernseserie „Buffy – Im Bann der Dämonen" geht es um die mit magischen Kräften aus-
   gestattete Vampirjägerin Buffy. Mit iren Freunden nimmt sie es mit gefärlichen Vampiren und
   Dämonen auf. Neben dem Kampf gegen die dunklen Mächte geht es in der Sehrie aber auch
   um den Altag und die Probleme ganz normaler Jugentlicher. Die Kultserie läuft seit 1997.

   Fehlerschwerpunkt: _____ ☐ Punkt

Autoren- und Quellenverzeichnis

S. 5: Eine Affenliebe. Die Zeit, 20.08.2014. Aus: http://www.zeit.de/2011/34/Forschung-Jane-Goodall (Stand: 05.02.2014) – **S. 6:** Jane Goodalls Biografie, Roots & Shoots. Aus: http://www.janegoodall.de (Stand: 05.02.1014) – **S. 23:** Federl, Fabian: Komplexer als Klettern (ursprünglicher Titel: Bouldern. Steigend beliebt im flachen Berlin). Aus: Der Tagesspiegel vom 08.04.2015 (gekürzt) – **S. 25:** Schmidt, Jan: Die fliegende Intensivstation. Aus: http://www.kreiszeitung.de/lokales/bremen/1402-die-fliegende-intesivstation-rettungshubschrauber-629764 (Stand: 21.02.2012; gekürzt) – **S. 26:** Stuflesser, Wolfgang und Nicole Markwald: Der Fluch des ewigen Sonnenscheins. Aus: http://www.deutschlandfunk.de/jahrhundertduerre-in-kalifornien-der-fluch-des-ewigen.724.de.html?dram:article_id=295358 (Stand: 20.03.1015; gekürzt und geändert) – **S. 32:** Meredith Haaf, Christiane Zerwes, Janko Röttgers, Tina Hüttl, Marc Winkelmann: Ein Blick auf den Umgang mit Wasser rund um die Welt. Aus: http://www.fluter.de/de/wasser/heft/6105/ (Stand: 20.03.2015) – **S. 33:** Hemingway, Ernest: Ein Tag Warten. Aus: Der Sieger geht leer aus. Aus dem Englischen von Annemarie Horschitz-Horst. Rowohlt-Verlag. Reinbek bei Hamburg 1990 – **S. 39:** Lambrecht, Christine: Luise. Aus: Dezemberbriefe. Geschichten. dtv, München 1986 – **S. 40:** Morgenstern, Christian: Berlin. Aus: Werke und Briefe. 9 Bd. Hg. unter der Leitung von Reinhard Habel. Bd 1: Lyrik 1887–1905. Hg. von Martin Kießig. Urachhaus, Stuttgart 1988, S. 459 – **S. 43:** Kaléko, Mascha: Sehnsucht nach dem Anderswo. Aus: In meinen Träumen läutet es Sturm. Gedichte und Epigramme aus dem Nachlass. Deutscher Taschenbuchverlag, München 1997 – **S. 44:** Mai, Manfred: Friedrich Schiller: Wilhelm Tell. Aus: Geschichte der deutschen Literatur. Beltz & Gelberg, Weinheim und Basel 2001, S. 55 ff. – **S. 44:** Schiller, Friedrich: Wilhelm Tell. Aus: Sämtliche Werke. Hg. von G. Fricke, H. Göpfert und H. Stubenrauch. Carl Hanser Verlag, München 1958 – **S. 85:** Haus Safari – Museum für Kuriositäten in Lindlar. Aus: Monika Salchert: 111 Museen in NRW, die man gesehen haben muss. Emons-Verlag, Köln 2013, S. 130 – **S. 104 f.:** Green, John: Einhundertsechsunddreißig Tage vorher. Aus: Eine wie Alaska. Übersetzt von Sophie Zeitz. dtv (Reihe Hanser), München 2009, S. 7–10 – **S. 107:** Green, John: Eine wie Alaska (Klappentext). dtv (Reihe Hanser), München 2009 – **S. 107:** Rezension der Jury „Luchs". http://www.zeit.de/2007/12/Kj-Green/komplettansicht (Stand: 05.02.2014; gekürzt)

Bildquellenverzeichnis

S. 4, 7, 54 (links), 75: picture alliance/WILDLIFE – **S. 6:** © Bettmann/Corbis; **S. 14, 16:** © mit freundlicher Genehmigung der Johanniter-Unfallhilfe-e.V., www.johanniter.de – **S. 22 oben:** © Byelikova Oksana – Fotolia.com, unten: Shutterstock/vvvita – **S. 23:** picture alliance/dpa – **S. 26, 61, 68, 70:** picture alliance/landov – **S. 27:** Glow Images /Christian Heeb – **S. 30:** © AgStock Images/Corbis – **S. 52:** Cover J. R. R. Tolkien: Der kleine Hobbit: Deutscher Taschenbuch Verlag, München 2012; Cover Joanne K. Roling: Harry Potter und der Stein der Weisen: Carlsen Verlag, Hamburg 2013; Cover Suzanne Collins: Die Tribute von Panem1: Tödliche Spiele: Oetinger Verlag, Hamburg 2019 – **S. 53:** © Andreas P – Fotolia.com – **S. 55:** © jamenpercy – Fotolia.com – **S. 56:** © inurbanspace – Fotolia.com – **S. 57:** © @nt – Fotolia.com – **S. 58:** © waidmannsheil – Fotolia.com – **S. 77:** © santia3 – Fotolia.com – **S. 78 oben:** © kropic – Fotolia.com, unten: © davis – Fotolia.com – **S. 80:** picture alliance/photoshot – **S. 82:** akg-imgages – **S. 85:** Haus Safari, Lindlar: Lindlar/Touristik – **S. 95:** © lassedesignen – Fotolia.com – **S. 98:** © Christian Schwier – Fotolia.com – **S. 100:** Mauritius Images/Mauritius Images/Alamy – **S. 102 links:** © jogyx – Fotolia.com, Mitte: © goldencow_images_ – Fotolia.com, rechts: © fotodesign-jegg.de – Fotolia.com – **S. 107:** Cover John Green, Eine wie Alaska: Deutscher Taschenbuch Verlag, München 2009

Impressum

Teile einiger Kapitel dieses Heftes wurden erarbeitet von Cordula Grunow, Angela Mielke, Deborah Mohr, Vera Potthast, Irmgard Schick, Sandra Simberger und Andrea Wagener.

Redaktion: Birgit Wernz
Coverfoto: Thomas Schulz, Teupitz
Layoutkonzept: werkstatt für gebrauchsgrafik, Berlin
Technische Umsetzung: Cross Media Solutions GmbH, Würzburg

Illustrationen:
Uta Bettzieche, Leipzig (S. 60–73 , 97–98); Nils Fliegner, Hamburg (S. 48–59, 81–86);
Jutta Melsheimer und Kai Hofmann, Berlin (S. 24–39, 43); Peter Menne, Potsdam (S. 74–77, 92–93);
Christoph Mett, Münster (S. 15–22); Sulu Trüstedt, Berlin (S. 4–11, 40–42, 104–109)

www.cornelsen.de

© 2015 Cornelsen Schulverlag GmbH, Berlin

Druck: Parzeller print & media GmbH & Co. KG, Fulda

Ausgaben ohne Übungs-CD ROM	Ausgaben mit Übungs-CD ROM
1. Auflage, 1. Druck 2015	1. Auflage, 1. Druck 2015
ISBN 978-3-06-062458-4	ISBN 978-3-06-062469-0